AF637025

TRAINING

Gymnasium

Chemie – Mittelstufe 1

Althammer · Habelitz-Tkotz · Pistohl

STARK

Autorinnen und Autor:

Birger Pistohl unterrichtet seit 2001 Chemie und Biologie und arbeitet seit 2008 als Seminarlehrer für das Fach Chemie am Comenius-Gymnasium in Deggendorf. Als Autor und Koautor hat er an diversen schüleraktivierenden Unterrichts- und Übungsmateriali-en sowie Schulbüchern mitgewirkt.

Ulrike Althammer unterrichtet seit 2018 Chemie und Biologie, seit 2019 am Rottmayr-Gymnasium Laufen. Schon zu Seminarzeiten entdeckte sie die Liebe zur Gestaltung von schüleraktivierenden und vor allem sprachsensiblen und differenzierten Unterrichts-materialien. Die Vermittlung fundierter naturwissenschaftlicher Kenntnisse ist ihrer Meinung nach Grundvoraussetzung für Meinungsbildung und eine sinnvolle Teilnahme an aktuellen gesellschaftlichen Diskussionen.

Waltraud Habelitz-Tkotz unterrichtet seit 1989 Chemie und Biologie und arbeitet seit 2006 als Seminarlehrerin für das Fach Chemie am Emil-von-Behring-Gymnasium in Spar-dorf. 2015 wurde sie zur zentralen Fachberaterin für die Seminarausbildung in Chemie an Gymnasien in Bayern ernannt. Sie hat zahlreiche fachdidaktische Veröffentlichungen sowie Unterrichtsmaterialien verfasst.

Bildnachweis

Umschlagbild: © photosaint/iStockphoto; Kapitelbild 1: Art_Photo/Shutterstock.com; Kapitelbild 2: Waltraud Habelitz-Tkotz; Kapitelbild 3: bazilpp/Shutterstock.com; Seite 75: Birger Pistohl; Seite 83: European Union 2020; Kapitelbild 4: © Frank Boellmann – Fotolia.com; Seite 120: Birger Pistohl; Kapitelbild 5: Christophe Michot – Fotolia.com; Kapitelbild 6: mariva2017/Shutterstock.com

© 2023 STARK Verlag GmbH, Claudius-Keller-Str. 3c, 81669 München, info@stark-verlag.de
www.stark-verlag.de
1. Auflage 2023

Das Werk und alle seine Bestandteile sind urheberrechtlich geschützt. Jede vollständige oder teilweise Vervielfältigung, Verbreitung und Veröffentlichung bedarf der ausdrücklichen Genehmigung des Verlages. Dies gilt insbesondere für Vervielfältigungen, Mikroverfilmungen sowie die Speicherung und Verarbeitung in elektronischen Systemen.

Inhalt

Autorinnen und Autor:
Waltraud Habelitz-Tkotz, Birger Pistohl und Ulrike Althammer

Hinweis:

Die entsprechend gekennzeichneten Kapitel im Buch enthalten ein Lernvideo.

An den jeweiligen Stellen im Buch befindet sich ein QR-Code, den du mit deinem Smartphone oder Tablet scannen kannst. Im Hinblick auf eine eventuelle Datenbegrenzung wird empfohlen, dass du dich beim Ansehen der Videos im WLAN befindest. Falls du keine Möglichkeit hast, die QR-Codes zu scannen, findest du die Lernvideos auch unter:
https://www.stark-verlag.de/qrcode/lernvideos_90735

Vorwort

Liebe Schülerin, lieber Schüler,

zu Beginn des Chemie-Unterrichts kommen viele neue Begriffe auf dich zu. Viele davon verwendet man im Alltag. Beispielsweise hast du sicher schon von einer Emulsion oder Lösung gehört. Aber was genau ist der Unterschied? Worin unterscheiden sich Salze und Metalle? Dieses Trainingsbuch hilft dir, diese Begriffe einzuordnen, nach und nach das Verhalten der kleinen Teilchen, der Atome, zu begreifen und dein neues Wissen schließlich auf neue Fragestellungen anzuwenden. Die Themen sind klar untergliedert und richten sich nach dem aktuellen Lehrplan der Mittelstufe.

Zum Aufbau dieses Buches:

- In allen Kapiteln werden zunächst die **Fachausdrücke** und **Zusammenhänge** erklärt. Mit diesen Abschnitten kannst du den Unterrichtsstoff wiederholen, oder dir auch selbstständig erarbeiten.
- Blau eingerahmt findest du wichtige Begriffe und zu jedem abgeschlossenen Kapitel eine **Zusammenfassung**. Viele **Abbildungen** helfen, den neuen Lernstoff zu verstehen und sich besser einzuprägen.
- Zu jedem Kapitel gibt es **zahlreiche Aufgaben**, mit denen du den erlernten Stoff selbstständig einüben und überprüfen kannst, ob du schon alles verstanden hast. Der Aufgabenteil ist immer mit dem nebenstehenden Symbol gekennzeichnet.
- Zu jeder Aufgabe findest du im hinteren Teil des Buches eine **ausführliche Lösung**. So kannst du kontrollieren, welche Aufgaben du richtig gelöst hast.
- Zu ausgewählten Themenbereichen gibt es **hilfreiche Lernvideos**. Die entsprechenden Stellen im Buch sind mit einem Video-Symbol gekennzeichnet. Dort befinden sich QR-Codes, die du mit deinem Smartphone oder Tablet scannen kannst. Falls du keine Möglichkeit hast, die QR-Codes zu scannen, findest du die Lernvideos auch unter: https://www.stark-verlag.de/qrcode/lernvideos_90735

Viel Spaß beim Üben mit diesem Buch und beim Entdecken der Geheimnisse der Chemie!

Chemie, eine Naturwissenschaft – typische Arbeitsmethoden

Experimente im Labor haben in der Naturwissenschaft Chemie einen hohen Stellenwert. Reagenzgläser und Pipetten sind dabei oft im Einsatz.

1 Methoden in den Naturwissenschaften

Naturwissenschaftler*innen versuchen die Natur zu **erklären**, indem sie mithilfe von **naturwissenschaftlichen Untersuchungen** (z. B. Experimente) **Gesetzmäßigkeiten** ableiten. Diese können sie anschließend zur verallgemeinernden Vorhersage weiterer Vorgänge in der Natur verwenden. D. h., zwei grundlegende Arbeitsmethoden sind auf **Hypothesen** (= Vermutungen) gestützte systematische Untersuchungen und daraus abgeleitete **Modellierungen** in Form von Regeln oder bildhaften und mathematischen **Modellen**. Können solche naturwissenschaftlichen Regeln auf verschiedene andere Fälle bestätigend angewendet werden, dann werden sie auch als naturwissenschaftliche Gesetze oder Theorien bezeichnet. Trotzdem gilt:

Alle naturwissenschaftlichen **Gesetze** oder **Theorien** sind nur so lang gültig, bis sie durch ein einziges, korrekt ausgeführtes Experiment, das dem Gesetz widerspricht, widerlegt werden. Das nennt man auch die **Vorläufigkeit naturwissenschaftlichen Wissens**.

Naturwissenschaftliche Aussagen erkennt man daran, dass sie widerlegbar sein müssen. Zudem beruhen sie auf Untersuchungen, die reproduzierbar sein müssen und bei denen jeweils nur ein Faktor geändert wurde.

1.1 Naturwissenschaftlicher Erkenntnisweg

Um naturwissenschaftliche Regeln zu finden, ist es wichtig, dass man vor dem Experiment mithilfe einer durch eine naturwissenschaftliche Untersuchung prüfbare **Hypothese** genau festlegt, welche Fragestellung betrachtet werden soll.

Beispiel

Zu der Fragestellung „Wie verdunstet Wasser schneller?“ können verschiedene Antworten als Vermutungen notiert werden. Mögliche Antworten sind beispielsweise „Wasser verdunstet schneller, wenn man es erwärmt“ oder „Wasser verdunstet schneller, wenn man den Druck erniedrigt“. Die Vermutungen lassen sich nun experimentell überprüfen, um diese Zusammenhänge genauer beschreiben zu können und Vorhersagen für bestimmte Fälle zu machen.

Im Folgenden ist ein stark vereinfachter Weg, wie Naturwissenschaftler*innen zu Erkenntnissen kommen, abgebildet. Die genaue Benennung der einzelnen Schritte kann variieren. Wichtig ist, dass die Beobachtungen bzw. Ergebnisse nicht mit den Deutungen (= Folgerungen = Erklärungen) vermischt werden.

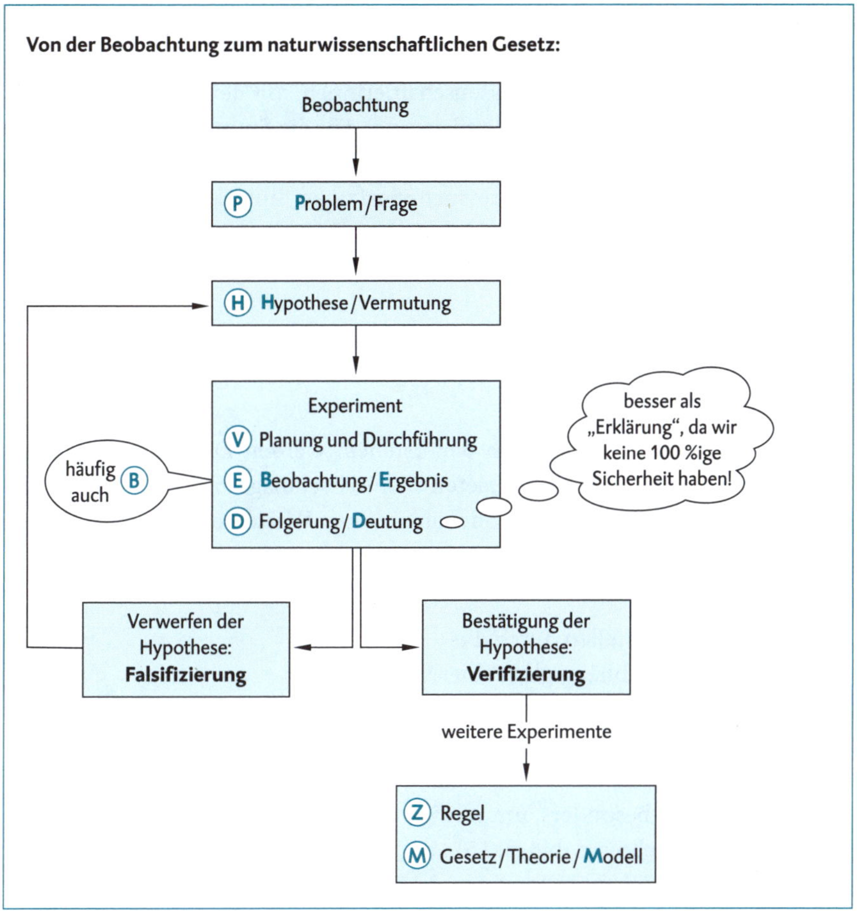

Abb. 1: Naturwissenschaftlicher Erkenntnisweg

Will man durch ein Experiment zu einer verlässlichen Aussage kommen, darf man dabei immer nur den Einfluss einer unabhängigen **Variablen** auf eine abhängige Variable überprüfen. Das Prinzip, dass jeweils nur eine unabhängige Variable in Bezug zu einer abhängigen Variable gesetzt werden darf und niemals mehrere unabhängige Variablen gleichzeitig geändert werden dürfen, nennt man **Variablenkontrolle**.

Beispiel

Im Beispiel wären Temperatur und Druck die **unabhängigen Variablen (Testvariablen)**, deren Einfluss auf den Faktor Verdunstungsgeschwindigkeit von Wasser, die **abhängige Variable**, überprüft werden sollen. Im ersten Experiment könnte man nur den Einfluss der Temperaturänderung bei konstantem Druck untersuchen. In der zweiten Versuchsreihe wird dann die Temperatur konstant gehalten und der Druck verändert.

Damit aus einer naturwissenschaftlichen Regel ein naturwissenschaftliches **Gesetz** wird, müssen Versuchsergebnisse zigfach, auch von verschiedenen Naturwissenschaftlern und Naturwissenschaftlerinnen, mit dem gleichen Ergebnis wiederholt werden können (Randomisierung). Für die Entwicklung einer naturwissenschaftlichen **Theorie** werden im Normalfall viele Experimente mit ähnlichen, aber variierenden Untersuchungsfragen durchgeführt und mit der oder den schon bekannten Regeln abgeglichen. Erst wenn alle Experimente die erwarteten Hypothesen erfüllen, spricht man normalerweise von einer naturwissenschaftlichen Theorie.

1.2 Diagramme

Um Messergebnisse übersichtlich darzustellen, werden Diagramme verwendet. In den Naturwissenschaften bieten sich Achsendiagramme an, um die Zusammenhänge zwischen voneinander abhängigen Werten oder Messgrößen zu veranschaulichen. Beispiele für Diagrammtypen werden im Folgenden kurz vorgestellt.

Säulendiagramme stellen durch die Höhe der Säule die Abhängigkeit einer Variablen (y-Achse) von einer anderen, unabhängigen Variablen (Test-Variable, x-Achse) vergleichend dar. Das Säulendiagramm eignet sich besonders, um wenige Untersuchungsergebnisse (bis ca. 15) vergleichend zu veranschaulichen. Bei mehr Kategorien leidet die Anschaulichkeit und es sind Linien- oder Balkendiagramme zu bevorzugen. Säulendiagramme sind zudem gut geeignet, wenn es zwischen den einzelnen Messwerten keine Übergänge gibt, sondern die Messergebnisse stufenweise auftreten.

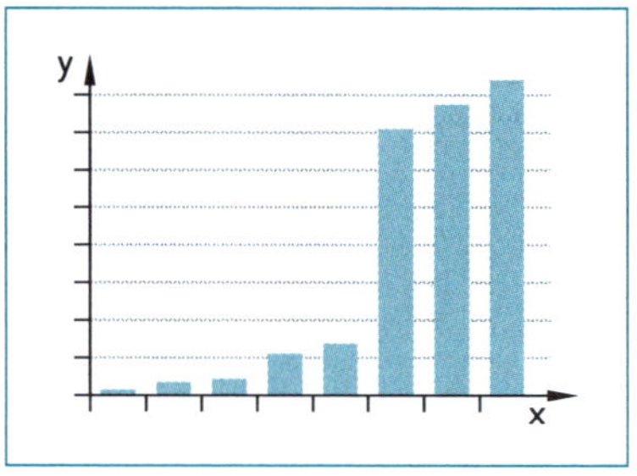

Abb. 2: Beispiel Säulendiagramm

Punkt- und Liniendiagramme (auch Kurvendiagramme) stellen die Abhängigkeit zweier Variablen voneinander dar. Die einzelnen Punkte der Messungen dürfen streng genommen nur dann zu einer Linie verbunden werden, sodass ein Liniendiagramm entsteht, wenn genügend viele Messpunkte vorliegen. So können Trends in Datenreihen angezeigt werden.

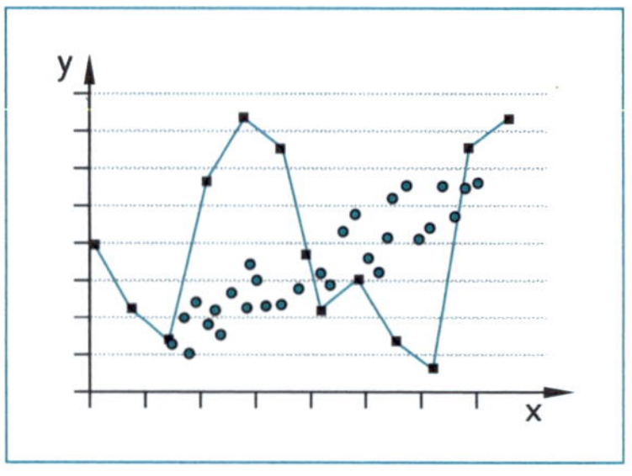

Abb. 3: Beispiel Punkt- und Liniendiagramm

Folgende Hilfsfragen unterstützen dich dabei, ein Diagramm genau zu beschreiben:

Worum geht es in dem Diagramm?

- Das Diagramm zeigt …
- Auf der y-Achse ist … in der Einheit … aufgetragen, auf der x-Achse ist … in der Einheit … aufgetragen.

Wie sieht das Diagramm aus?

- Die … steigt an/wächst/erhöht sich um/sinkt/verringert sich/geht zurück von … bis …
- Zu Beginn bis zu … ändert sich die Messgröße …, dann ab …

Wie lässt sich das Diagramm erklären?

- Der Anstieg/das Absinken/das Gleichbleiben lässt sich damit begründen/darauf zurückführen, dass …
- Aus dem … geht hervor, dass …

Was lässt sich aus dem Diagramm folgern?

- Insgesamt ist festzustellen, dass …
- Aus dem Diagramm geht leider nicht hervor, wie …

Zusammenfassung

- **Naturwissenschaften** versuchen mithilfe von Untersuchungen die Natur zu **deuten** und durch Anwendung von **Modellen** in Form von Regeln, Gesetzen oder Theorien Vorhersagen für weitere Fragestellungen zu treffen.
- **Vorläufigkeit von naturwissenschaftlichem Wissen** bedeutet, dass ein naturwissenschaftliches Gesetz nicht mit 100 %iger Sicherheit wahr ist und durch ein einziges aussagekräftiges, korrekt ausgeführtes Experiment widerlegt werden kann.
- Der **naturwissenschaftliche Erkenntnisweg** umfasst die folgenden Schritte: Beobachtung, Frage, Hypothese, Experiment, Falsifizierung oder Verifizierung und dann ggf. Regel, Theorie.
- **Diagramme** dienen der Veranschaulichung von Untersuchungsergebnissen.

Aufgaben

1 Bei naturwissenschaftlichen Untersuchungen werden häufig die folgenden Fachbegriffe verwendet. Ordne dem jeweiligen Fachbegriff die passende Umschreibung zu, indem du sie mit einer Linie verbindest.

Fachbegriff	Umschreibung
unabhängige Variable = Testvariable	Verfahren, um eine Hypothese (Vermutung) zu prüfen
Modell	eine (experimentell) überprüfbare Vorhersage
Hypothese	eine Regel, die die Beobachtungen und experimentellen Ergebnisse mithilfe eines verallgemeinernden Musters oder eines bildhaften oder mathematischen Modells beschreibt
Falsifizierung	Bestätigen einer Vermutung, um z. B. eine beobachtete Regelmäßigkeit zu stützen
Experiment (Versuch), naturwissenschaftliche Untersuchung	Faktor in einem Experiment, der sich ändert, wenn ein anderer Faktor (unabhängige Variable) im Experiment geändert wird
naturwissenschaftliche Regel	eine Idee, ein System oder ein Bild, mit dessen Hilfe etwas, das wir beobachten können, erklärt werden soll
abhängige Variable	Faktor, der in einer experimentellen Untersuchung variiert wird, um seine Auswirkungen zu untersuchen
naturwissenschaftliche Theorie	eine Erklärung, die durch viele Varianten von experimentellen Ergebnissen zu einem Sachverhalt gestützt wird
Verifizierung	Widerlegen einer Vermutung oder Regel durch die Ergebnisse eines Experimentes

2 Bringe die Kärtchen zum naturwissenschaftlichen Erkenntnisweg in die richtige Reihenfolge.

- Versuch
- verifizieren
- Deutung / Folgerung
- Regel
- Beobachtung / Ergebnis
- Problem / Frage
- Hypothese / Vermutung
- falsifizieren
- weitere Experimente
- zufällige Beobachtung
- Gesetz / Theorie / Modell

3 Im Chemieunterricht wird die Hauptzutat für einen Lippenpflegestift untersucht. Dazu wird der weiße Feststoff im Wasserbad bis zur Schmelze erhitzt und dann wieder abgekühlt. Die Temperaturänderung wird mit einem computergestützten Messsystem aufgezeichnet.

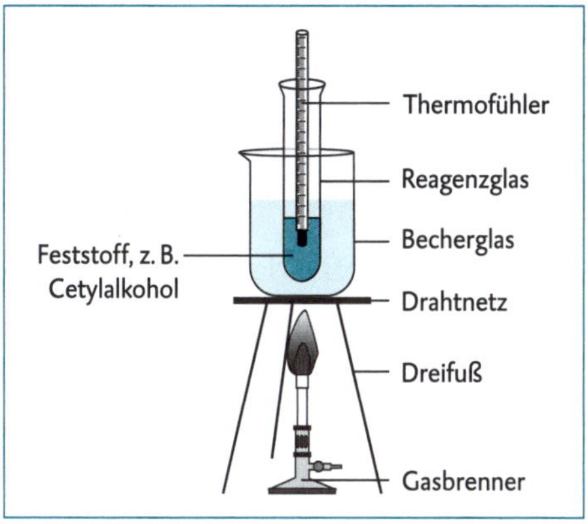

a Beschreibe das folgende Diagramm schriftlich:

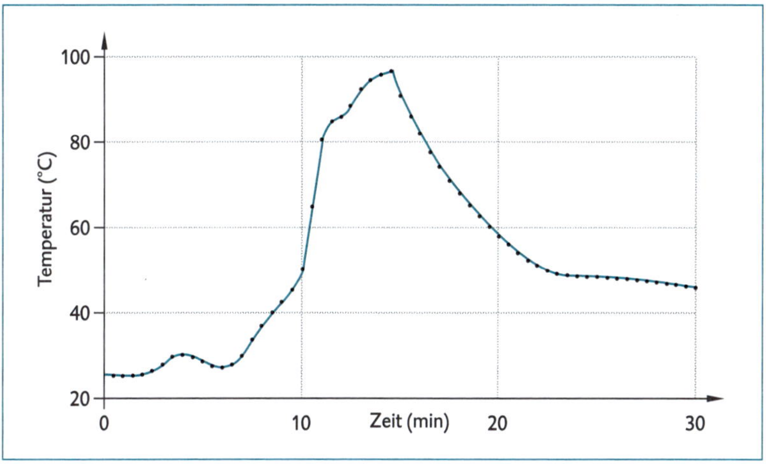

b Hebe die Beschreibung bis zum nächsten Tag auf und zeichne dann das Diagramm nach deiner Beschreibung. Vergleiche die Diagramme.

c Ordne die folgenden Aussagen den richtigen Stellen im Diagramm oben zu, indem du dort die Zahlen ergänzt.

1. Die Gasbrennerflamme wurde gelöscht.
2. Die Schmelze beginnt wieder zu erstarren, Energie wird frei.
3. Die Gaszufuhr wurde etwas herunterreguliert, sodass die Flamme kleiner wird.
4. Der Feststoff beginnt sehr schnell zu schmelzen.
5. Das Reagenzglas wurde kurz aus dem Wasserbad herausgenommen, um zu schauen, ob wirklich aller Feststoff geschmolzen ist.
6. Die Erstarrungstemperatur des Feststoffes liegt bei ca. 48–49 °C.
7. Die Schmelze kühlt ab.

2 Chemie

Chemie ist die Naturwissenschaft, die sich mit den Eigenschaften, dem Aufbau und der Umwandlung von Stoffen (= Materialien, Substanzen) beschäftigt.

2.1 Arbeitsmethoden in der Chemie

In der Chemie werden viele Experimente im Labor durchgeführt. In einem naturwissenschaftlichen Versuchsprotokoll werden normalerweise die verschiedenen Schritte des naturwissenschaftlichen Erkenntnisweges dokumentiert. D. h., ein vollständiges Protokoll sollte mindestens die folgenden Punkte enthalten:

- Problemstellung
- Hypothese
- Versuch (Geräte und Chemikalien, Versuchsskizze, Versuchsdurchführung)
- Beobachtung oder Ergebnis
- Deutung
- evtl. Regel, z. B. „Je, … desto …"

2.2 Gefahrstoffe – Kennzeichnung und Schutzmaßnahmen

Alle Chemikalien, die wie z. B. Spiritus, Benzin, Natriumhydroxid oder Salzsäure zu den Gefahrstoffen zählen, müssen auf dem Etikett neben einer eindeutigen Angabe des Namens mit den entsprechenden Gefahrenhinweisen gekennzeichnet sein. Sobald die Chemikalienbehälter eine bestimmte Größe überschreiten, müssen die darin befindlichen Reinstoffe oder Stoffgemische vollständig gekennzeichnet werden.

Die **vollständige Kennzeichnung** eines Behälters mit einem Gefahrstoff oder einem Gefahrstoffgemisch umfasst neben dem Namen

- die jeweiligen **Gefahrenpiktogramme**,
- evtl. ein **Signalwort** („Achtung!" oder „Gefahr!"),
- **Gefahren-** und **Sicherheitshinweise** in Form von nummerierten **H- und P-Sätzen**,
- sowie ggf. **ergänzende Informationen**.

Bei kleineren Chemikalienbehältern werden die **Gefahrenhinweise** (**H-Sätze**, von engl. „hazard") nur als Nummern auf den Etiketten abgedruckt, ebenso verfährt man mit den **Sicherheitshinweisen** (**P-Sätze**, von engl. „precautionary"). Im Chemielabor darf auf kleineren Gefäßen, den sog. Laborstandflaschen, eine **vereinfachte Kennzeichnung** verwendet werden. Neben dem Namen der enthaltenen Chemikalien reicht die Angabe der Gefahrenpiktogramme sowie evtl. die erläuternde Angabe der Gefahr mithilfe einer sog. **Phrase**.

Wirkungsbeispiele	Piktogramm	Bedeutung	Schutzmaßnahmen
Explodieren durch Feuer, Schlag, Reibung, Erwärmung; Gefahr durch Feuer, Luftdruck, Splitter		explosionsgefährlich	nicht reiben oder stoßen; Feuer, Funken und Wärmeentwicklung vermeiden
sind entzündbar; Flüssigkeiten bilden mit Luft explosionsfähige Mischungen; bilden mit Wasser entzündbare Gase		entzündbar	von offenen Flammen und Wärmequellen fernhalten; Gefäße dicht schließen
wirken oxidierend und verstärken Brände; bei Mischung mit brennbaren Stoffen evtl. Explosionsgefahr		brandfördernd	von brennbaren Stoffen fernhalten und nicht mit diesen mischen; sauber aufbewahren
können beim Erhitzen explodieren; tiefkalte Gase erzeugen Erfrierungen		komprimierte Gase	nicht erhitzen; bei tiefkalten Gasen Schutzhandschuhe und Schutzbrille tragen
zerstören Metalle und verätzen Körpergewebe; schwere Augenschäden sind möglich		ätzend, korrosiv	Kontakt vermeiden; bei Hautreizungen oder Kontakt mit Wasser oder geeignetem Mittel säubern
führen in kleineren Mengen sofort zu schweren gesundheitlichen Schäden oder zum Tod		giftig	nicht einatmen, berühren, verschlucken; unbedingt Arbeitsschutz tragen; Giftinformation vorher kennen
können zu gesundheitlichen Schäden führen; reizen Augen, Haut oder Atemwegsorgane		Achtung: reizend, gesundheitsschädlich	Kontakt vermeiden; bei Hautreizungen oder Augenkontakt mit Wasser oder geeignetem Mittel spülen
wirken allergieauslösend, krebserzeugend, erbgutverändernd, fortpflanzungsgefährdend, fruchtschädigend oder organschädigend		gesundheitsgefährlich	vorher gut informieren; Schutzkleidung und Handschuhe, Augen- und evtl. Mundschutz oder Atemschutz tragen
sind für Wasserorganismen schädlich, giftig oder sehr giftig, akut oder mit Langzeitwirkung		umweltgefährlich	nur im Sondermüll entsorgen; keinesfalls in die Umwelt gelangen lassen

Tab. 1: Gefahrenhinweise

Werden im Chemielabor Experimente mit Gefahrstoffen durchgeführt, dann sollte man sich vorher folgende Fragen zur Gefahrenminimierung genau in dieser Reihenfolge stellen **(= STOP-Prinzip)**:

Kann ein Gefahrstoff ersetzt (substituiert) werden?

Beispiel: Gibt es einen anderen Stoff, der für unsere Arbeitsaufgabe hilfreich ist, aber weniger gefährlich? Lassen sich Gefahrenquellen beseitigen?

Wenn nicht:

Gibt es technische Maßnahmen?

Beispiel: Können wir mit dem Gefahrstoff unter einem Abzug, mit Fensterlüftung, im geschlossenen System, mit Schutzscheibe oder Splitterkorb arbeiten? Kann das Experiment in einem kleineren Maßstab durchgeführt werden?

Wenn nicht:

Lassen sich die Gefährdungen durch organisatorische Maßnahmen verringern?

Beispiel: Ist es z. B. möglich, die Intensität und Dauer der Exposition durch technische Maßnahmen oder Begrenzung der Zahl der Experimente zu verringern? Erfolgen ein regelmäßiger Sicherheitscheck und eine Wartung der Geräte?

Und dann:

Welche persönliche Schutzausrüstung ist notwendig?

Beispiel: Wird die Gefährdung durch das Tragen einer Schutzbrille, eines Schutzkittels, geeigneter Schutzhandschuhe, einer Atemschutzmaske verringert?

Zusammenfassung

- Auf Chemikalienbehältern mit Gefahrstoffen müssen **Gefahrenpiktogramme** sowie bei größeren Behältern auch die Gefahrenhinweise und Sicherheitshinweise als **H-** und **P-Sätze** abgedruckt sein.
- **STOP-Prinzip** zur Gefahrenverringerung:
  S: Substitution (ersetzen)
  T: technische Schutzmaßnahmen
  O: organisatorische Schutzmaßnahmen
  P: persönliche Schutzmaßnahmen

Aufgaben 4 Notiere die Bedeutung der folgenden Piktogramme.

Piktogramm	Bedeutung

5 Ergänze im Kamm-Rätsel zum STOP-Prinzip die fehlenden Bedeutungen für die Buchstaben S-T-O-P.

S	☐☐☐☐☐☐☐☐☐☐☐	
T	☐☐☐☐☐☐☐☐☐	Maßnahmen
O	☐☐☐☐☐☐☐☐☐☐☐☐☐☐☐	Maßnahmen
P	☐☐☐☐☐☐☐☐☐☐☐	Schutzmaßnahmen

Stoffe und ihre Eigenschaften – erste Erklärung mit dem Teilchenmodell

Kein „normaler“ Eiswürfel – warum schwimmt ein Eiswürfel auf dem Wasser, aber ein Würfel aus gefrorenem Eisessig geht in Essigsäure unter?

1 Stoffe und Stoffeigenschaften

1.1 Stoff – Stoffportion

Aus dem Alltag kennen wir viele unterschiedliche Materialien, wie z. B. Eisen, Papier oder Kunststoffe. Ein Material kann verschiedene Formen und Größen annehmen, ohne dass sich die Eigenschaften des Materials selbst ändern.
Wie man nun aus vorhandenen Materialien **neue Stoffe** mit völlig anderen **Eigenschaften** herstellen kann, behandelt die Naturwissenschaft **Chemie**. Chemiker*innen beschäftigen sich mit den Eigenschaften, der Verwendung, Gewinnung und Umwandlung von Materialien.

In der Chemie werden die verschiedenen Materialien **Stoffe** genannt. Manchmal verwenden Chemiker*innen stattdessen aber auch Begriffe wie **Substanz**, **Reagenz**, **Chemikalie** oder **Materie**.

Soll neben der Art eines Stoffes auch angegeben werden, wie viel von dem Stoff benötigt wird, so spricht man von einer **Stoffportion**. Chemiker*innen verwenden zur Mengenangabe die bekannten Einheiten (Kilo-)Gramm oder (Milli-)Liter. Die zur Einheit Gramm gehörige Messgröße ist die **Masse** m, zur Einheit Liter gehört die Messgröße **Volumen** V. Weitere Größen, die zur korrekten Angabe der Quantität einer Stoffportion mit angegeben werden müssen, sind Temperatur und Druck.

1.2 Eigenschaften der Stoffe und ihre Bestimmung

Obwohl es unglaublich viele verschiedene Stoffe gibt, kann man einen Stoff oft an seinen Eigenschaften erkennen oder zumindest in Kategorien einordnen. Einige dieser Eigenschaften, wie die Farbe, der Geruch, der Geschmack, die Verformbarkeit und Härte, lassen sich sehr schnell und einfach mithilfe der Sinnesorgane wahrnehmen. Manchmal helfen uns einfache Hilfsmittel, um Eigenschaften wie das magnetische Verhalten, die Wärmeleitfähigkeit, die elektrische Leitfähigkeit, die Löslichkeit oder Brennbarkeit eines Stoffes zu prüfen und so einen Stoff zu identifizieren. Besser als mit unseren Sinnesorganen lassen sich die Eigenschaften mit **Messungen** erfassen. Aus den messbaren Eigenschaften kann man häufig schließen, ob ein vorliegender Stoff aus nur einer Stoffart besteht – man spricht hier von einem **Reinstoff** (= Einstoff) – oder aus einem **Stoffgemisch**. Jeder Reinstoff hat charakteristische Eigenschaften, mit denen er identifiziert werden kann.

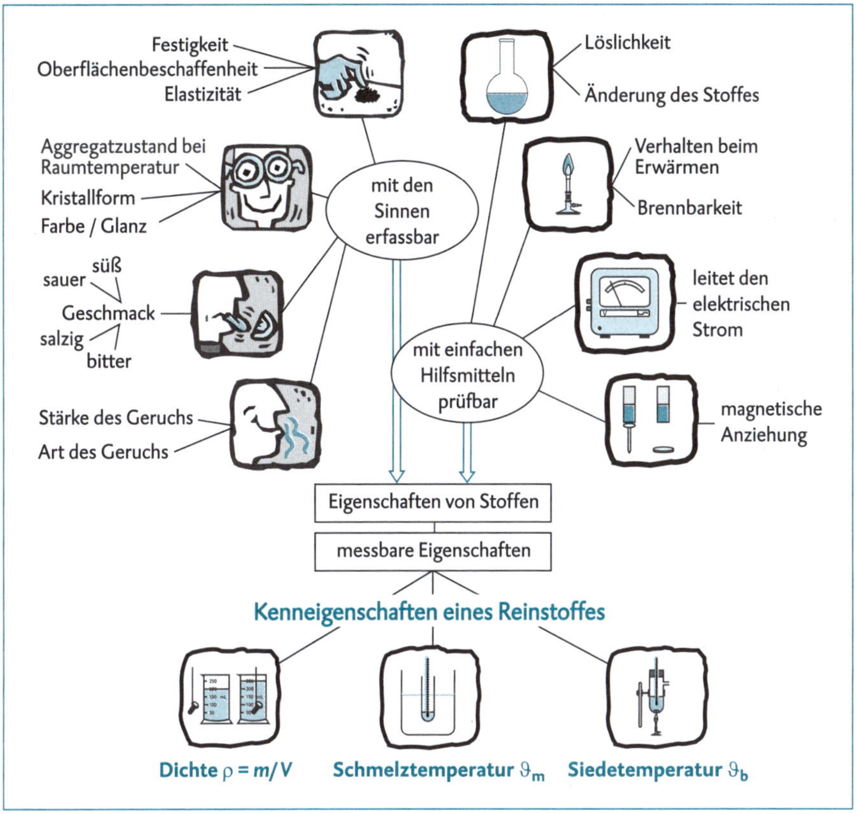

Abb. 4: Überblick über wichtige Eigenschaften von Stoffen

Magnetisches Verhalten

Wird ein Gegenstand von einem Stabmagneten angezogen, so ist er magnetisch. Diese seltene Eigenschaft besitzen von allen Metallen nur **Eisen**, **Cobalt** und **Nickel**, sowie Metall-Legierungen mit Neodym.

Beispiel Ein kupferfarbenes Cent-Stück wird von einem Magneten angezogen. Deshalb kann es nicht nur aus Kupfer bestehen, da Kupfer nicht magnetisch ist. Es besteht aus einem Eisen-Kern, der mit einer dünnen Kupferschicht überzogen ist.

Löslichkeit

Kein Feststoff ist in einer Flüssigkeit unbegrenzt löslich. Gibt man zu viel von ihm hinzu, so bleibt ein Bodenkörper. Die Flüssigkeit über einem solchen Bodenkörper nennt man **gesättigte Lösung**.

Beispiel Einige Feststoffe wie Kalk oder Gips lösen sich nicht nennenswert in Wasser, andere, wie Kochsalz oder Zucker, lösen sich dagegen gut.

Um die Löslichkeit verschiedener Stoffe vergleichen zu können, wird die Masse eines Stoffes in Gramm angegeben, die sich bei 20 °C und normalem Luftdruck in 100 g eines Lösemittels (meist Wasser) löst. Da die Löslichkeit eines Stoffes von der Temperatur abhängt (und bei Gasen auch vom Druck), müssen diese bei der Angabe der Löslichkeit immer mit angegeben werden. Manche Stoffe sind gut in Wasser löslich, wie z. B. Kochsalz, andere sind schlecht in Wasser löslich, lösen sich aber gut in Benzin, wie z. B. Salatöl.

Stoffe, die sich gut in Wasser lösen, nennt man **hydrophile Stoffe**. Stoffe, die sich gut in Benzin oder Öl lösen, nennt man **lipophile** oder **hydrophobe Stoffe**.

Wärmeleitfähigkeit

Einige Stoffe nehmen die Wärme aus ihrer Umgebung sehr schnell auf, wie z. B. viele Metalle (siehe S. 104 f.). Andere Stoffe (z. B. Glas, Porzellan, Holz) nehmen Wärme sehr langsam oder so gut wie gar nicht auf, diese nennt man (thermische) Isolatoren.

Elektrische Leitfähigkeit

Elektrische **Leiter** sind beispielsweise Metalle (siehe S. 104 f.), Lösungen und Schmelzen von Salzen sowie Grafit. Porzellan und viele Kunststoffe sind elektrische **Isolatoren**. Mithilfe einer Batterie und einer Leuchtdiode sowie eines einfachen Stromkreises lässt sich die elektrische Leitfähigkeit von festen und flüssigen Stoffen schnell bestimmen. Für eine genauere Bestimmung benötigt man zusätzlich ein Strommessgerät, das in den Stromkreis eingebaut wird. Es zeigt die Stromstärke in Ampere an, die bei der angelegten Spannung in Volt fließt.

Dichte

1 Kilogramm Blei wiegt selbstverständlich genauso viel wie 1 Kilogramm Federn, d. h., beide Stoffportionen haben die gleiche Masse. Vergleicht man aber nicht gleiche Massen, sondern gleiche Volumina dieser beiden Stoffe miteinander, so ist das gleiche Volumen Blei deutlich „schwerer“ als das von Federn – exakter wäre es, von dichter zu sprechen.

Den Quotienten aus der Masse m und dem Volumen V einer Stoffportion nennt man **Dichte**. Als Größensymbol für die Dichte schreibt man den griech. Buchstaben ρ (Rho).

$\text{Dichte} = \frac{\text{Masse}}{\text{Volumen}}$; $\rho = \frac{m}{V}$; Einheit: $[\rho] = 1\frac{\text{g}}{\text{cm}^3} = 1\frac{\text{kg}}{\text{m}^3}$; $\text{cm}^3 \mathrel{\hat{=}} \text{mL}$; $\text{dm}^3 \mathrel{\hat{=}} \text{L}$

Die Dichte eines Stoffes ist bei einer bestimmten Temperatur und einem bestimmten Druck eine **konstante Größe**. Da die Dichte ρ der Quotient aus der Masse und dem Volumen ist, nennt man dies auch Quotientengleichheit:

$$\rho = \frac{m}{V} = \text{konstant}$$

Die Dichte ist auch ein **Proportionalitätsfaktor**, denn durch Umstellen der Gleichung ergibt sich das folgende Verhältnis von Volumen zu Masse:

$$\rho \cdot V = m$$

Beispiel 2 mL Wasser haben eine Masse von 2 g, 4 mL Wasser haben eine Masse von 4 g. Die Dichte, der Proportionalitätsfaktor, beträgt 1 g pro mL.

Wenn man zwei Stoffe mit identischem Volumen miteinander vergleicht, steigt die Dichte in gleichem Maße, wie die Masse zunimmt:

Beispiel 1 mL Wasser hat eine Masse von 1 g.
1 mL des bei 20 °C flüssigen Metalls Quecksilber hat eine Masse von 13,5 g. Die Masse von 1 mL Quecksilber ist 13,5-mal so groß wie die Masse von 1 mL Wasser. Daher ist auch die Dichte von Quecksilber 13,5-mal so groß wie die Dichte von Wasser.

Zur Bestimmung der Dichte eines Stoffes benötigt man die Masse und das Volumen eines Körpers. Gegenstände mit unregelmäßiger Form taucht man zur **Volumenbestimmung** in einen mit Wasser gefüllten Messzylinder. Der Anstieg des Wasserspiegels entspricht dem gesuchten Volumen.

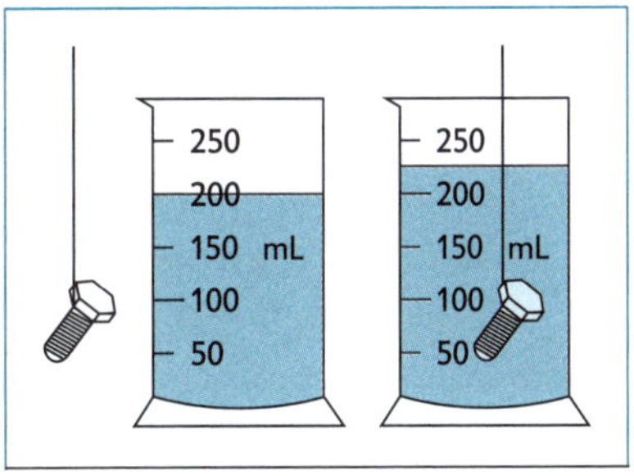

Abb. 5: Volumenbestimmung unregelmäßiger Körper

Da das Volumen einer Stoffportion sich mit der Temperatur ändert (viele Stoffe dehnen sich beim Erwärmen aus), hängt die Dichte eines Stoffes auch von der Temperatur und bei Gasen zusätzlich vom Druck ab. Häufig wird die Dichte bei 20 °C bzw. 293 K und dem Normdruck von 1 000 hPa angegeben.

Schmelz- und Siedetemperatur

Jeder reine Stoff kommt abhängig von der Temperatur in den drei Zustandsformen fest, flüssig und gasförmig vor. Diese drei Zustandsformen nennt man auch **Aggregatzustände**.

Um anzugeben, in welchem Aggregatzustand ein Stoff gerade vorliegt, setzt man folgende Buchstaben in runden Klammern und auf gleicher Höhe hinter den Namen des Stoffes:

- **s** vom englischen Wort ***solid*** (fest) für einen **Feststoff**,
- **l** vom englischen Wort ***liquid*** (flüssig) für **Flüssigkeiten** und
- **g** vom englischen Wort ***gaseous*** (gasförmig) für **Gas**.

Die Übergänge zwischen den verschiedenen Aggregatzuständen eines Stoffes werden mit Fachbegriffen benannt:

- **Schmelzen** und **Erstarren**
  für den Übergang fest – flüssig bzw. flüssig – fest,
- **Verdampfen** und **Kondensieren**
  für den Übergang flüssig – gasförmig bzw. gasförmig – flüssig,
- **Sublimieren** und **Resublimieren**
  für den Übergang fest – gasförmig bzw. gasförmig – fest.

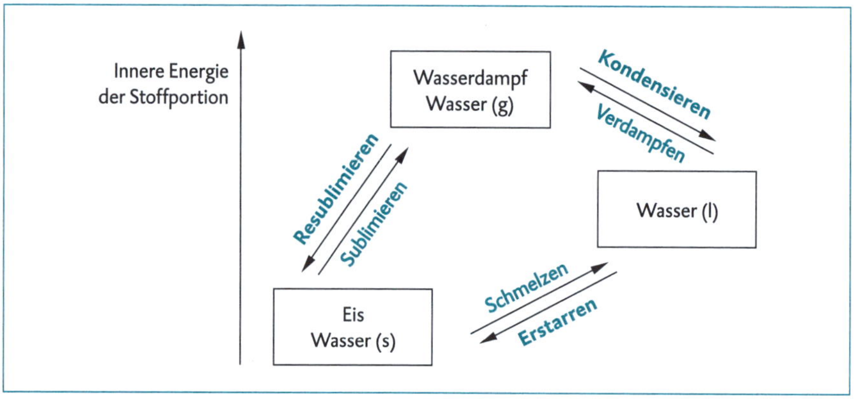

Abb. 6: Aggregatzustände des Wassers und Phasenübergänge

Beispiel

Bei der Bildung von Raureif erstarrt Wasserdampf aus der Luft direkt in Form von Eiskristallen auf der Oberfläche von Pflanzen (Resublimation).

Die Temperatur, bei der ein Stoff vom festen in den flüssigen Zustand übergeht, wird **Schmelztemperatur ϑ_m** genannt. Ihr Wert ist gleich der **Erstarrungstemperatur**. Der Index m leitet sich vom engl. *melting* = schmelzend ab.

Die Temperatur, bei der der Übergang vom flüssigen in den gasförmigen Zustand erfolgt, wird **Siedetemperatur ϑ_b** genannt. Ihr Wert ist gleich dem der **Kondensationstemperatur**. Der Index b leitet sich vom engl. *boiling* = siedend ab.

Der griech. Buchstabe ϑ (sprich: Theta) wird für Temperaturangaben in °C verwendet. Für Temperaturangaben in K verwendet man das Symbol *T*.

Die Schmelz- und Siedetemperatur von Wasser kann man bestimmen, indem man zerkleinerte Eiswürfel in einen hitzefesten Behälter füllt und langsam erwärmt. Die Temperatur wird in regelmäßigen Zeitabständen abgelesen, bis das Wasser siedet, also kocht. Beim Erwärmen von Eis fällt auf, dass nach einem kurzen schnellen Temperaturanstieg auf 0 °C sich die Temperatur so lange nicht mehr ändert, bis alles Eis geschmolzen ist. Für das Schmelzen von Eis ist Energie, die sog. **Schmelzwärme**, notwendig. Erst wenn das komplette Eis geschmolzen ist, steigt die Wassertemperatur wieder an.

Bei 100 °C bilden sich Wasserdampfblasen im Inneren des Wasserbehälters, das Wasser siedet. Wenn man weiter Wärme zuführt, ändert sich die Temperatur nicht; sie bleibt konstant bei 100 °C, solange noch Wasser im Behälter ist. Erhitzt man den Wasserdampf noch weiter, können auch Temperaturen über 100 °C erreicht werden.

Die während des Siedens aufgenommene Energie wird als **Verdampfungswärme** bezeichnet. Trägt man die Messwerte anschließend in ein **Zeit-Temperatur-Diagramm** ein, so erhält man den nachfolgenden Kurvenverlauf (siehe Abb. 7). Aus ihm lassen sich die Schmelz- und die Siedetemperatur von Wasser – an den Bereichen des Diagramms, an denen die Temperatur längere Zeit nicht ansteigt – direkt ablesen.

Da die Kondensations- oder Erstarrungstemperatur zahlenmäßig mit der Siede- oder Schmelztemperatur übereinstimmt, kann man diese Messung auch „in Gegenrichtung" durch Abkühlen eines Stoffes oder Stoffgemisches durchführen.

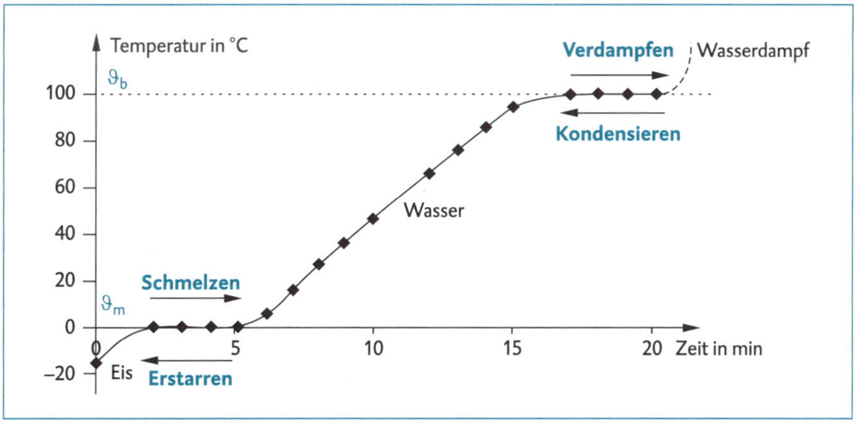

Abb. 7: Zeit-Temperatur-Diagramm beim Erhitzen von Eis

Stoffportionen, die wie Wasser eine eindeutige, **charakteristische Schmelz- und Siedetemperatur** besitzen, sind normalerweise nur aus einer einzigen Stoffart zusammengesetzt. Sie werden **Reinstoffe** (= Einstoffe) genannt.

Diagramme von **Stoffgemischen** zeigen entweder einen **Schmelz- oder Siedebereich** oder verschiedene Plateaus von Schmelz- oder Siedetemperaturen.

Schmelz- und Siedetemperatur sind wichtige Kenneigenschaften eines **Reinstoffes**.

1.3 Gehaltsgrößen – Zusammensetzung von Stoffgemischen

Handelt es sich bei einer Stoffportion nicht um einen Reinstoff, sondern um ein Stoffgemisch, z. B. eine Lösung, wird die Menge (= Quantität) eines Stoffes in einer bestimmten Stoffportion mithilfe einer Gehaltsangabe, der sog. **Gehaltsgröße**, angegeben. Spricht man allgemein vom **Gehalt eines Stoffes in einem Gemisch**, ist dies jedoch nicht eindeutig! Denn es kann zur Mengenangabe sowohl die **Masse** als auch das **Volumen** oder auch die **Stoffmenge** (siehe S. 84 f.) eines Reinstoffes in einem Gemisch gemeint sein. Außerdem ist damit auch noch nicht geklärt, ob sich die Angabe z. B. auf die gesamte Masse, das gesamte Volumen oder die gesamte Stoffmenge des Gemisches bezieht. Deshalb ist es wichtig, dass die unterschiedlichen Möglichkeiten zur Angabe des Gehaltes eines Reinstoffes in einem Stoffgemisch genau voneinander unterschieden und bei der Herstellung von Lösungen mit einem festgelegten Gehalt berücksichtigt werden.

Anteil: Quotient aus der Menge einer Mischungskomponente und der Summe der Mengen aller Komponenten (z. B. Lösestoff(e) + Lösemittel)
Da beim Mischen von Flüssigkeiten Volumenverringerungen oder Volumenvergrößerungen auftreten, ist es im Alltag nicht sinnvoll, Volumenanteile anzugeben.

Häufig verwendet: **Massenanteil** $\omega(\mathrm{X}) = \frac{m(\mathrm{X})}{m(\mathrm{ges.})}$

Konzentration: Quotient aus der Menge des Lösestoffes und dem Volumen der fertigen Lösung

Häufig verwendet: **Volumenkonzentration** $\sigma(\mathrm{X}) = \frac{V(\mathrm{X})}{V(\mathrm{Lsg.})}$

Verhältnis: Quotient aus der Menge des Lösestoffes und der Menge des Lösemittels. In der Praxis ist das Verhältnis eher unbedeutend.

Im Alltag verwendet man dazu – je nachdem, ob es sich um flüssige oder feste Stoffe handelt, die in einem Gemisch vorkommen – üblicherweise entweder den **Massenanteil** ω oder die **Volumenkonzentration** σ. Zur Gehaltsangabe im Labor oder in Industrie und Technik werden noch weitere Gehaltsgrößen, wie z. B. die Massenkonzentration ρ^* (= β) und die **Stoffmengenkonzentration** c, verwendet. Sie werden in der folgenden Tabelle der Vollständigkeit halber mit aufgeführt, auch wenn sie im Unterricht erst später behandelt oder seltener verwendet werden.

Größe	Formel	Einheit	Beispiel
Massenanteil	$\omega(\text{X}) = \frac{m(\text{X})}{m(\text{X}) + m(\text{Y})}$	$[\omega] = 1\frac{\text{g}}{\text{g}} = 1$	Fettgehalt von Käse in %
Massen-verhältnis	$\xi(\text{X}) = \frac{m(\text{X})}{m(\text{Y})}$	$[\xi] = 1\frac{\text{g}}{\text{g}} = 1$	maximal lösliche Masse von Kochsalz in 1 000 g Wasser
Massen-konzentration	$\rho^*(\text{X}) = \frac{m(\text{X})}{V(\text{Lsg})}$	$[\rho^*] = 1\frac{\text{g}}{\text{L}}$	Masse an Mineralstoffen in 1 L Mineralwasser
Volumen-konzentration	$\sigma(\text{X}) = \frac{V(\text{X})}{V(\text{Lsg})}$	$[\sigma] = 1\frac{\text{L}}{\text{L}} = 1$	Alkoholgehalt von Getränken in Vol.-%
Stoffmengen-konzentration	$c(\text{X}) = \frac{n(\text{X})}{V(\text{Lsg})}$	$[c] = 1\frac{\text{mol}}{\text{L}}$	Konzentration von Maßlösungen im Chemielabor

Tab. 2: Ausgewählte Gehaltsgrößen

Wird auf einer Lebensmittelverpackung ein Gehalt in % angegeben, ist stets der Massenanteil ω gemeint. Im Gegensatz dazu wird mit der Angabe Vol.-% oder % Vol. eine Volumenkonzentration, z. B. die Ethanol-Konzentration in alkoholischen Getränken, angegeben.

Beispiel

Auf der Verpackung eines Käses steht „30 % Fett i. Tr.“. Das heißt, dass 100 g vollständig trockene Käsemasse, der alles Wasser entzogen wurde, 30 g Fett enthalten, d. h., der Massenanteil $\omega(\text{Fett}) = 30\,\% = 0{,}3$.

Besonders in der Medizin oder im Labor ist es wichtig, dass man die Gehaltsgrößen zu den jeweiligen Gehaltsangaben genau kennt, um z. B. Über- oder Unterdosierungen bei Medikamenten zu vermeiden.

Beispiel

Eine sogenannte physiologische Kochsalz-Lösung ist eine Kochsalz-Lösung mit 0,9 % Kochsalz (Natriumchlorid) und für den menschlichen Körper gut verträglich. Eine solche Kochsalz-Lösung eignet sich unter anderem für Allergiker*innen als Nasenspray.
Aber wie viel Natriumchlorid muss man in Wasser lösen, um ein Trinkglas (200 g) voll physiologischer Kochsalz-Lösung herzustellen?

Für die Berechnung gehen wir folgendermaßen vor:

- **Unterstreiche:** Was ist **gegeben** und was ist **gesucht**?
- Notiere **„gegeben“** und **„gesucht“** mithilfe von **Größensymbolen**.
  Überlege dir: Welche Größe verbirgt sich hinter den gefragten Begriffen? Forme **Prozentangaben** gleich in die zugehörige **Dezimalzahl** um, indem du die Prozentzahl durch Hundert teilst.

  geg.: $\omega(\text{Kochsalz}) = 0{,}9\,\% = 0{,}009$ (Angabe % ⇒ Massenanteil ω)

  ges.: $m(\text{Kochsalz})$ (Wie viel? Hier: Masse m, weil Angabe %)

  $m(\text{Lösung}) = 200\text{ g}$ (Einheit „g“ ⇒ Masse)

- Schreibe die **Formel (= Größengleichung)** der gegebenen bzw. gesuchten Gehaltsgröße auf (hier: Massenanteil ω).

  $$\omega(\text{Kochsalz}) = \frac{m(\text{Kochsalz})}{m(\text{Lösung})}$$

- **Löse** die Formel **nach der gesuchten Größe auf**, indem du die Formel (= Größengleichung) umstellst.
  Gesuchte Größe: m(Kochsalz)

  $$\omega(\text{Kochsalz}) = \frac{m(\text{Kochsalz})}{m(\text{Lösung})} \qquad | \cdot m(\text{Lösung})$$

  $$m(\text{Kochsalz}) = \omega(\text{Kochsalz}) \cdot m(\text{Lösung})$$

- **Setze** die entsprechenden Werte in die Formel **ein** und **rechne** das Ergebnis aus. Prüfe anhand der **Einheit** deines Ergebnisses, ob deine Berechnung richtig sein kann. Daran erkennst du schnell mögliche Fehler.

  $m(\text{Kochsalz}) = 0{,}009 \cdot 200\text{ g} = 1{,}8\text{ g}$ (Einheit „g“ ⇒ Masse m)

- Formuliere danach noch einen **Antwortsatz**. Mit ihm kannst du kontrollieren, ob du die Fragestellung tatsächlich beantworten kannst.

  Zur Herstellung von 200 g physiologischer Kochsalz-Lösung wiegt man 1,8 g Kochsalz in einen Behälter ein und füllt dann mit Wasser auf genau 200 g auf.

Hinweis: Wenn 1,8 g Kochsalz auf 200 mL aufgefüllt werden, so ist dies nicht richtig, da dann eine Gesamtmasse der Lösung von etwa 202 g resultiert.

Zur **Herstellung von Lösungen** mit einem definierten Massenanteil muss sowohl die Masse des Lösestoffes als auch die Masse der resultierenden Lösung gewogen werden.

Zusammenfassung

- Stoffeigenschaften sind meistens von äußeren Bedingungen, wie z. B. Druck oder Temperatur, abhängig. Je nach herrschendem Druck und Temperatur kann ein Stoff deshalb fest (s), flüssig (l) oder gasförmig (g) sein, also seinen **Aggregatzustand** ändern.
- Farbe, Glanz, Geruch, Geschmack, Verformbarkeit und Härte sind wichtige, mit den Sinnen erfassbare **Stoffeigenschaften**.
- Wärmeleitfähigkeit, elektrische Leitfähigkeit und magnetische Anziehung sind wichtige Merkmale zur Identifikation von Stoffen oder ganzen Stoffklassen.
- Stoffe lösen sich unterschiedlich gut in verschiedenen Lösemitteln, sie sind **hydrophil** („wasserliebend") oder **hydrophob = lipophil** („fettliebend").
- Eine konstante Dichte, Schmelztemperatur und Siedetemperatur sind charakteristische messbare Stoffeigenschaften (= Kenneigenschaften), an denen ein **Reinstoff** (= Einstoff) eindeutig erkannt werden kann.
- **Massenanteil** $\omega(X) = \frac{m(X)}{m_{ges}}$ und **Volumenkonzentration** $\sigma(X) = \frac{V(X)}{V_{ges}}$ sind wichtige Gehaltsgrößen zur Charakterisierung der Zusammensetzung von Stoffgemischen im Alltag.

Aufgaben 6 Ergänze das Strukturdiagramm mithilfe der folgenden Begriffe: Masse m, Form, Größe/Quantität, Volumen V, Stoff(art).

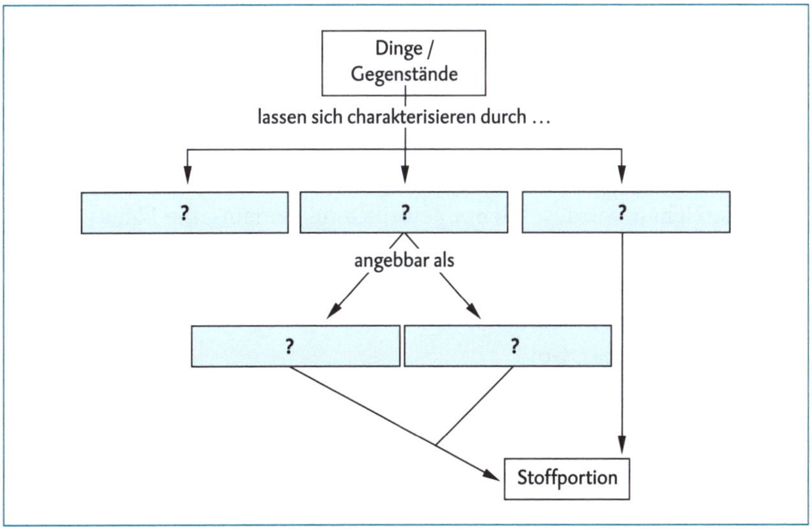

7 Erkläre, womit sich die Naturwissenschaft Chemie beschäftigt.

8 Leite aus den Angaben zur Löslichkeit ab, welche der folgenden Stoffe sich gut in Wasser lösen lassen und welche schwerlöslich sind.

a Kreuze in der Tabelle an.

Stoff	Löslichkeit[1] in $\frac{g}{100\,g}$	Gute Löslichkeit in Wasser	Schwer löslich in Wasser
Haushaltszucker (Rohrzucker)	203,9	☐	☐
Kochsalz (Natriumchlorid)	35,88	☐	☐
Salpeter (Kaliumnitrat)	31,66	☐	☐
Soda (Natriumcarbonat)	21,66	☐	☐
Alaun (Kaliumaluminiumsulfat)	6,01	☐	☐
Gips (Calciumsulfat)	0,20	☐	☐
Löschkalk (Calciumhydroxid)	0,12	☐	☐
Kalkstein (Calciumcarbonat)	0,0015	☐	☐

1 Die Angaben der Löslichkeit beziehen sich auf Raumtemperatur.

b Wie viel Gramm Kochsalz, Zucker oder Gips kann man bei Raumtemperatur maximal in 1 Liter Wasser lösen, ohne dass ein Bodenkörper entsteht?

9 Eisenoxid, Eisensulfid, Kupfersulfid und Zinksulfid sind häufig an der Erdoberfläche zu findende Mineralien. Welche Vorhersage lässt sich daraus über ihre Löslichkeit machen?

10 Gib eine Eigenschaft an, die du zur Unterscheidung der folgenden Stoffe heranziehen würdest. Nenne jeweils eine gemeinsame Eigenschaft dieser Stoffe.

a Brennspiritus, Essigessenz, Reinigungsbenzin, Wasser

b Zucker, Salz, Vitamin C

c Kupfer, Silber, Gold

11 Beschreibe, welche Schlussfolgerungen zur Abhängigkeit der Löslichkeit von Feststoffen sich aus dem Löslichkeitsdiagramm ziehen lassen.
Ordne die Stoffe Kochsalz und Haushaltszucker den Kurven **a** und **b** mithilfe der Tabelle aus Aufgabe **8 a** zu.

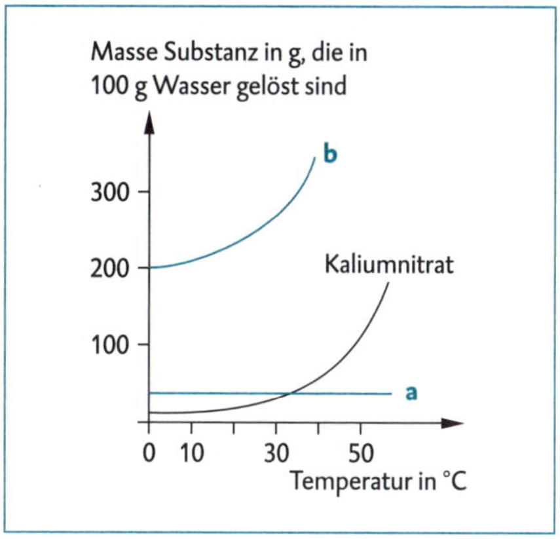

12 Das Diagramm rechts zeigt die Temperaturabhängigkeit der Löslichkeit der Gase Kohlenstoffdioxid und Sauerstoff in Wasser.

- **a** Formuliere eine verallgemeinernde „Je …, desto …“-Regel zur Abhängigkeit der Löslichkeit von Gasen von der Temperatur.
- **b** Entnimm der Grafik, ob sich bei der gleichen Temperatur mehr Kohlenstoffdioxid oder mehr Sauerstoff in Wasser löst.

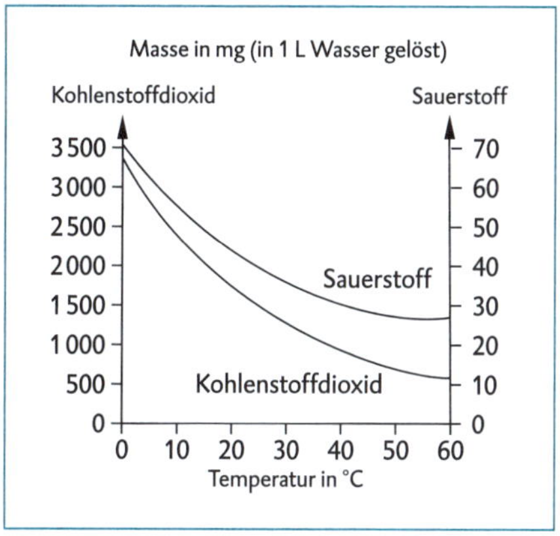

- **c** Erläutere, warum es im Sommer manchmal zu Fischsterben aufgrund von Sauerstoffmangel kommt.
- **d** Mit einem Wassersprudler kann man zu Hause bequem Sprudelwasser herstellen, indem unter hohem Druck Kohlenstoffdioxid aus einer Kartusche in Leitungswasser eingeleitet wird. Manche Leute stellen die Flasche mit Leitungswasser in den Kühlschrank, bevor sie das Gerät verwenden. Entscheide, ob dies sinnvoll ist.

13 Als Leichtmetalle werden alle Metalle bezeichnet, deren Dichte kleiner als $5\,\frac{g}{cm^3}$ ist. Metalle mit einer Dichte größer als $5\,\frac{g}{cm^3}$ heißen Schwermetalle.

Stoff	Aggregatzustand	Dichte in $\frac{g}{cm^3}$	Stoff	Aggregatzustand	Dichte in $\frac{g}{cm^3}$
Luft	gasförmig	0,0012928	Magnesium	fest	1,74
Stickstoff		0,00125055	Aluminium		2,70
Sauerstoff		0,00142908	Zink		6,92
Kohlenstoffdioxid		0,001977	Eisen		7,86
			Messing		8,3
Wasserstoff		0,00008988	Kupfer		8,92
Helium		0,0001785	Silber		10,5
Ethanol	flüssig	0,79	Blei		11,4
Wasser		1,0	Gold		19,32
Quecksilber		13,55			

Tabelle: Dichten einiger Stoffe bei Standardbedingungen 20 °C und 1 013 hPa

a Entscheide mithilfe der Tabelle, ob Gold, Blei, Aluminium, Eisen und Magnesium Leicht- oder Schwermetalle sind.

b Überlege, weshalb Automobilhersteller zur Zeit Motoren aus Magnesium-Legierungen erproben.

c Entscheide, welcher Würfel auf der Waagschale aus Messing und welcher aus Gold besteht.

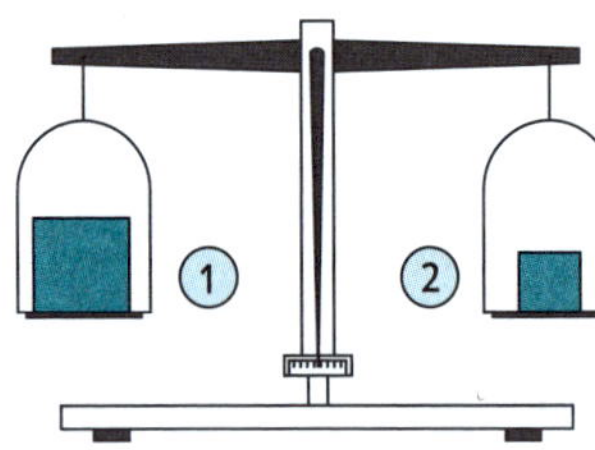

14 Im Märchen von Hans im Glück heißt es: „Nach sieben Jahren Lehrzeit beim Müller fasst Hans den Entschluss, nach Hause zurückzukehren. Der Müller entlohnt ihn mit einem kopfgroßen Goldklumpen, den die Müllerstochter ihm in ein Tuch einschlägt." Entscheide durch Rechnung, ob Hans den Goldklumpen – wie es im Märchen erzählt wird, davontragen kann. Nimm an, dass das Volumen des Goldklumpens ca. 2 L beträgt.

15 Im Schullabor wurde eine 100 mL Einwegspritze (vgl. Abbildung) erst mit herausgezogenem Spritzenstempel (= evakuierter Zustand) leer gewogen. Anschließend wurde die Spritze mit jeweils 100 mL verschiedener Gase gefüllt und erneut gewogen. Dabei erhielt man die folgenden Wägeergebnisse:

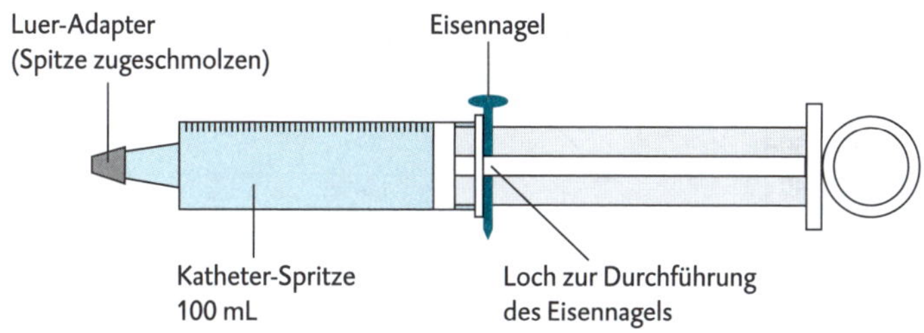

Gewogen wurde	Masse
Spritze leer	25,000 g
Spritze + Luft	25,129 g

Gewogen wurde	Masse
Spritze + Kohlenstoffdioxid	25,198 g
Spritze + Helium	25,017 g

a Berechne die Dichte der Gase in $\frac{g}{L}$.

b Welches der obigen Gase verwendet man zur Füllung von Gasballons, die von selber aufsteigen können?

c Erläutere mithilfe der Ergebnisse aus Teilaufgabe a das folgende Versuchsergebnis.
Hinweis: Im Gegensatz zum Sauerstoff aus der Luft unterhält Kohlenstoffdioxid die Verbrennung nicht.

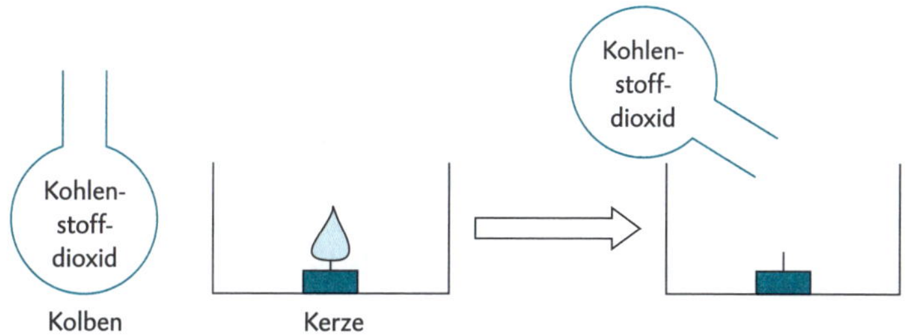

d Berechne die Masse der Luft in einem Klassenraum, der 12 m lang, 10 m breit und 3 m hoch ist.

16 Das folgende Diagramm zeigt die Temperaturänderung einer Ethanolportion (Trinkalkohol) mit der Zeit beim Erwärmen. Welche Angabe lässt sich aus dem Diagramm ableiten? Erläutere den Kurvenverlauf.

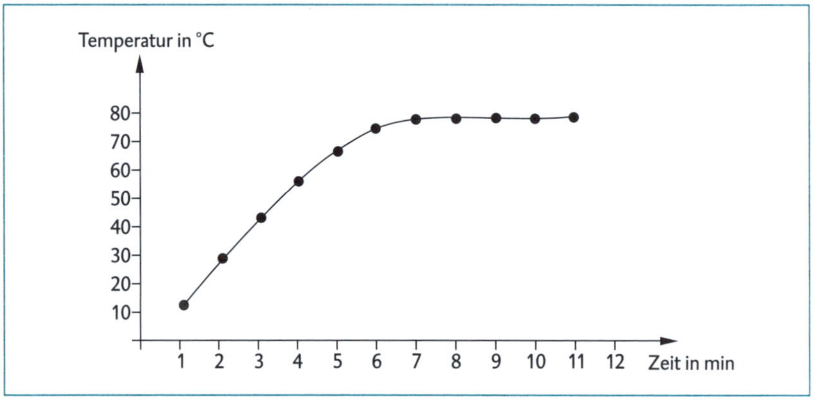

17 Erdöl, das z. B. bei einem Tankerunglück ins Meer gelangt ist, schwimmt auf der Wasseroberfläche. Leite daraus mindestens zwei verschiedene Eigenschaften von Erdöl ab.

18 Bei der Herstellung einer Zucker-Lösung kann man unterschiedlich vorgehen. Ordne die Gehaltsgrößen Massenkonzentration ρ^*, Massenverhältnis ζ oder Massenanteil ω dem jeweiligen Herstellungsverfahren zu.
Erläutere, warum sich der Zuckergehalt der drei Lösungen voneinander unterscheidet.
Hinweis: Die Masse des Becherglases / des Maßkolbens spielt keine Rolle.

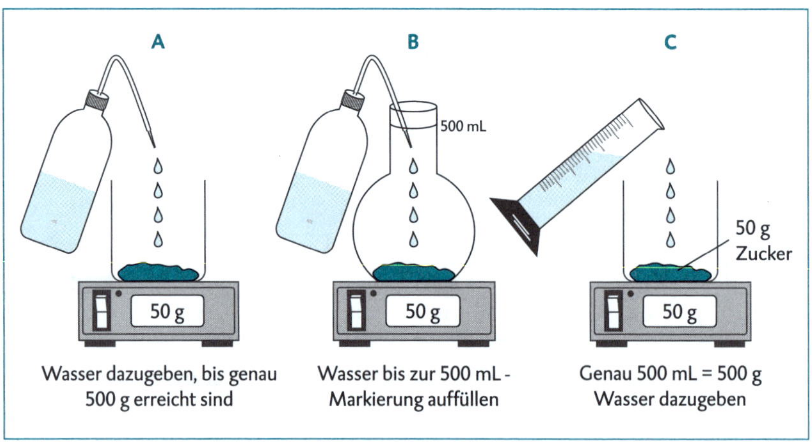

19 Auf den Verpackungen von verschiedenen Milchprodukten findest du folgende Informationen zum Fettgehalt:

Produkt	Fettgehalt	Packungsgröße
Schlagsahne	30 %	200 g
Frischkäse mit Schnittlauch	16 %	200 g
Joghurt	3,5 %	150 g
H-Vollmilch	3,8 %	1 L

a Berechne, wie viel Gramm Fett in einem Becher Sahne enthalten sind.

b Mit dem Inhalt einer Frischkäsepackung kannst du durchschnittlich 15 Brote bestreichen. Überschlage rechnerisch, wie viel Gramm Fett du mit dem Frischkäseaufstrich auf einem Brot durchschnittlich zu dir nimmst.

20 Festbier besitzt mit einem Alkoholgehalt von 5,9 Vol.-% einen höheren Alkoholgehalt als normales Bier.

a Berechne, wie viele Milliliter reinen Alkohol man mit einer Maß (1 L) Festbier zu sich nimmt.

b Ermittle rechnerisch die Masse an Alkohol, die in einer Maß (1 L) Festbier enthalten ist.

Hinweis: $\rho(\text{Ethanol}) = 0{,}79\ \frac{\text{g}}{\text{cm}^3}$

c Der Massenanteil ω an Alkohol in der Körperflüssigkeit wird missverständlicherweise als Blutalkoholkonzentration BAK bezeichnet, obwohl es sich eigentlich um den Anteil an Blutalkohol handelt.
Man spricht von der Blutalkoholkonzentration in Promille (Tausendstel), da der Anteil an Blutalkohol in der Einheit

$\frac{\text{g}}{\text{kg}} = \frac{\text{g}}{1\,000\,\text{g}}$ angegeben wird.

Schätze die maximale Blutalkoholkonzentration einer 50 kg schweren, 18-jährigen Teenagerin nach dem schnellen Trinken einer Maß (1 L) des Festbieres und eines 75 kg schweren, 25-jährigen Mannes nach dem Trinken von 2 Maß (2 L) des Festbieres ab. Nimm an, dass der komplette Alkohol aus dem Festbier ins Blut übergeht und der Körper noch keinen Alkohol abgebaut hat.
Hinweis: Um die Masse der Körperflüssigkeit einfach aus dem Körpergewicht berechnen zu können, verwendet man Korrekturfaktoren: Bei normalgewichtigen Frauen / Jugendlichen wird die Körpermasse mit dem Korrekturfaktor K = 0,55 multipliziert, bei Männern mit K = 0,70.

2 Stoffe und Teilchen

2.1 Teilchenarten: Atome, Moleküle, Ionen

Um Vorgänge in unserer Umgebung erklären zu können, sind Bilder und Modelle hilfreich. Mit ihnen können schwierige Zusammenhänge veranschaulicht werden. **Modelle** vereinfachen viele Zusammenhänge und es ist wichtig, sich stets darüber im Klaren zu sein, dass jedes Modell seine Grenzen hat und man mit ihm nicht alles, sondern nur bestimmte Ausschnitte von Beobachtungen erklären kann. Eines der ältesten Modelle in der Chemie wurde von dem griechischen Philosoph DEMOKRIT (etwa 460–360 v. Chr.) entwickelt, der vorschlug, dass alle Stoffe aus unsichtbar kleinen Teilchen aufgebaut sind. Er ging davon aus, dass die „Basisteilchen", aus denen alle Stoffe aufgebaut werden können, nicht weiter teilbar sind und nannte sie deshalb **Atome** (griech. für unteilbar).

Dass es Menschen schwerfällt, sich vorzustellen, dass auch so lückenlose Stoffe wie Wasser oder Aluminium aus unsichtbar kleinen Teilchen aufgebaut sein sollen, erkennt man daran, dass es erst zu Beginn des 19. Jahrhunderts dem englischen Naturforscher J. DALTON (1766–1844) gelang, dieser Idee DEMOKRITS zu ihrem endgültigen Durchbruch zu verhelfen. Er legte damit die Grundlage für die Entwicklung der Chemie zu einer modernen Naturwissenschaft, weil er als Erster einen Zusammenhang zwischen den Stoffen mit ihren unterschiedlichen Eigenschaften und den Teilchen, aus denen sie aufgebaut sind, herstellte. Heute wissen wir:

> Die Teilchenarten, aus denen alle Stoffe aufgebaut sind, kann man in drei große Gruppen einteilen: die elektrisch geladenen **Ionen**, die elektrisch ungeladenen **Atome** und **Moleküle**.

Alle Stoffe, die aus Ionen aufgebaut sind, werden **Salze** genannt (s. S. 108 ff.).
Metalle (s. S. 102 ff.) sind als Elemente aus jeweils einer einzigen Atomart aufgebaut. Man erkennt sie an ihrem Glanz und daran, dass sie sowohl Wärme als auch den elektrischen Strom gut leiten und schmiedbar sind.

Molekulare Stoffe sind aus ungeladenen Teilchen, die aus mindestens zwei zusammenhängenden Atomen bestehen, aufgebaut. Diese Teilchen werden **Moleküle** genannt. Viele molekulare Stoffe sind leicht flüchtig.

Flüchtige Stoffe erkennt man daran, dass sie eher niedrige Schmelz- und Siedetemperaturen besitzen und deshalb bei Raumtemperatur gasförmig oder flüssig sind. Aber auch Stoffe, die nur aus Atomen aufgebaut sind, können flüchtig sein, wie z. B. die Edelgase.

Vorläufig wird zur Beschreibung der Stoffe und zur Deutung der Stoffeigenschaften noch die grobe Vorstellung vom Aufbau der Stoffe aus Teilchen verwendet. Die folgende Abbildung bietet einen Überblick, wie die drei genannten Teilchenarten zusammenhängen.

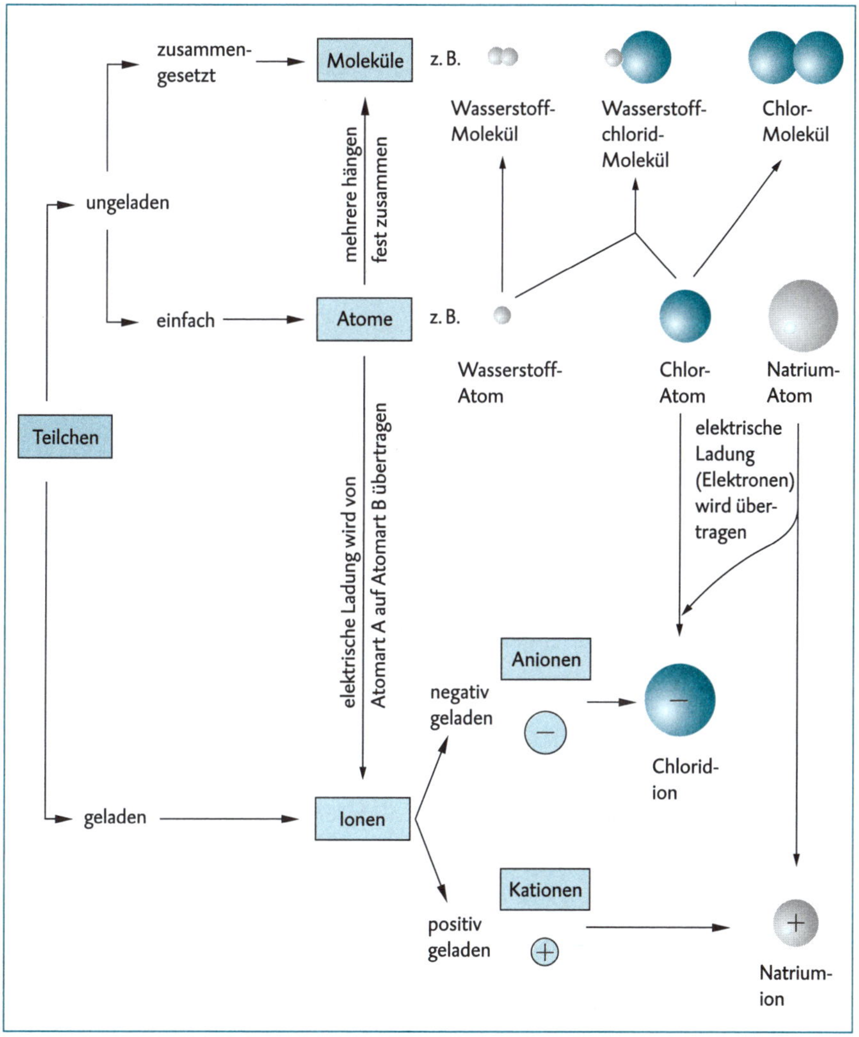

Abb. 8: Überblick über die Teilchenarten

2.2 Das Teilchenmodell

Wenn man mithilfe der Vorstellung, dass alle Stoffe aus kleinen unsichtbaren Teilchen aufgebaut sind, Vorgänge aus der Umgebung erklären möchte, greift man auf folgende Denkweise zurück:

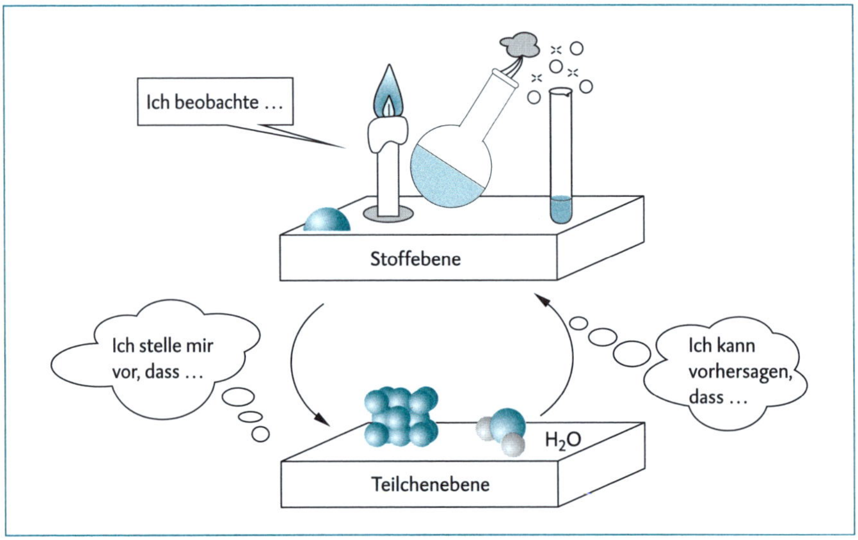

Abb. 9: Stoffebene und Teilchenebene – zwei wichtige Denkkategorien, die es zu unterscheiden gilt.

Wichtig ist, dass man immer genau zwischen der Stoff- und der Teilchenebene unterscheidet.

Charakteristisch für die Denkweise der Chemie sind **zwei Betrachtungsebenen:**
Stoffebene: Beobachtungen an Stoffportionen und Reaktionen (Fakten)
Teilchenebene: Deutung der Fakten durch die Vorstellung von der Existenz kleiner Teilchen und Teilchenverbände (Modellvorstellungen)

Kernaussagen des Teilchenmodells

- Alle Stoffe bestehen aus kleinen **Teilchen** (Teilchen = Sammelbegriff für Atome, Moleküle, Ionen).
- Zwischen den Teilchen ist nichts, der Zwischenraum ist leer.
- Gleiche Reinstoffe bestehen aus gleichen kleinen Teilchen. Die Teilchen verschiedener Stoffe unterscheiden sich in **Masse**, **Form** und **Größe**.
- Die Teilchen sind ständig in Bewegung. Mit steigender Temperatur nimmt die Bewegung zu, mit fallender Temperatur nimmt sie ab. Bei gleichbleibender Temperatur bleibt die Bewegung aller Teilchen zusammen genommen erhalten.

- Bei Temperaturanstieg wird entweder der Abstand zwischen den Teilchen größer (Volumenzunahme der Stoffportion) oder die Teilchen stoßen häufiger an die Wandfläche (Druckzunahme).
- Zusammenstöße zwischen zwei Teilchen verlaufen so, dass beide zusammengenommen ihre **Bewegungsenergie** behalten.
- Zwischen den Teilchen herrschen **Anziehungskräfte** (Kohäsionskräfte) und **Abstoßungskräfte**, die stark vom Abstand abhängig sind. Je kleiner die Abstände zwischen den Teilchen sind, desto stärker wirken die Anziehungs- und Abstoßungskräfte.

Das Teilchenmodell ist eine stark vereinfachte Vorstellung vom Aufbau der Stoffe, die aber viele Erscheinungen anschaulich deuten kann. Wie jedes Modell ist es nicht perfekt, sondern hat Grenzen. Mit dem einfachen Teilchenmodell können und dürfen noch keine Aussagen über die Gestalt oder das Aussehen der Teilchen gemacht werden. Hierzu benötigt man genauere Informationen über die Bausteine, aus denen die Teilchen aufgebaut sind, und über deren Anordnung.

2.3 Änderung des Aggregatzustandes

Mithilfe der Kernaussagen des Teilchenmodells lassen sich z. B. die Aggregatzustandsänderungen von Stoffen anschaulich erklären.

Beispiel

Füllt man ein wenig Wasser in einen Luftballon, knotet ihn zu und erwärmt ihn in der Mikrowelle, so bläst sich der Ballon auf. Auf Teilchenebene erklärt man dies so: Die Energie der Mikrowellenstrahlung erwärmt das Wasser. Dadurch werden die Wasserteilchen schneller. Sie überwinden die Wechselwirkungen, die zwischen ihnen wirken, und erreichen im Wasserdampf bei 100 °C Geschwindigkeiten von etwa 660 m pro Sekunde.

Die Teilchen stoßen immer häufiger gegen die Gefäßwände, sodass sich ein elastisches Gefäß, z. B. ein Luftballon, ausdehnt, weil durch die vielen Wandstöße der Wasserteilchen der Druck auf die Gefäßwand von innen stärker steigt als durch die Stöße der Teilchen der Luft von außen. Bei Änderungen des Aggregatzustands können Anziehungskräfte zwischen den Teilchen überwunden werden. Der Abstand zwischen den Teilchen nimmt stark zu, aber der Abstand der Atome in einem Molekül bleibt unverändert: Der Stoff wird gasförmig. Umgekehrt ist es möglich, dass durch hohen Druck ein Gas wieder flüssig wird.

Wie man sich die Aggregatzustände im Teilchenmodell vorstellen kann, zeigt die folgende Zusammenstellung:

Aggregatzustand	fest	flüssig	gasförmig
Bildhafte Darstellung	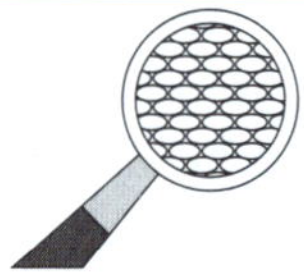		
Anordnung der Teilchen	regelmäßig	unregelmäßig	völlig ungeordnet
Abstand der Teilchen	sehr klein	klein	sehr groß
Geschwindigkeit der Teilchen	langsam, schwingen auf ihren Plätzen hin und her	schnell, wechseln die Plätze	sehr schnell, ständige Zusammenstöße
Anziehungskräfte, die zwischen den Teilchen wirken	sehr stark	stark	keine

Tab. 3: Aggregatzustände von Stoffportionen im Teilchenmodell

Zusammenfassung

- Charakteristisch für die Denkweise der Wissenschaft Chemie ist die grundsätzliche Unterscheidung zwischen der real wahrnehmbaren **Stoffebene** und der für uns nicht sichtbaren, modellhaften **Teilchenebene**.
- Mithilfe des **einfachen Teilchenmodells** lassen sich physikalische Eigenschaften von Stoffportionen deuten. Chemische Reaktionen lassen sich nicht mit dem einfachen Teilchenmodell erklären.
- Zentrale **Kernaussagen** des einfachen Teilchenmodells: Alle Stoffe bestehen aus kleinen Teilchen. Der Raum zwischen den Teilchen ist völlig leer. Die Teilchen verschiedener Stoffe unterscheiden sich in ihrer Größe, Form und Masse. Zwischen den Teilchen wirken Anziehungs- und Abstoßungskräfte, die vom Abstand und der Art der Teilchen abhängig sind. Die Teilchen sind in ständiger Bewegung. Je höher die Temperatur ist, desto heftiger bewegen sich die Teilchen. Je häufiger die Teilchen beispielsweise gegen eine Gefäßwand stoßen, umso höher wird der Druck im Gefäß.

Aufgaben

21 Ergänze zur Wiederholung der Kernaussagen des Teilchenmodells die folgenden „Je …, desto …“-Sätze.

a Je … die Temperatur einer Stoffportion ist, desto schneller bewegen sich die Teilchen.

b Je niedriger die Temperatur einer Stoffportion, desto … ist der Abstand zwischen den Teilchen.

c Je höher die Temperatur einer Stoffportion ist, desto … sind die Teilchen angeordnet.

d Je kleiner der Abstand zwischen den Teilchen eines Stoffes ist, desto … wirken die Anziehungskräfte zwischen den Teilchen.

e Je größer der Druck ist, der auf eine Gasportion wirkt, desto … ist der Abstand zwischen den Teilchen.

f Je kleiner der Abstand zwischen den Teilchen eines Gases ist, desto … ist seine Dichte.

g Je … die Anziehungskräfte zwischen den Teilchen sind, desto … sind die Schmelz- und die Siedetemperatur des Stoffes.

22 Die seltsam aussehenden „Lava-Lampen“ waren in den 70ern und 90ern sehr beliebt. Nach ca. 30-minütiger Betriebszeit der Leuchte steigen in einem Glaszylinder unterschiedlich große, farbige Flüssigkeitstropfen (Wachs) in einer farblosen Flüssigkeit (Wasser) nach oben und sinken dann wieder zum Boden. Im ausgeschalteten Zustand ist das farbige Wachs ein Feststoff auf dem Lampenboden. Der Aufbau ist folgender:

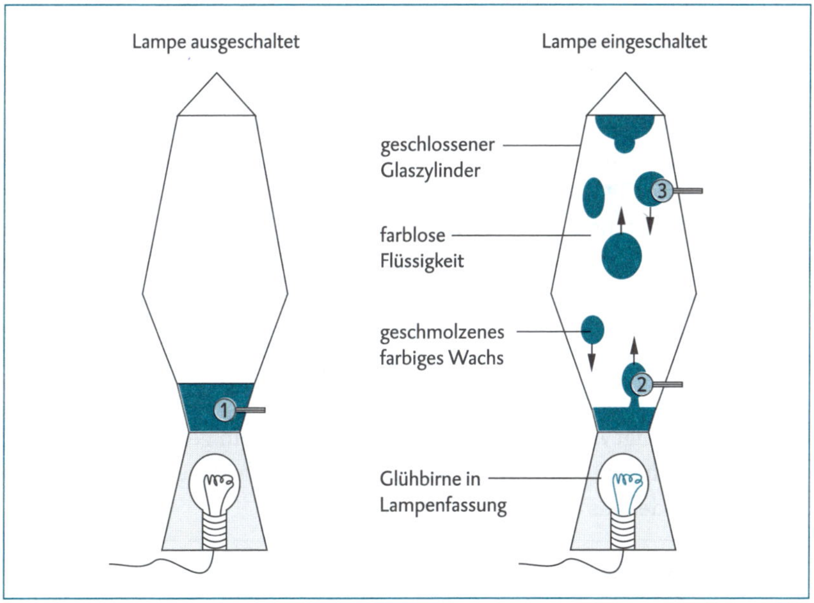

a Beschreibe mithilfe des Teilchenmodells, wie eine Lava-Lampe funktioniert.

b Skizziere die Anordnung der Teilchen im Wachs auf der Teilchenebene an den mit 1–3 markierten Orten.

23 Teste die Erklärungskraft des Teilchenmodells, indem du die folgenden Vorgänge mithilfe der Kernaussagen des Teilchenmodells interpretierst:

a Nach einem Platzregen sind überall auf der Straße Regenpfützen zu sehen. Nun scheint die Sonne wieder und kaum ist eine Stunde vergangen, sind die Pfützen verschwunden.

b Leon behauptet, dass er einen Luftballon mithilfe einer leeren Flasche aufblasen kann. Die folgende Abbildung zeigt, wie er dabei vorgeht.

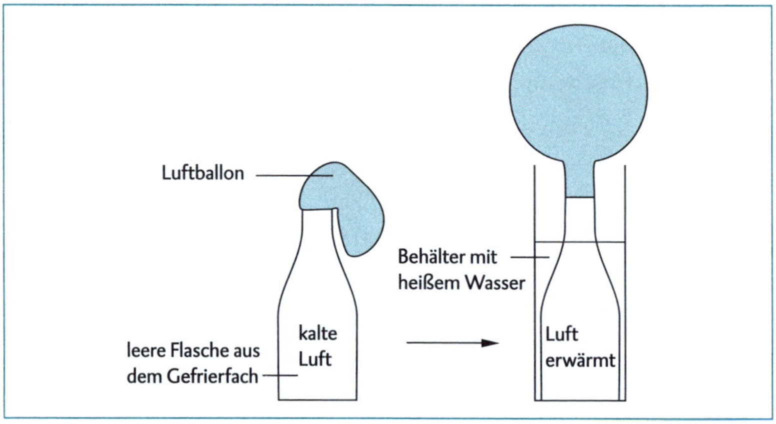

c Im Zeltlager beschließen Mia und Emil, ihren Früchtetee mit kaltem anstelle von heißem Wasser zuzubereiten. Auch nach einer Viertelstunde ist der Tee noch nicht richtig rot gefärbt und schmeckt nach nichts.

d Jakob hat heute Morgen zum Spaß das Rasierwasser seines großen Bruders ausprobiert. Schon bald riecht es die ganze Klasse.

e Sophia füllt ein Limoglas ($V = 200$ mL) mit Haushaltszucker voll. Sie wettet, dass sie den Zucker in ein genau gleich großes Glas schütten kann, das schon halb mit Wasser gefüllt ist, ohne dass dieses überläuft. Wird sie die Wette gewinnen?

f Anna zeigt Ahmad einen Trick, mit dem sie ein geschältes, hartgekochtes Ei in eine leere Milchflasche befördert. Überlege auch, wie Anna das Ei wieder aus der Flasche herausholen kann.

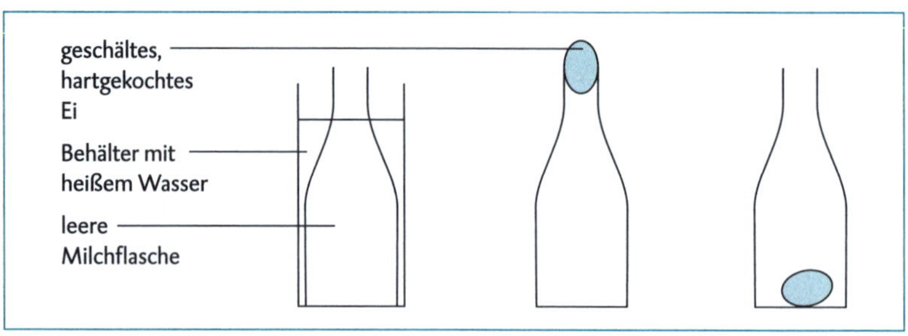

24 Gibt man einen Iod-Kristall in farblosen Alkohol, so erhält man nach einiger Zeit eine gleichmäßig braun gefärbte Iod-Tinktur (Iod-Alkohol-Gemisch). Stelle die ablaufenden Vorgänge auf Teilchenebene in der folgenden Filmleiste zeichnerisch dar. Verwende die angegebenen Symbole.

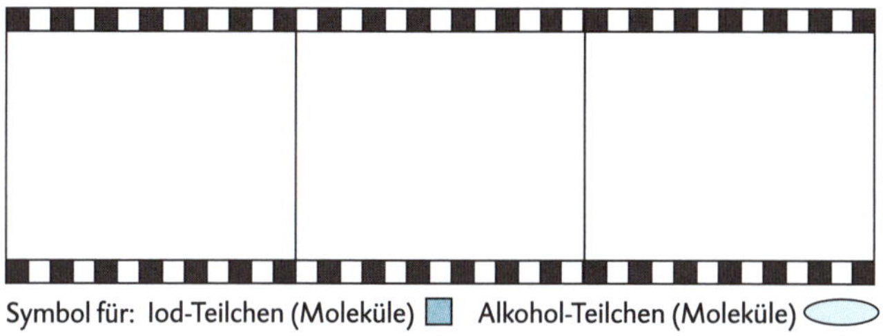

25 Auf vielen Hausdächern werden Solarthermieanlagen installiert, um warmes Wasser z. B. zum Duschen oder Heizen der Wohnung bereitzustellen. Damit auch am frühen Morgen noch genügend warmes Wasser zur Verfügung steht, wird empfohlen, sich nicht nur einen entsprechend großen Warmwasserspeicher in den Keller zu stellen, sondern diesen zusätzlich mit einem sog. Latentwärmespeicher aus Paraffin auszurüsten. Paraffin ist der Stoff, aus dem die meisten Teelichter hergestellt werden. Er schmilzt bei ca. 54 °C. Damit Paraffin schmelzen kann, muss sich die Bewegungsenergie der Teilchen (= kinetische Energie) erhöhen und die Anziehungskräfte zwischen den Teilchen (= potenzielle Energie) müssen überwunden werden.

a Betrachte die folgenden Diagramme und notiere zu den Zahlen 1 bis 4 den Aggregatzustand.

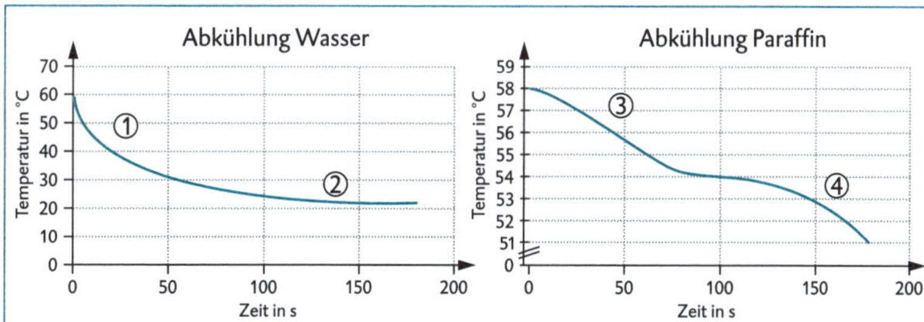

b Zeichne die Anfangs- und Endzustände auf Teilchenebene in die Superlupen 1–4. (Wasser-Teilchen ▲, Paraffin-Teilchen ■)

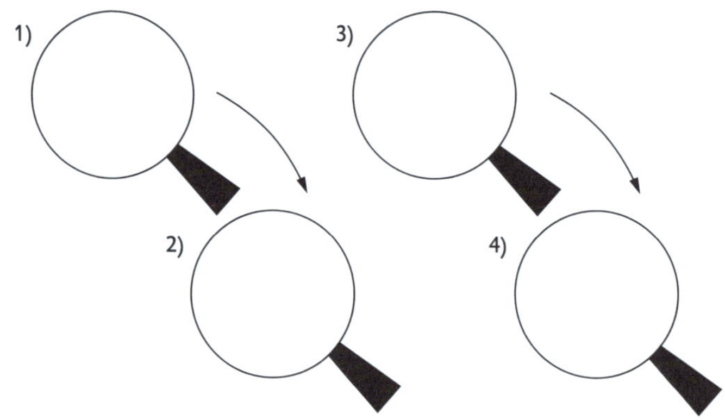

c Erkläre das Zustandekommen des Plateaus während des Abkühlens des Paraffins aus energetischer Sicht, indem du die Lücken mithilfe der Wörter füllst. Mehrfachnennungen sind möglich, nicht alle Wörter werden benötigt.

> **Verringerung – verringert – Erhöhung – erhöht – potenzielle Energie – Wärme – kinetische Energie – Kälte – Licht**

Während der Temperaturabnahme des flüssigen Paraffins ______________ sich die ______________ der Teilchen. Hierbei wird Energie in Form von ______________ an die Umgebung abgegeben. Mit dem Erreichen der Erstarrungstemperatur von Paraffin verringert sich die ______________ der Teilchen. Dabei wird zusätzliche Energie in Form von ______________ abgegeben. Ist das Paraffin vollständig erstarrt, führt die konstante ______________ der ______________ der Teilchen wieder zu einer Temperaturabnahme des Stoffs.

d Begründe, warum sich Paraffin besser als „Wärmespeicher“ eignet als Wasser.

3 Stoffe mischen und trennen

3.1 Homogene und heterogene Stoffgemische

Wasser, Kupfer und Kochsalz sind Reinstoffe (siehe S. 14 f.); Salzwasser, Messing und Steinsalz sind hingegen Gemische. Ein Reinstoff besteht nur aus einer Stoffart. Deshalb besitzt er klar definierbare, charakteristische Eigenschaften (Kenneigenschaften), wie die Siedetemperatur, die Schmelztemperatur oder die Dichte (siehe S. 16 f.). **Gemische** hingegen bestehen aus verschiedenen Stoffen und können mit physikalischen Trennmethoden in diese einzelnen Stoffe aufgetrennt werden. Die Eigenschaften eines Gemisches ergeben sich somit aus den einzelnen Stoffeigenschaften, wobei dem Mischungsverhältnis eine entscheidende Rolle zukommt.

Beispiel

Das Gemisch Salzwasser besteht aus den Reinstoffen Kochsalz (Natriumchlorid) und Wasser. Je nach Salzgehalt schmeckt das Wasser mehr oder weniger salzig. Es könnte sich um eine dickflüssige Salzlake handeln oder um fast reines Wasser. Aus diesem Grund gibt man bei vielen Gemischen die genaue Zusammensetzung an: Physiologische Kochsalz-Lösung besitzt $\omega(\text{NaCl}) = 0{,}9\,\%$, d. h., pro 100 g Lösung sind 0,9 g Kochsalz in Wasser gelöst.

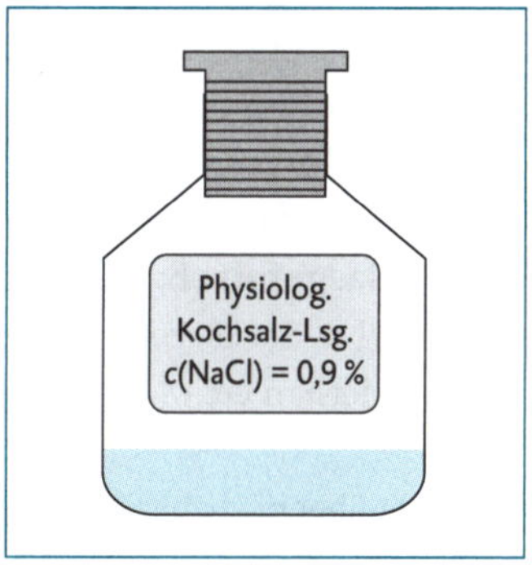

Abb. 10: Gemisch Salzwasser

Rein äußerlich betrachtet unterscheiden sich physiologische Kochsalz-Lösung und Messing nicht von Reinstoffen, deshalb wird diese Art von einheitlich aussehenden Gemischen als **homogen** bezeichnet (*homos,* griech.: gleich). Bei Steinsalz und Rauch hingegen erkennt man sofort das Gemisch, da man verschiedene Stoffe optisch unterscheiden kann. Solche Gemische, bei denen man die unterschiedlichen Bestandteile mit bloßem Auge oder dem Mikroskop unterscheiden kann, bezeichnet man als **heterogene** Gemische (*heteros,* griech.: verschieden).

Übersicht über die homogenen Gemische:

	in Feststoff	in Flüssigkeit	in Gas
Feststoff	Legierung	Lösung	–
Flüssigkeiten	–	Lösung	–
Gas	–	Lösung	Gasgemisch

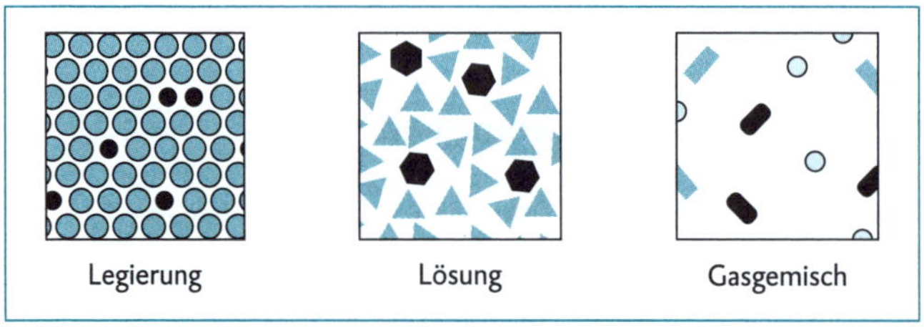

Abb. 11: Darstellung homogener Gemische auf der Teilchenebene

Beispiele

- **Legierung:** Messing ist eine Legierung; es sieht aus wie ein goldglänzendes Metall, ist aber ein homogenes Gemisch aus grauem Zink und rötlichem Kupfer.
- **Lösungen:**
  fest/flüssig: Salzwasser
  flüssig/flüssig: Farbloses Desinfektionsmittel ist optisch nicht von Wasser zu unterscheiden, enthält aber bis zu 80 % Alkohol. Es ist eine Lösung aus zwei oder mehreren flüssigen Bestandteilen.
  gasförmig/flüssig: Sprudelwasser enthält gelöstes Kohlenstoffdioxid, das beim Öffnen der Flasche zischend entweicht.
- **Gasgemisch:** Luft (siehe S. 44) ist ein Gasgemisch aus 78 % Stickstoff, 21 % Sauerstoff, 1 % Edelgasen und weiteren Gasen (Kohlenstoffdioxid, Methan etc.).

Übersicht über die heterogenen Gemische:

	in Feststoff	in Flüssigkeit	in Gas
Feststoff	**Gemenge**	**Suspension**	**Rauch**
Flüssigkeiten	(kein spez. Name)	**Emulsion**	**Nebel**
Gas	**poröser Stoff**	**Schaum**	–

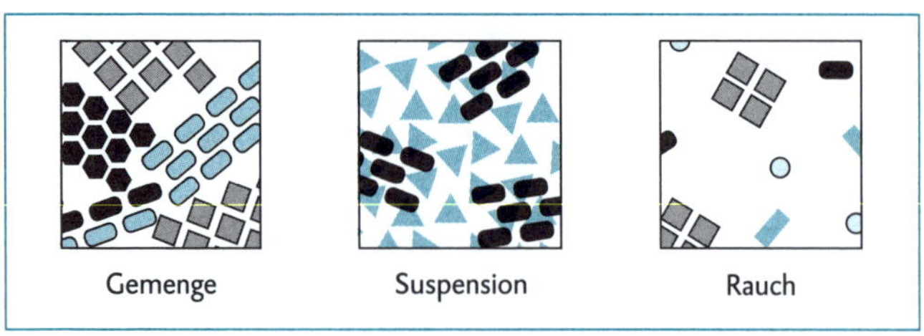

Abb. 12: Darstellung heterogener Gemische auf der Teilchenebene (Teil 1)

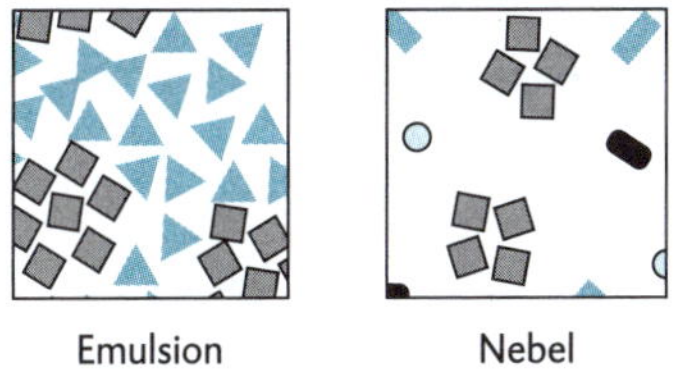

Abb. 13: Darstellung heterogener Gemische auf der Teilchenebene (Teil 2)

Beispiele

- **Gemenge:** Steinsalz ist ein Gemenge aus Kochsalz, Eisenoxid und anderen Mineralien.
- **Suspension:** Naturtrüber Apfelsaft enthält feste Schwebstoffe.
- **Rauch:** Feste Ascheteilchen sind in Luft verwirbelt.
- Ein mit Wasser vollgesogener Schwamm ist ein heterogenes Gemisch aus einer Flüssigkeit in einem Feststoff.
- **Emulsion:** Beim Salatdressing aus Essig und Öl kann man die verschiedenen Flüssigkeiten in der Emulsion gut unterscheiden. Milch ist eine Emulsion aus Wasser und Öl.
- **Nebel:** In der Luft verteilte Wassertropfen ergeben einen Nebel.
- **Poröser Stoff:** Trockener Tafelschwamm oder Bimssteine.
- **Schaum:** Im Badeschaum bestehen die Schaumblasen aus mit Luft gefülltem Seifenwasser.

3.2 Trennen von Stoffgemischen

Als Chemiker*in steht man häufig vor dem Problem, dass die gesuchte Substanz nicht als Reinstoff vorliegt, sondern als Teil eines Stoffgemisches. Je nach Gemischtyp bieten sich bestimmte physikalische Trennverfahren an.

Trennen einer Suspension

Durch **Sedimentation** setzen sich feste Bestandteile aus der Suspension am Boden des Gefäßes ab; die Flüssigkeit darüber kann (ab)dekantiert werden. Die Sedimentation kann durch **Zentrifugation** durch bis zu mehrere tausend Umdrehungen pro Minute beschleunigt werden. Alternativ kann die Suspension filtriert werden. Die festen Bestandteile bleiben im **Filter** zurück, die Flüssigkeit wird als Filtrat aufgefangen.

Trennen einer Lösung (Feststoff in einer Flüssigkeit)

Beim **Eindampfen** und beim **Destillieren** wird die Lösung erhitzt. Bei der Destillation wird die Flüssigkeit wieder aufgefangen, beim Eindampfen geht sie verloren. In beiden Fällen bleibt der Feststoff zurück.

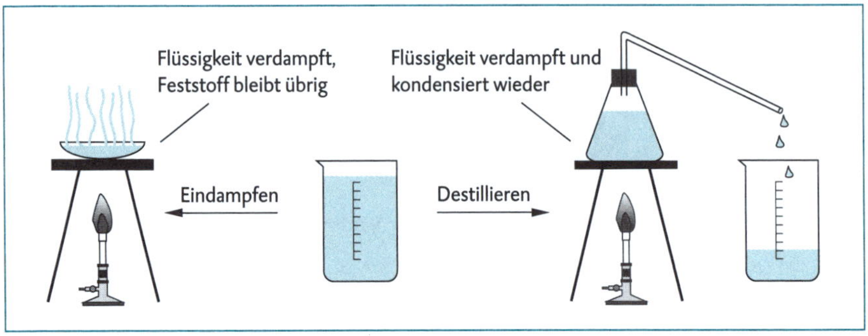

Abb. 14: Trennen einer Lösung durch Eindampfen und Destillieren

Trennen einer Lösung (Flüssigkeit in einer Flüssigkeit)

Besitzen zwei Flüssigkeiten in einer Lösung unterschiedliche Siedetemperaturen, so können sie durch **Destillation** getrennt werden, da beim Erhitzen zuerst die Komponente mit der niedrigeren Siedetemperatur verdampft, im Kühler kondensiert und getrennt aufgefangen werden kann. Mithilfe eines Thermometers wird die Temperatur beobachtet. Beginnt diese zu steigen, so muss die Vorlage gewechselt werden, da die zweite Komponente zu sieden beginnt.

Beispiel

Wein ist hauptsächlich ein Gemisch aus dem Alkohol Ethanol und Wasser (die restlichen Bestandteile sind gelöste Geschmacks-, Geruchs- und Farbstoffe sowie die Alkohole Methanol und Propanol). Ethanol hat eine Siedetemperatur von 78 °C; Wasser siedet bei 100 °C. Aufgrund der unterschiedlichen Siedetemperaturen ist eine Trennung möglich.

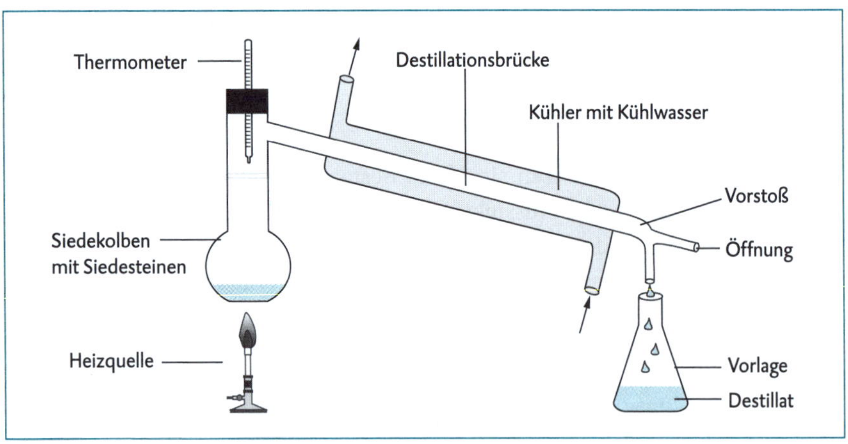

Abb. 15: Trennen einer Lösung aus zwei Flüssigkeiten durch Destillation

Bei einer Destillation mit einer Destillationsapparatur muss man besonders zwei Dinge beachten:

- Die Destillationsapparatur muss „offen“ sein, damit der Überdruck, der beim Erhitzen entsteht, ausgeglichen werden kann.
- Im Kühler muss das Kühlwasser gegen die Destillationsrichtung fließen, damit die Temperatur in Richtung Vorlage abnimmt.

Trennen einer Emulsion

Emulsionen können häufig im Scheidetrichter getrennt werden, da sie sich oft mit der Zeit von selbst in zwei Phasen aufteilen. Dabei sollten die Flüssigkeiten eine unterschiedliche Dichte aufweisen: Die Flüssigkeit mit der größeren Dichte sammelt sich im unteren Teil des Scheidetrichters und kann abgelassen werden.

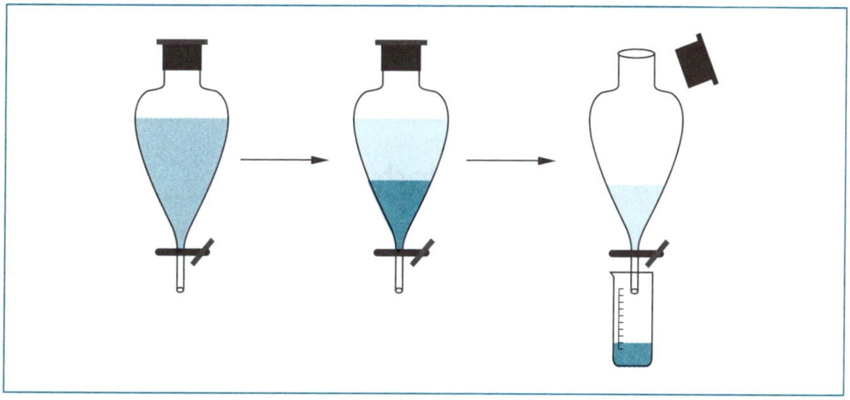

Abb. 16: Trennen einer Emulsion im Scheidetrichter

Weitere Trennmethoden

- **Extraktion:** Trennen von Stoffgemischen aufgrund unterschiedlich guter Löslichkeit
- **Magnetscheiden:** Trennen von festen Stoffgemischen aufgrund magnetischer Eigenschaften
- **Sieben:** Trennen von festen Stoffgemischen aufgrund unterschiedlicher Korngröße
- **Adsorbieren:** Kann man als Spezialfall für eine Filtration ansehen. Ein Stoff bleibt an einem anderen Stoff, dem Adsorbat (z. B. Aktivkohle), „hängen“.
- **Chromatografie:** Trennung von Stoffgemischen aufgrund
  - unterschiedlicher Löslichkeit in verschiedenen Lösemitteln und
  - Adsorptionsstärke der Stoffe an anderen Stoffen

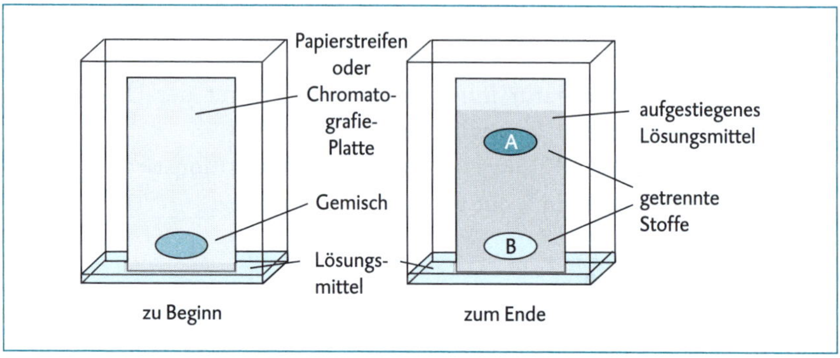

Abb. 17: Trennen zweier Feststoffe durch Chromatografie in einer Glaskammer

Bei der Chromatografie wird das zu trennende Stoffgemisch auf einen Feststoff aufgetragen. Das Lösemittel steigt anschließend an dem Feststoff empor. Stoff A ist in dem Lösemittel gut löslich, er wandert mit dem Lösemittel zügig mit. Stoff B ist unlöslich, er wandert kaum mit.

3.3 Luft als Gasgemisch und Gasnachweise

Unsere Erdatmosphäre ist ein vielfältiges Stoffgemisch und der Grund, wieso Leben auf dem Planeten möglich ist. Die Luft enthält 78 Vol.-% Stickstoff, 21 Vol.-% Sauerstoff, 1 Vol.-% Edelgase und weitere Gase (Kohlenstoffdioxid, Methan etc.).

- **Stickstoff** ist ein Gas, das als Reinstoff Brände löschen (ersticken) kann, da der für die Verbrennung wichtige Sauerstoff fehlt. Bestimmte Pflanzen können mithilfe von Bakterien den Stickstoff direkt aus der Luft aufnehmen und die Stickstoff-Atome in Verbindungen einbauen, die von anderen Pflanzen verwertet werden können.

- **Sauerstoff** ist die Grundlage der meisten Lebensformen auf dem Planeten. Feuer ist im Grunde die Reaktion von brennbaren Materialien mit Sauerstoff aus der Luft. In reiner Form kann das Gas Brände verstärken.

  Mit der **Glimmspanprobe** kann man Sauerstoff **nachweisen**, der zum Beispiel in einer Reaktion gebildet wird. Dafür wird ein Holzstäbchen angezündet und wieder ausgepustet. Der jetzt nur noch glimmende Span wird dann in das Reagenzglas gehalten, in dem sich der Sauerstoff befindet (oder gebildet wird). Der Glimmspan leuchtet hell auf und beginnt wieder zu brennen. Wird er aus dem Reagenzglas gezogen, erlischt die Flamme und man kann wieder nur ein Glimmen beobachten.

- **Kohlenstoffdioxid** ist zwar nur zu einem winzigen Volumenanteil in der Luft vorhanden, beeinflusst unser Leben aber enorm. Es entsteht unter anderem durch die Zellatmung und die Verbrennung von fossilen Treibstoffen. Als Treibhausgas verhindert es die Abstrahlung von Wärme aus der Atmosphäre in den Weltraum. Durch den Menschen nimmt der Volumenanteil von Kohlenstoffdioxid stetig zu und verursacht die **globale Erwärmung:** Von 0,028 Vol.-% (vor der industriellen Revolution im 19. Jhd.) ist der Anteil inzwischen auf 0,042 Vol.-% (im Jahr 2023) angestiegen.

  Kohlenstoffdioxid lässt sich durch Einleiten in eine Lösung aus Calciumhydroxid **nachweisen**. Dies nennt man **Kalkwasserprobe**. Ist Kohlenstoffdioxid im eingeleiteten Gas vorhanden, bildet sich eine Suspension, da Kohlenstoffdioxid mit der Calciumhydroxid-Lösung reagiert. Es bilden sich kleine Partikel aus Kalk (Calciumcarbonat) und die Lösung wird trüb.

- **Wasserstoff** kommt als Reinstoff nur in Spuren in der Atmosphäre vor (weniger als 0,001 Vol.-%). Das Gas ist für die Industrie sehr bedeutsam.

  Wasserstoff ist durch die **Knallgasprobe** (siehe S. 89 ff.) nachweisbar. Wenn das zu überprüfende Gas(gemisch) in die Nähe einer Flamme gebracht wird, wird es unter Geräuschentwicklung verpuffen, falls Wasserstoff im Gasgemisch vorhanden ist (positive Knallgasprobe). Reiner Wasserstoff verbrennt mit einem pfeifenden Geräusch. Das sogenannte „Knallgas“, ein Gemisch aus Wasserstoff und Sauerstoff mit einem Volumenverhältnis von 2 : 1, verpufft mit einem lauten Knall.

Zusammenfassung

- Gemische werden in homogene und heterogene Gemische unterschieden:
  Homogene Gemische: Die Bestandteile können optisch (auch unter dem Mikroskop) nicht unterschieden werden.
  Heterogene Gemische: Die Bestandteile können (zumindest unter dem Mikroskop) anhand der Phasengrenze erkannt werden.
- Gemische können mit physikalischen **Trennmethoden** in Reinstoffe getrennt werden. Für jeden Gemischtyp gibt es eine passende Trennmethode, bei der die verschiedenen Eigenschaften der Stoffe zum Trennen ausgenutzt werden.
- Das homogene Gemisch **Luft** besteht aus Stickstoff, Sauerstoff, Kohlenstoffdioxid und weiteren Gasen. **Sauerstoff** kann durch die **Glimmspanprobe** nachgewiesen werden, **Kohlenstoffdioxid** durch die **Kalkwasserprobe**. **Wasserstoff** lässt sich mit der **Knallgasprobe** nachweisen.

Aufgaben

26 Benenne folgende Gemische mit den Fachbegriffen. Gib an, welche dieser Gemische homogen sind:
Edelstahl (Gemisch aus Eisen und Chrom), Limonade, frisch gepresster Orangensaft, Weißwein, Salatdressing aus Essig und Öl, Sandsturm, Luft, Wodka

27 Fische, Krebse, Tintenfische etc. leben dauerhaft unter Wasser, obwohl sie Sauerstoff für die Zellatmung brauchen. Das ist ein Beleg dafür, dass das Wasser in ihrem Lebensraum ein Stoffgemisch ist. Erläutere diesen Zusammenhang.

28 Zeichne folgende Gemischtypen in der Teilchendarstellung:
- Lösung (Zuckerwasser)
- Suspension

29 Entscheide mithilfe der Angaben in der Tabelle, ob die aufgeführten Stoffe Reinstoffe sind. Lass dich von den Fantasienamen nicht verwirren.

Name	ϑ_m [°C]	ϑ_b [°C]	Dichte $\left[\frac{kg}{L}\right]$
Voldemortium	120	2 000	8,4
Bezoar	22–35	180–224	0,89–0,92
Umbridgelot	347	– (Zersetzung)	0,92

30 Steinsalz ist ein Gemenge aus Kochsalz und anderen Mineralien. Häufig enthält es das Mineral Eisenoxid. Folgende Informationen sind gegeben:

Stoffeigenschaften
- Kochsalz: weißer Feststoff, wasserlöslich
- Eisenoxid: roter Feststoff, wasserunlöslich

Entwirf einen Trennungsgang für das Gemenge Steinsalz. Als Resultat soll reines Kochsalz erhalten werden.

31 Benenne die Trennverfahren, die hier angewandt werden.
- **a** Zubereiten von Tee mit heißem Wasser und Teeblättern
- **b** Entfernen eines Fettflecks aus einem Baumwollhemd
- **c** Trocknen von nasser Wäsche
- **d** Müllsortierung, um Eisenschrott herauszusuchen

32 Fehlersuche: In dieser Tabelle hat der Fehlerteufel in der 1. und 4. Spalte gewütet. Finde alle Fehler und stelle die Tabelle richtig.

Gemisch	Bestandteil 1	Bestandteil 2	Trennverfahren
Suspension	Salz	Wasser	Extrahieren
Emulsion	Alkohol	Wasser	Sieben
Lösung	Lehm	Wasser	Magnetscheiden
Suspension	Sauerstoff	Wasser	Ausgasen
Gemenge	Kohlepulver	Wasser	Filtrieren
Nebel	Wasser	Öl	Filtrieren
Lösung	Aluminiumspäne	Eisenspäne	Eindampfen

33 Die Frage, ob der Tee drei, vier oder fünf Minuten ziehen soll und ob man Wasser von 85, 90, 95 oder 100 °C verwendet, wird unter Teetrinkern und Teetrinkerinnen leidenschaftlich diskutiert. Begründe, warum die Zeit und die Temperatur, in der der Teebeutel dem heißen Wasser ausgesetzt ist, einen Einfluss auf das Teearoma hat.

34 Man löst je 35 g Kochsalz und Kaliumaluminiumsulfat in je 100 mL 70 °C warmem Wasser. Dann stellt man die beiden Gläser in den Kühlschrank. Nach 6 Stunden sieht man folgendes Resultat (links):

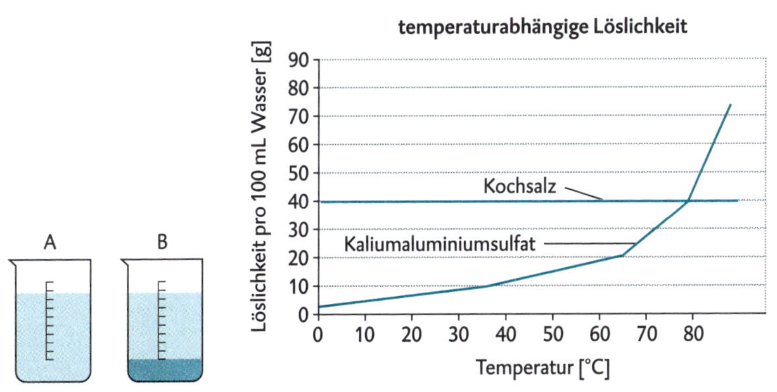

Benenne die Gemische in Glas A und B mithilfe der Informationen aus dem Diagramm (rechts).
Gib an, in welchem Glas man die Kochsalz-Lösung und in welchem man die Kaliumaluminiumsulfat-Lösung findet.

35 Fehlersuche Destillation: In den folgenden Zeichnungen von Versuchsaufbauten können Fehler versteckt sein. Suche die Fehler und überlege, was geändert werden muss. Erläutere die Folgen, wenn man die fehlerhaften Aufbauten benutzen würde.

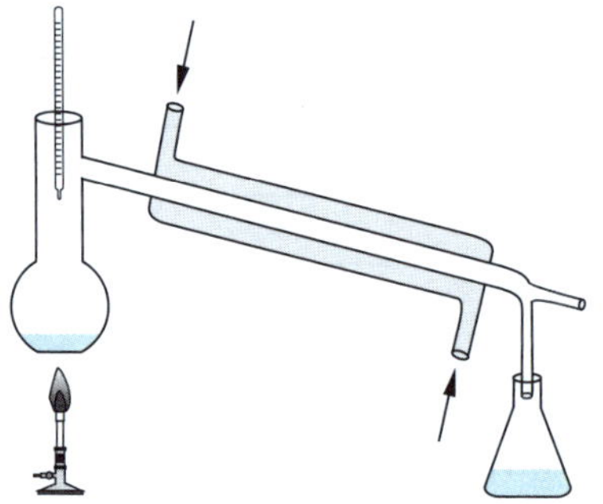

Skizze 1

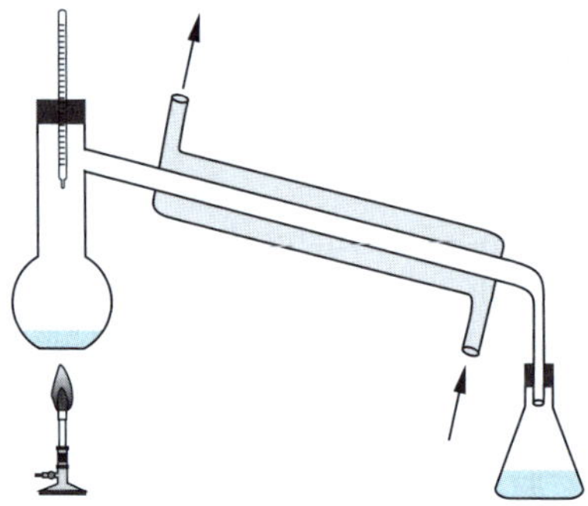

Skizze 2

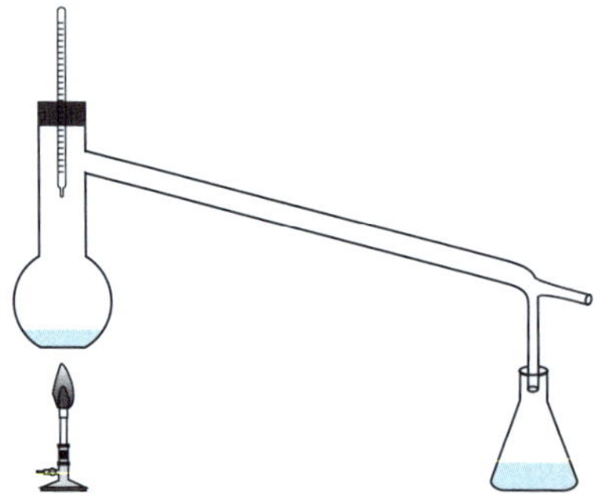

Skizze 3

36 In manchen tropischen Ländern haben die Menschen Probleme, an sauberes Trinkwasser zu kommen. Eine mögliche Abhilfe dieses Problems ist die Solarwasseraufbereitung: Mithilfe dieser kann man durch Sonnenstrahlung sauberes Trinkwasser aus dreckigem Wasser gewinnen.

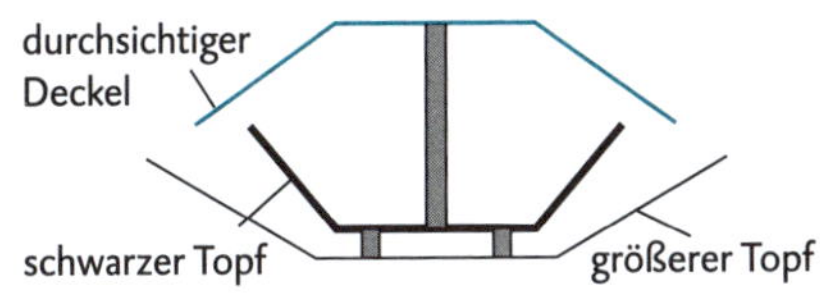

Beschreibe unter Verwendung von Fachbegriffen die Trinkwassergewinnung mit der oben beschriebenen Apparatur zur Solarwasseraufbereitung.

37 Mithilfe des LINDE-Verfahrens kann Luft verflüssigt werden. Die folgende Abbildung zeigt das Funktionsprinzip einer Anlage zur Luftverflüssigung.

a Erläutere unter Zuhilfenahme des Stoff-Teilchen-Konzeptes die Vorgänge an den Stationen 1–5, die letztendlich zur Luftverflüssigung führen.

b Zeichne ein, wie die Fließrichtung des Kühlwassers im Kühler a für eine effiziente Kühlung gewählt werden sollte.

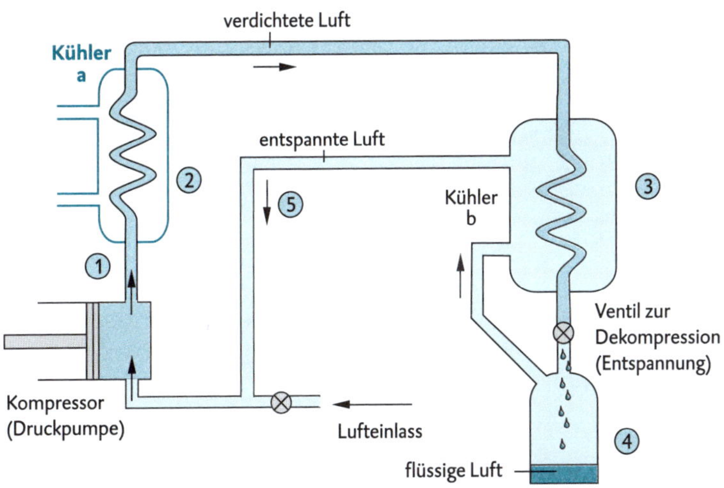

Chemische Reaktionen mit dem DALTON-Atommodell betrachtet

Brennt eine Glühbirne im wörtlichen Sinn, so handelt es sich um eine chemische Reaktion. Dagegen ist das Leuchten einer Glühbirne „nur" ein physikalischer Prozess.

1 Kennzeichen chemischer Reaktionen

1.1 Chemische Reaktion oder physikalischer Vorgang?

Chemische Reaktionen sind Vorgänge, bei denen Stoffe verschwinden und dafür neue Stoffe mit anderen Eigenschaften entstehen. Bei jeder chemischen Reaktion ist **Energie** beteiligt: entweder wird Energie aufgenommen oder abgegeben, meistens in Form von Wärme, Licht oder elektrischem Strom. Bei physikalischen Vorgängen entstehen keine neuen Stoffe, dort findet ausschließlich eine Energieumwandlung statt.

Beispiel

Wenn man elektrisches Licht einschaltet, sieht man einen ganz typischen physikalischen Vorgang. Dabei wird elektrische Energie in Licht und Wärme umgewandelt. Es tritt aber keine Veränderung an den Bauteilen der Lampe auf. Bei einer alten Glühlampe entsteht Licht, indem ein dünner Metalldraht aus Wolfram durch elektrischen Strom erhitzt wird und hell zu glühen beginnt. Nach dem Abschalten des Stromes ist der Wolframdraht aber unverändert.
Wenn man jedoch in das Glasgehäuse der Glühlampe ein Loch bohrt und sie dann einschaltet, dann beobachtet man Folgendes: Der Wolframdraht glimmt hell auf und es bildet sich gelber Rauch. Der schwarze Wolframdraht ist verschwunden. Dafür hat sich an der Innenseite der Glühbirne ein gelber Stoff gebildet. Hier hat eine chemische Reaktion stattgefunden.

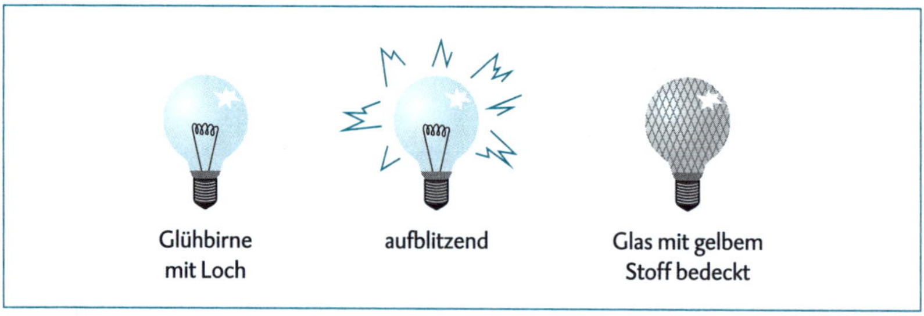

Abb. 18: Chemische Reaktion in einer Glühbirne

Durch das Loch im Glaskolben der Glühbirne ist Luft hineingeströmt. Der heiße Wolframdraht reagiert mit Sauerstoff aus der Luft zu einem gelben Stoff mit dem Namen Wolframoxid.

Chemische Reaktionen sind Vorgänge, bei denen unter Energiebeteiligung Stoffe verschwinden und neue Stoffe mit anderen Eigenschaften entstehen.

Man kann die eben genannte chemische Reaktion folgendermaßen darstellen:

Wolfram (s) + Sauerstoff (g) ⟶ Wolframoxid (s)

Edukte **Reaktionspfeil** **Produkt**

Im Reaktionsschema stehen die Ausgangsstoffe **(Edukte)** links vom Reaktionspfeil und die **Produkte** rechts. Den Pfeil spricht man als „reagiert zu" oder „reagieren zu" aus.

1.2 Energieumsatz bei chemischen Reaktionen

Immer, wenn eine chemische Reaktion stattfindet, wird entweder Energie aufgenommen oder abgegeben. Deshalb unterscheidet man energetisch zwei Typen chemischer Reaktionen: **exotherme** und **endotherme** Reaktionen.

Beispiel

Endotherme Reaktion

Erhitzt man blaues Kupfervitriol in einem Reagenzglas, so erhält man ein weißes Pulver und Wasserdampf, der sich am Reagenzglasrand niederschlägt. Die chemische Reaktion lautet:

Kupfervitriol (s) ⟶ Kupfersulfat (s) + Wasser (g)

Bei der Reaktion wird die zugeführte Energie (hier: Wärme durch Erhitzen) in den Produkten gespeichert. Deshalb ist die innere Energie E_i der Produkte **größer** als die der Edukte: E_i(Produkte) > E_i(Edukte) (siehe Abb. 19).

Es handelt sich um eine **endotherme Reaktion**.

Beispiel

Exotherme Reaktion

Gibt man zu wasserfreiem Kupfersulfat etwas Wasser, so entsteht wieder blaues Kupfervitriol. Dabei wird Wärme abgegeben, d. h., die Temperatur der Mischung steigt.

Kupfersulfat (s) + Wasser (l) ⟶ Kupfervitriol (s)

Bei der Reaktion wird gespeicherte Energie in Form von Wärme abgegeben. Deshalb ist die innere Energie E_i der Produkte **kleiner** als die der Edukte (siehe Abb. 19).

Es handelt sich um eine **exotherme Reaktion**.

Diese Vorgänge lassen sich in einem Energieschema darstellen. Die Energie der Reaktionspartner wird an der einzigen Achse angezeigt (siehe Abb. 19).

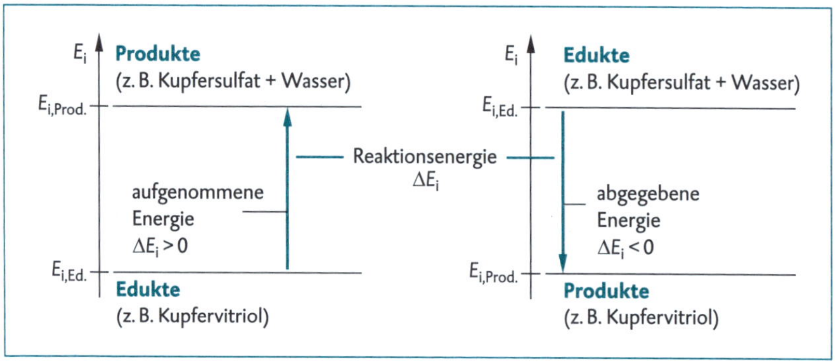

Abb. 19: Energieschemata für eine endotherme (links) und eine exotherme Reaktion (rechts)

Die **Reaktionsenergie** ΔE_i ist die bei einer chemischen Reaktion aufgenommene oder frei werdende Energie: $\Delta_i E = E_i(\text{Produkte}) - E_i(\text{Edukte})$.

Die Reaktionsenergie entspricht also der **Differenz** ΔE_i („Delta E") der inneren Energie der Produkte und der inneren Energie der Edukte.

Bei **endothermen** Reaktionen wird Energie aufgenommen, also ist die Reaktionsenergie größer als null ($\Delta E_i > 0$; Pfeil nach oben in Abb. 19).
Bei einer **exothermen** Reaktion wird Energie abgegeben, also ist die Reaktionsenergie kleiner als null ($\Delta E_i < 0$; Pfeil nach unten in Abb. 19).

Exotherm und endotherm sind historische Begriffe, denn eigentlich beziehen sie sich nur auf die Wärme, die bei einer chemischen Reaktion aufgenommen oder abgegeben wird. Man verwendet sie aber für alle Energieformen:

- Bei einer Reaktion kann neben Wärme auch Licht freigesetzt werden.
- Es kann auch Arbeit verrichtet werden (z. B. bei einer Explosion durch Freisetzung eines großen Volumens an heißem Gas; dabei werden die umgebenden Teilchen nach außen beschleunigt).

Exotherm wird also im Sinne von **exoenergetisch**, endotherm im Sinne von **endoenergetisch** verwendet.

1.3 Aktivierung chemischer Reaktionen und Katalyse

Die chemische Reaktion von wasserfreiem Kupfersulfat mit Wasser zu blauem Kupfervitriol ist ein Beispiel für eine exotherme Reaktion, die bei Raumtemperatur sofort abläuft, wenn die Edukte zusammenkommen. So eine Reaktion nennt man auch **spontan**. Sehr viele chemische Reaktionen laufen aber erst nach einer sogenannten **Aktivierung** ab.

Das heißt, sehr viele exotherme Reaktionen müssen erst „gestartet“ werden:

Beispiele

- Das Brennen einer Kerze ist eindeutig eine exotherme Reaktion: Kerzenwachs reagiert mit Sauerstoff der Luft. Trotzdem muss man den Docht einer Kerze erhitzen (anzünden).
- Die Reaktion in der mit Luft gefüllten Glühbirne zwischen Wolfram und Sauerstoff ist eine exotherme Reaktion, die aber erst abläuft, wenn man den Draht elektrisch erhitzt.
- Ein trockener Wald beginnt erst zu brennen, wenn ein Blitz einschlägt oder eine unachtsame Person eine glimmende Zigarette wegwirft.

Wie kann man sich diese Aktivierung vorstellen? Wenn man Energie zuführt, z. B. durch Erhitzen, dann wird die Bewegung der Teilchen der Ausgangsstoffe schneller. Die Teilchen werden so in einen reaktionsbereiten Zustand gebracht, den man **Übergangszustand** nennt. Haben die Teilchen in einer exothermen Reaktion begonnen miteinander zu reagieren, so wird bereits Reaktionsenergie abgegeben. Diese reicht aus, um weitere Teilchen in einen reaktionsbereiten Zustand zu bringen. Somit kann die Reaktion unter Energieabgabe vollständig ablaufen.

Die **Aktivierungsenergie** ist der nötige Energiebetrag, um die Reaktion zu starten.

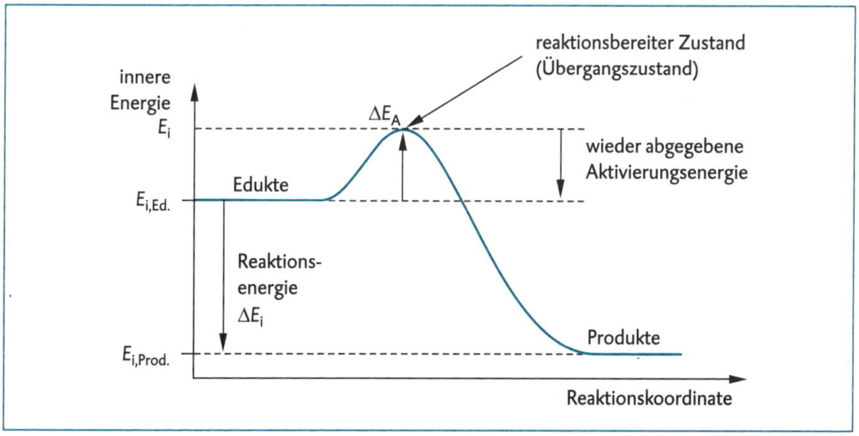

Abb. 20: Energiediagramm einer exothermen Reaktion. Es stellt die Energie ΔE_i eines Stoffes in Abhängigkeit von dem Reaktionsfortschritt (Reaktionskoordinate) dar.

Auch endotherme Reaktionen müssen aktiviert werden. Diese Aktivierung ist aber praktisch nicht zu beobachten, da bei einer endothermen Reaktion sowieso die gesamte Reaktionszeit über Energie zugeführt werden muss.

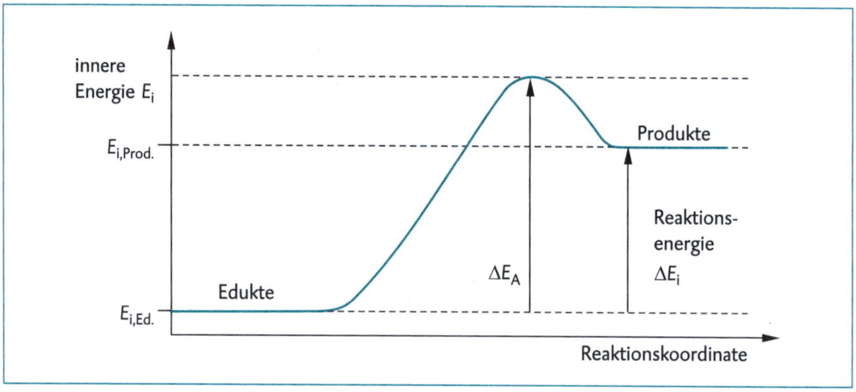

Abb. 21: Energiediagramm einer endothermen Reaktion

Es gibt auch endotherme Reaktionen, die spontan ablaufen, ohne dass man z. B. erhitzen muss. Ein Beispiel dafür ist die Reaktion, die abläuft, wenn man eine Brausetablette in ein Wasserglas wirft. Dabei kühlt sich die Lösung ab.

Die **Aktivierungsenergie** entspricht dem Energiebetrag, der aufgewendet werden muss, um den reaktionsbereiten Zustand, den **Übergangszustand**, zu erreichen. Sie ist die Energiedifferenz zwischen dem Übergangszustand und der inneren Energie der Edukte.

Katalyse

Manche Stoffe können die Aktivierungsenergie einer chemischen Reaktion verringern, wenn sie mit dem Reaktionsgemisch in Kontakt treten. Man nennt diese Stoffe **Katalysatoren**.

Beispiel

Reaktion von Wasserstoff und Sauerstoff zu Wasser mit einer Katalysator-Perle

Die Reaktion von Wasserstoff und Sauerstoff zu Wasser ist eine exotherme Reaktion, die aber erst aktiviert werden muss. Die benötigte Aktivierungsenergie ist hoch.

Man kann Wasserstoff und Sauerstoff – das sogenannte „Knallgas“ – mischen und sogar aufbewahren (vgl. Abb. 22), denn erst mit einem Zündfunken oder durch starkes Erhitzen explodiert das Gemisch.

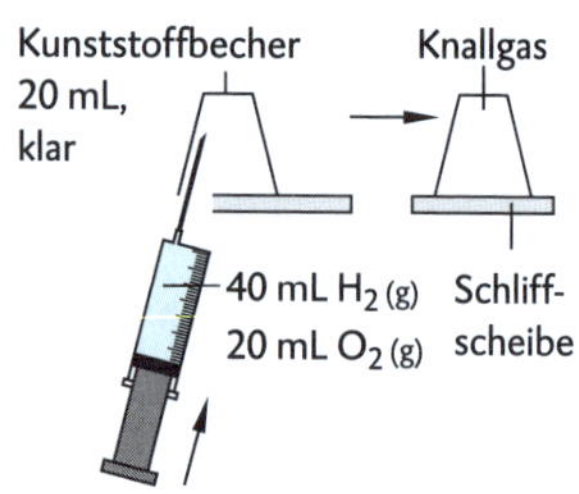

Abb. 22: Mischung von Knallgas

Mit einem Katalysator wie Platin oder Palladium läuft die Reaktion dagegen freiwillig bei Raumtemperatur ab, ohne gezündet werden zu müssen, d. h., die Aktivierungsenergie ist sehr stark verringert worden. Dann läuft die Reaktion zwischen Wasserstoff und Sauerstoff ohne Explosion ab und die beiden Gase reagieren zu Wasser.	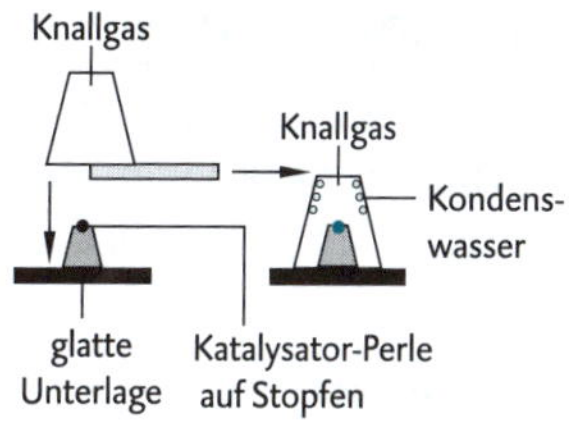 Abb. 23: Katalysierte Knallgasreaktion
Die abgegebene Reaktionsenergie heizt den Katalysator auf. Dabei kann es passieren, dass der Katalysator so heiß wird, dass die Aktivierungsenergie erreicht wird, die für die Reaktion ohne Katalysator benötigt wird. So kommt es doch noch zur Explosion.	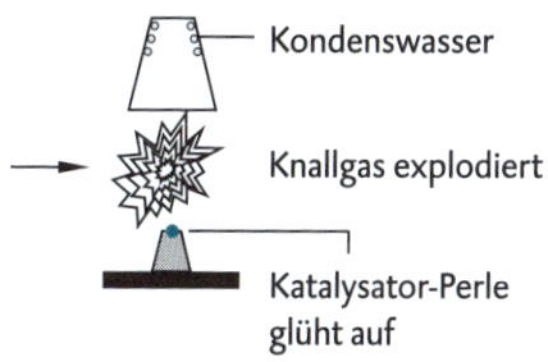 Abb. 24: Gezündete Knallgasreaktion

Ein **Katalysator** hat folgende Eigenschaften:
- Er verringert die Aktivierungsenergie (und beschleunigt damit die Reaktion).
- Die Reaktionsenergie wird nicht verändert.
- Er liegt nach der Reaktion unverändert vor, d. h., ein Katalysator wird nicht verbraucht.

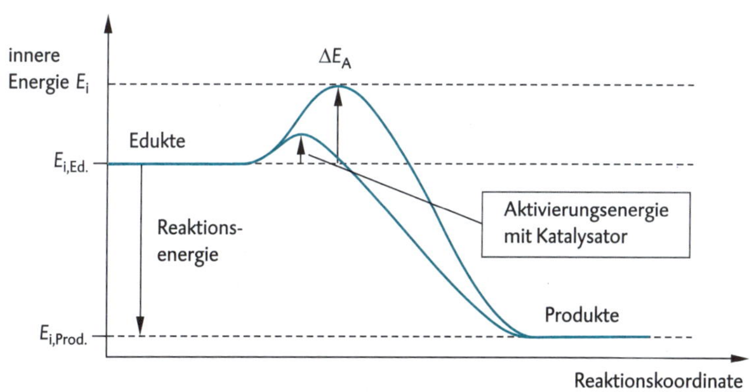

Abb. 25: Energiediagramm einer exothermen Reaktion mit und ohne Katalysator

Zusammenfassung

- **Chemische Reaktionen** sind Vorgänge, bei denen unter Energiebeteiligung Stoffe verschwinden (Edukte) und neue Stoffe (Produkte) mit anderen Eigenschaften entstehen.
- Es gibt **exotherme** Reaktionen, bei denen Energie freigesetzt wird, und **endotherme** Reaktionen, bei denen Energie aus der Umgebung aufgenommen wird.
- Häufig benötigen Reaktionen zum Starten eine gewisse Aktivierungsenergie. Diese kann durch einen **Katalysator** verringert werden.

Aufgaben

38 Betrachte folgende Alltagsvorgänge. Welche davon sind chemische Reaktionen?

- a Grillkohle glimmt.
- b Grillfleisch wird gar.
- c Eine Fahrradkette rostet.
- d Kerzenwachs schmilzt.
- e Ein Feuerwerkskörper explodiert.
- f Ein Luftballon platzt.
- g Ein Magnet zieht Eisenspäne an.
- h Teeblätter werden mit heißem Wasser extrahiert.
- i Eine Brausetablette löst sich in Wasser auf.

39 Endotherme oder exotherme Reaktion?
Entscheide, ob eine endotherme oder exotherme Reaktion vorliegt.
Beschreibe die Art der Energieumwandlung.

- a Wenn man ein Gemisch aus Wasserstoff und Chlor mit einem blauen Laser bestrahlt, so explodiert das Gasgemisch.
- b Gibt man eine Brausetablette in ein Glas Wasser, so löst sich die Tablette unter Gasbildung auf. Dabei kühlt sich die wässrige Lösung ab.
- c Wenn man Quecksilberoxid mit einer Gasbrennerflamme erhitzt, entsteht ein Gas. Wird die Brennerflamme entfernt, so stoppt die Gasbildung. Wird weiter erhitzt, so entsteht wieder Gas.
- d Diese chemische Reaktion der Zellatmung

  $$\text{Sauerstoff} + \text{Traubenzucker} \longrightarrow \text{Kohlenstoffdioxid} + \text{Wasser}$$

  sorgt bei Vögeln und Säugetieren für eine gleich bleibende Körpertemperatur von 37 °C bis 40 °C.

e Wenn man Gleichstrom durch eine Zündkapsel mit Silberazid leitet, so zersetzt sich das Silberazid mit lautem Knall zu Silber und Stickstoff.

f Wenn man Gleichstrom durch eine Kupfer(II)-chlorid-Lösung leitet, so entsteht kontinuierlich am Minuspol Kupfer und am Pluspol Chlor.

g Nachdem das Magnesiumband kurz erhitzt wurde, läuft die Reaktion mit Sauerstoff zu Magnesiumoxid mit starker Lichterscheinung ab.

h Bei der Fotosynthese läuft folgende Reaktion nur bei Licht ab, nicht bei Dunkelheit.

Kohlenstoffdioxid + Wasser ⟶ Sauerstoff + Traubenzucker

40 Ein so genanntes „Wärmekissen" enthält eine übersättigte Lösung von Natriumacetat, eingeschweißt in einen robusten Plastikbeutel. Im Beutel befindet sich auch ein kleines Metallplättchen. Knickt man aktiv dieses Plättchen, so beginnt das Natriumacetat vom Plättchen ausgehend auszukristallisieren, bis der gesamte Beutelinhalt fest geworden ist. Dabei erwärmt sich das Wärmekissen auf bis zu 60 °C.
Wird das „feste" Wärmekissen in siedendem Wasser erwärmt, so verflüssigt sich der Inhalt wieder. Nach dem Abkühlen kann das Wärmekissen wiederverwendet werden.

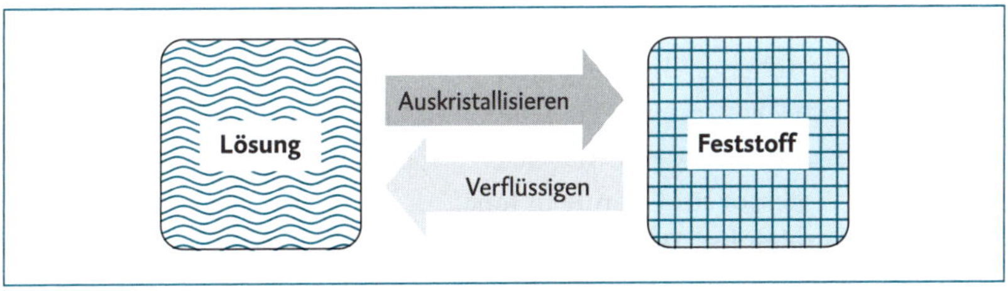

Beschreibe die Funktion und Regeneration des Wärmekissens unter Verwendung folgender Begriffe: Auskristallisieren, Verflüssigen, exotherm, endotherm, innere Energie, thermische Energie, Energieumwandlung, Aktivierungsenergie.

41 Jedes Smartphone ist gleichzeitig auch ein Fotoapparat und hat einen eingebauten elektrischen LED-Blitz. Vor der Erfindung des elektrischen Blitzes musste mithilfe von Magnesiumpulver und Kaliumchlorid durch elektrische Zündung des Stoffgemisches ein Lichtblitz erzeugt werden. Ordne den beiden Blitz-Möglichkeiten die Begriffe „physikalischer Vorgang" bzw. „chemische Reaktion" zu und begründe deine Zuordnung.

42 Im Ottomotor verbrennt u. a. Octan mit dem Sauerstoff der Luft hauptsächlich zu Kohlenstoffdioxid und Wasserdampf.
Als Nebenprodukte entstehen leider auch die hochgiftigen Gase Kohlenstoffmonooxid und Stickstoffmonooxid. Leitet man die Abgase durch einen mit Platin und Rhodium beschichteten Abgaskatalysator, so reagiert Kohlenstoffmonooxid mit Stickstoffmonooxid zu ungiftigem Kohlenstoffdioxid und Stickstoff. Dabei wird der Katalysator sehr heiß.

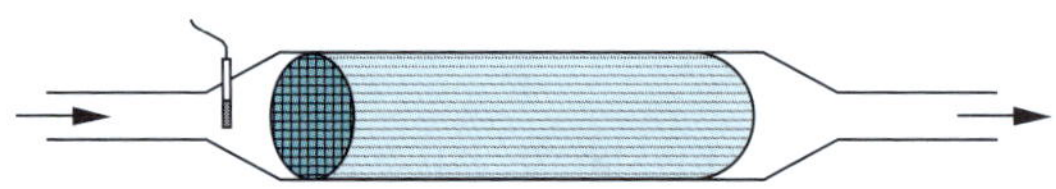

mit Platin / Rhodium beschichteter Abgaskatalysator

- a Formuliere die Reaktionsschemata für die im Text beschriebenen chemischen Reaktionen.
- b Welche Bedeutung besitzen Platin und Rhodium für die Reaktion von Kohlenstoffmonooxid mit Stickstoffmonooxid?
  Zeichne ein Energiediagramm für diese Reaktion – sowohl mit als auch ohne Platin/Rhodium.

43 Das DÖBEREINER Feuerzeug
Das nebenstehende Bild zeigt den Aufbau eines Feuerzeugs, dessen Prinzip JOHANN WOLFGANG DÖBEREINER, Professor für Chemie in Jena, 1823 erfunden hat. Wenn man den Hahn öffnet, strömt oben aus dem Ventil Wasserstoff. Dieser entzündet sich am Platin-Schwamm.

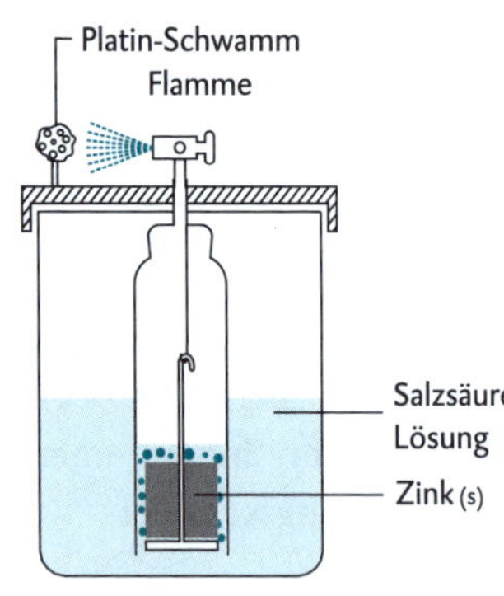

- Beschreibe exakt die Wirkungsweise des Platin-Schwamms.
- Wie werden Stoffe mit einer derartigen Wirkung bezeichnet? Nenne den Fachbegriff.

2 Von der Beobachtung zur Reaktionsgleichung

2.1 Gesetzmäßigkeiten bei chemischen Reaktionen

Satz von der Erhaltung der Masse

Bei einer chemischen Reaktion verschwinden Stoffe und neue Stoffe entstehen. Das bedeutet aber nicht, dass Materie verschwindet oder dazukommt. Die Gesamtmasse der Edukte ist genauso groß wie die Gesamtmasse der Produkte. Dieses wichtige chemische Grundgesetz – den **Massenerhaltungssatz** – formulierte ANTOINE LAURENT DE LAVOISIER im Jahr 1789.

Beispiel

Wenn man eine brennende Kerze auf eine Waage stellt, so zeigt die Waage eine Massenabnahme im Verlaufe der Reaktion. Verbrennt man Eisenwolle auf einer Waage, so nimmt die Masse zu.
Beide Beobachtungen lassen sich damit erklären, dass man gasförmige Stoffe berücksichtigen muss: Bei der brennenden Kerze entstehen gasförmige Reaktionsprodukte, die nicht mitgewogen werden können; somit nimmt die angezeigte Masse im Verlauf der Reaktion ab. Eisenwolle reagiert mit dem Sauerstoff der Luft zu Eisenoxid. Diese Stoffportion Sauerstoff hat man aber vor Versuchsbeginn nicht mitgewogen; somit nimmt die Masse auf der Anzeige der Waage zu.

Beide chemischen Reaktionen – die Reaktion von Kerzenwachs mit Sauerstoff und die Reaktion von Eisenwolle mit Sauerstoff – fanden in sogenannten offenen Systemen statt. Bei einem **offenen System** werden Stoffe und Energie mit der Umgebung ausgetauscht, deshalb ändert sich auch scheinbar die Masse der reagierenden Stoffe im Verlauf der Reaktion.
Lässt man eine chemische Reaktion in einem **geschlossenen System** ablaufen, so lässt sich keine Massenänderung feststellen, da in diesem Fall auch die gasförmigen Reaktionsedukte oder -produkte mitgewogen werden.

Beispiel

In ein Reagenzglas füllt man Streichholzköpfe, verschließt das Reagenzglas mit einem Luftballon und wiegt es. Wenn man das Reagenzglas mit dem Gasbrenner erhitzt, zünden die Streichholzköpfe und verbrennen, der Ballon bläht sich auf. Nach dem Abkühlen ergibt das Wiegen dieselbe Masse.

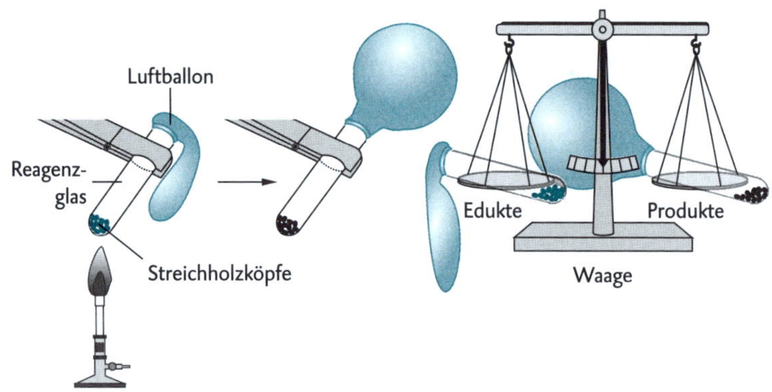

Abb. 26: Im geschlossenen System ändert sich die Masse nicht.

Gesetz von der Erhaltung der Massen (Massenerhaltungssatz):
Bei einer chemischen Reaktion ändert sich die Gesamtmasse der Reaktionspartner nicht. Die Massen aller Edukte entsprechen den Massen aller Produkte:
$m(\text{Edukt 1}) + m(\text{Edukt 2}) + m(\text{Edukt 3}) + \ldots = m(\text{Produkt 1}) + m(\text{Produkt 2}) + m(\text{Produkt 3}) + \ldots$

Gesetz der konstanten Massenverhältnisse

Stoffe, die sich durch chemische Reaktionen nicht weiter zerlegen ließen, nannte man **Elemente**. Alle anderen Stoffe sind **chemische Verbindungen**. Der französische Chemiker LOUIS JOSEPH PROUST untersuchte die Massenverhältnisse bei chemischen Reaktionen, bei denen Elemente zu chemischen Verbindungen reagieren. Er fand heraus, dass die Elemente immer in konstanten Massenverhältnissen reagierten. Aufgrund dieser Beobachtungen formulierte er im Jahre 1806 das „**Gesetz der konstanten Massenverhältnisse**".

Beispiel

Wenn man zur Herstellung von Wasser die Edukte Wasserstoff und Sauerstoff im Massenverhältnis 1 : 8 mischt und zündet, entstehen genau 9 g Wasser. Beim Einsatz anderer Mengen an Edukten erhält man immer das gleiche Massenverhältnis.

m(Wasserstoff)	m(Sauerstoff)	m(Wasser)	$\frac{m(\text{Wasserstoff})}{m(\text{Sauerstoff})}$
1 g	8 g	9 g	1:8
2 g	16 g	18 g	1:8
4 g	32 g	36 g	1:8

Jede chemische Verbindung enthält die in ihr gebundenen Elemente in einem bestimmten, **konstanten Masseverhältnis**.

Konstante Volumenverhältnisse bei Reaktionen zwischen Gasen

Während viele Forscher*innen die Massenverhältnisse bei chemischen Reaktionen untersuchten, erforschten die beiden Naturwissenschaftler JOSEPH L. GAY-LUSSAC und ALEXANDER VON HUMBOLDT die **Volumenverhältnisse** bei chemischen Reaktionen von Gasen. Dabei stellten sie fest, dass man diese Volumenverhältnisse immer mit ganzen, kleinen Zahlen beschreiben kann. Die Gase reagieren also in konstanten Volumenverhältnissen.

Beispiel

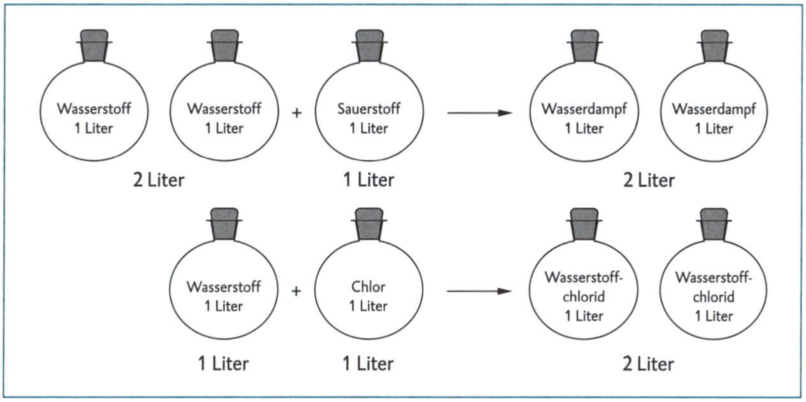

Abb. 27: Volumenverhältnisse verschiedener Gasreaktionen

Satz von AVOGADRO

Der italienische Wissenschaftler AMEDEO AVOGADRO lieferte eine sehr einleuchtende Erklärung für die konstanten Volumenverhältnisse bei Reaktionen zwischen Gasen. In einem **Liter Gas** sind immer **gleich viele Teilchen** vorhanden, unabhängig von der Art des Gases. Das heißt, ein Liter Chlor enthält genauso viele Teilchen (Chlor-Teilchen) wie ein Liter Wasserstoff (Wasserstoff-Teilchen). Das gilt nur bei gleichem Druck und gleicher Temperatur, denn Gasvolumina verändern sich bei einem anderen Druck oder einer anderen Temperatur.

Satz von AVOGADRO: Gleiche Volumina verschiedener Gase enthalten bei gleichem Druck und gleicher Temperatur gleich viele Teilchen.

2.2 JOHN DALTONS Atomhypothese – Atomartensymbole und das Periodensystem

Der Chemiker JOHN DALTON (1766–1844) entwickelte aus diesen beiden Gesetzmäßigkeiten sein **Atommodell:** Alle Stoffe sind aus Atomen aufgebaut. Chemische Elemente bestehen nur aus einer Atomsorte, z. B. besteht Gold nur aus Gold-Atomen und Sauerstoff nur aus Sauerstoff-Atomen. In einer chemischen Verbindung sind verschiedene Atomsorten in einem festen Zahlenverhältnis enthalten. Was passiert jetzt bei einer chemischen Reaktion? Betrachtet man eine Reaktion auf der Teilchenebene, so ordnen sich die Atome nur unterschiedlich an. Auf diese Art und Weise entstehen neue Stoffe.

DALTONS Atomhypothese:

- **Elemente** bestehen aus Atomen, jedes Element aus einer eigenen Atomsorte. Atome eines Elements sind gleich. Die Atome verschiedener Elemente unterscheiden sich in ihrer Masse und Größe.
- **Chemische Verbindungen** bestehen aus Atomen verschiedener Elemente in einem ganz bestimmten Zahlenverhältnis.
- Bei einer **chemischen Reaktion** werden Atome miteinander zu chemischen Verbindungen verbunden oder voneinander getrennt.

JOHN DALTON hatte den Atomen grafische Symbole zugeordnet, allerdings erwies es sich als praktischer, Buchstaben zu verwenden. Jedes Element besteht aus einer Atomsorte und diese wird durch ein Kürzel repräsentiert, das aus einem oder zwei Buchstaben besteht. Man bezeichnet dieses Kürzel als **Atomartensymbol**. Bei Elementen, die erst in den letzten 300 Jahren entdeckt wurden, entspricht das Atomartensymbol dem bzw. den Anfangsbuchstaben. Bei Elementen, die seit der Antike und dem Mittelalter bekannt sind, leitet sich das Atomartensymbol von dem griechischen oder lateinischen Namen ab.

Atomartensymbol ergibt sich aus dem historischen Namen des Elements					
Wasserstoff	**H**ydrogenium	H	Kupfer	**Cu**prum	Cu
Sauerstoff	**O**xygenium	O	Blei	**P**lum**b**um	Pb
Stickstoff	**N**itrogenium	N	Silber	**A**r**g**entum	Ag
Kohlenstoff	**C**arbonium	C	Gold	**Au**rum	Au
Schwefel	**S**ulfur	S	Quecksilber	**H**ydrar**g**yrum	Hg
Eisen	**Fe**rrum	Fe	Zinn	**S**ta**n**num	Sn

Tab. 4: Beispiele für Elemente, ihre historischen Namen und ihre Symbole

Atomartensymbol ergibt sich aus dem/den Anfangsbuchstaben					
Natrium	Na	**Ch**l**or**	Cl	**U**ran	U
Ma**g**nesium	Mg	**I**od	I	**Ti**tan	Ti
Al**uminium	Al	**P**hosphor	P	**W**olfram	W
Calcium	Ca	**He**lium	He	**Z**i**n**k	Zn

Tab. 5: Beispiele für Elemente und ihre Symbole

Abb. 28: Bedeutung des Atomartensymbols

Ein Ordnungssystem für Elemente und Atomarten – das Periodensystem

Das Periodensystem ist ein geniales Hilfs- und Arbeitsmittel. Man kann es auf der Stoffebene und auf der Teilchenebene verwenden. In seiner heutigen Form ist das Periodensystem in Perioden (Zeilen) und Gruppen (Spalten) geordnet.

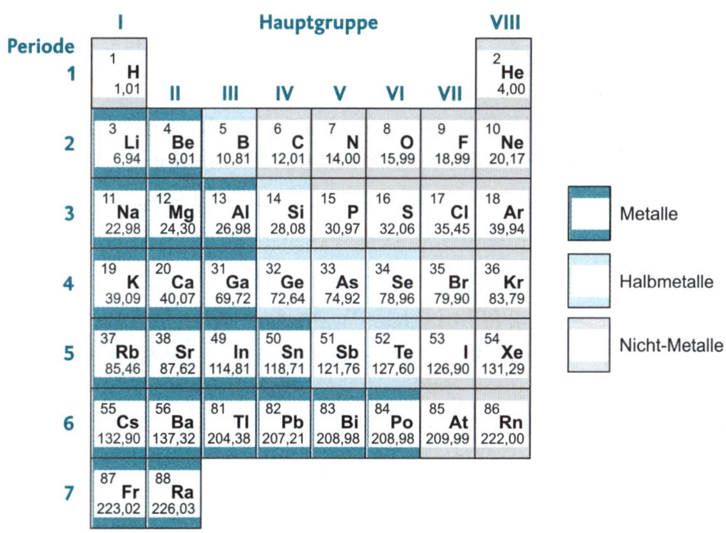

Abb. 29: Gekürztes Periodensystem der Elemente

Auf der Stoffebene heißt es Periodensystem der Elemente (PSE). Man kann an der Lage im PSE erkennen, ob ein Element zu den Metallen, Nichtmetallen oder

Halbmetallen gehört, und dadurch auch grob einige Stoffeigenschaften abschätzen, wie z. B. die Schmelz- und Siedetemperatur oder Leitfähigkeit.
Auf der Teilchenebene zeigt es die Atomartensymbole und liefert je nach Periodensystem Informationen über die Atomeigenschaften (siehe S. 155 ff.).

2.3 Ermittlung einer Molekülformel – AVOGADRO-Hypothese

Man konnte vor 200 Jahren keine Atome wiegen, aber die Wissenschaftler, allen voran JOHN DALTON, konnten durch exakte Massenbestimmung und Vergleiche sogenannte relative Atommassen bestimmen. Eine relative Atommasse zeigt an, um wie viel ein Atom schwerer sein muss als ein anderes. DALTON vermutete zu Recht, dass das Atom mit der geringsten Masse das Wasserstoff-Atom sein muss. Deshalb bekam das Wasserstoff-Atom die relative Atommasse 1. Alle anderen relativen Atommassen sind dann Vielfache davon.

Beispiel

Das Kohlenstoff-Atom hat die relative Atommasse 12, folglich hat es die 12-fache Masse eines Wasserstoff-Atoms.

Atomart	relative Masse
Wasserstoff-Atom	1
Sauerstoff-Atom	16
Stickstoff-Atom	14
Kohlenstoff-Atom	12
Chlor-Atom	35,5

Mithilfe der relativen Atommassen und dem Satz von AVOGADRO konnten viele **Formeln von chemischen Verbindungen** ermittelt werden.

Beispiel

1 g Wasserstoff und 35,5 g Chlor reagieren zu 36,5 g Wasserstoffchlorid. Wenn man die relativen Atommassen ansieht, erkennt man, dass 1 Wasserstoff-Atom und 1 Chlor-Atom zu einem Wasserstoffchlorid-Molekül mit der Formel HCl reagieren (Teilchen, die aus zwei oder mehreren Nichtmetall-Atomen aufgebaut sind, nennt man Moleküle). Wenn man aber die Volumenverhältnisse bei der Wasserstoffchlorid-Synthese aus den Elementen anschaut, dann erkennt man, dass doppelt so viele Wasserstoffchlorid-Teilchen entstehen, als aus den Edukten gebildet werden können.

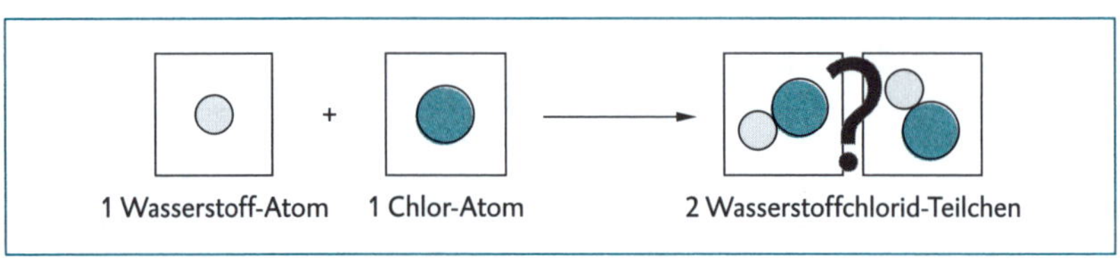

Abb. 30: Fragwürdiges Reaktionsschema für die Bildung von Wasserstoffchlorid-Teilchen

Hier ist der Massenerhaltungssatz nicht erfüllt, da die Produktmasse doppelt so groß ist wie die Eduktmasse.

Wenn man nun annimmt, dass Wasserstoff und Chlor als zweiatomige Moleküle vorliegen, dann passen Beobachtung, Massenerhaltungssatz und Satz von AVOGADRO zusammen.

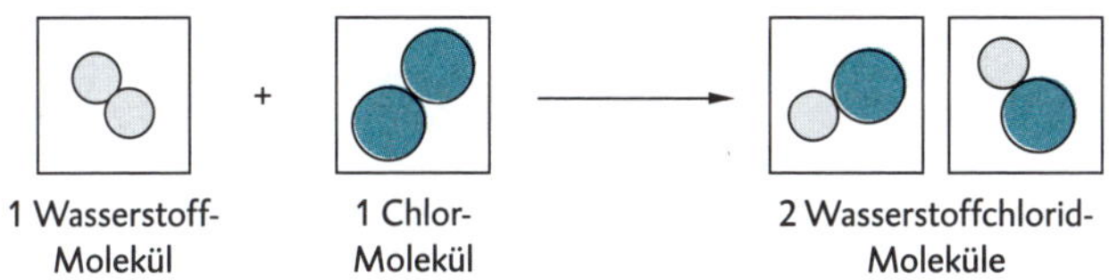

Abb. 31: Korrektes Reaktionsschema für die Bildung von Wasserstoffchlorid-Teilchen

Insgesamt 7 Elemente liegen als **zweiatomige Moleküle** vor (ein Merkwort für alle 7 zweiatomigen Elemente lautet: „HOFBrINCl"; siehe Tabelle 6).
Die Schreibweise für ein Wasserstoff-Molekül ist H_2. Die tiefgestellte Zahl wird Index (Mehrzahl Indices) genannt und gibt an, wie häufig ein Atom im Molekül verbaut ist. Das gilt für alle Molekülformeln.

Element	Wasserstoff	Sauerstoff	Stickstoff	Fluor	Chlor	Brom	Iod
Molekülformel	H_2	O_2	N_2	F_2	Cl_2	Br_2	I_2

Tab. 6: Molekülformeln der Elemente, die als zweiatomige Moleküle vorliegen

Beispiel

Das Ammoniak-Molekül besteht aus einem Stickstoff-Atom und drei Wasserstoff-Atomen, deshalb lautet die Formel NH_3. Eigentlich müsste man N_1H_3 schreiben, aber die Zahl 1 wird aus Übersichtlichkeitsgründen weggelassen.

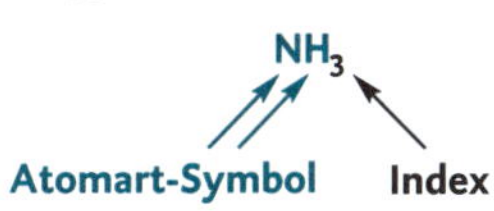

Eine **Molekülformel** beschreibt den Aufbau eines Moleküls aus Nichtmetall-Atomen mithilfe von Atomartensymbolen und Indices.

2.4 Benennung von binären Verbindungsmolekülen

Binäre Moleküle bestehen aus **zwei verschiedenen Atomarten**. Für die Benennung gibt es Regeln, damit aus einer Molekülformel ein eindeutiger Name gebildet werden kann. Genauso kann man mit dem Namen die Molekülformel exakt bilden.

Grundsätzlicher Aufbau

Formel	Zahlwort für Index	Nichtmetall-Name 1	Zahlwort für Index	Nichtmetall-Name 2	id
HCl		Wasserstoff	mono	chlor	id
I_2O_5	Di	iod	penta	ox	id
CS_2		Kohlenstoff	di	sulf	id

Tab. 7: System für die Benennung von Molekülen mit zwei Atomarten

- Das Zahlwort „mono“ wird nur dann gesprochen, wenn die Bezeichnung sonst nicht eindeutig wäre. Bei Wasserstoffchlorid kann man das „mono“ weglassen, da es nur ein Wasserstoffchlorid gibt. Bei Kohlenstoffdioxid CO_2 und Kohlenstoffmonooxid CO ist es aber wichtig.
- Die Reihenfolge der Nichtmetall-Atome ist festgelegt: C, P, N, H, S, I, Br, Cl, O, F, z. B. CS_2 und nicht S_2C.
- Die Indices in der Molekülformel werden als griechische Zahlwörter dem Nichtmetall-Namen vorangestellt. Das Zahlwort „mono“ wird nur vor den Nichtmetall-Namen 2 gestellt.

1	2	3	4	5	6	7	8	9	10
mono	di	tri	tetra	penta	hexa	hepta	okta	nona	deca

- Der Name des Nichtmetalls an erster Stelle ergibt sich aus dem Namen im PSE.
- Der Name des Nichtmetalls an zweiter Stelle hat häufig eine abweichende Bezeichnung vom Namen aus dem PSE. An diesen Namen hängt man die Endung -id.

Kohlenstoff	Wasserstoff	Sauerstoff	Stickstoff	Schwefel	Phosphor
-carbid	-hydrid	-oxid	-nitrid	-sulfid	-phosphid

Für manche Stoffe haben sich Trivialnamen eingebürgert, z. B.:

- Wasser statt Diwasserstoffmonooxid für H_2O,
- Ammoniak statt Triwasserstoffmononitrid für NH_3,
- Wasserstoffperoxid statt Diwasserstoffdioxid für H_2O_2.

2.5 Aufstellen von Reaktionsgleichungen

Eine Reaktionsgleichung stellt die **chemische Reaktion** quantitativ auf der Teilchenebene dar. Alle Teilchen, die an der Reaktion beteiligt sind, werden als Formeln aufgeschrieben. Anschließend ergänzt man die Zahl der Teilchen als **Koeffizienten** vor der Molekülformel, damit die **Atombilanz** stimmt. Es müssen auf Edukt- und Produktseite alle Atome in gleicher Anzahl vorkommen (nur natürlich in anderen Teilchen verbaut).

Das Aufstellen der Reaktionsgleichung wird hier am Beispiel der Knallgasreaktion gezeigt.

1. Reaktionsschema aufstellen

Wasserstoff + Sauerstoff ⟶ Wasser

2. Edukte und Produkte als Formeln hinschreiben

$$H_2 + O_2 \longrightarrow H_2O$$

3. Jetzt muss die Atombilanz überprüft und gegebenenfalls durch Koeffizienten richtiggestellt werden. Ist der Koeffizient = 1, so schreibt man ihn nicht. Achtung: An den Indices darf man nichts verändern.

Überprüfung: 2 Wasserstoff-Atome links, 2 Wasserstoff-Atome rechts
⇒ passt
2 Sauerstoff-Atome links, 1 Sauerstoff-Atom rechts
⇒ passt nicht

Konsequenz: Anzahl der Wasser-Moleküle verdoppeln, indem man den Koeffizienten 2 einfügt

$$H_2 + O_2 \longrightarrow 2\,H_2O$$

Überprüfung: 2 Wasserstoff-Atome links, 4 Wasserstoff-Atome rechts
⇒ passt nicht
2 Sauerstoff-Atome links, 2 Sauerstoff-Atome rechts
⇒ passt

Konsequenz: Anzahl der Wasserstoff-Moleküle verdoppeln, indem man den Koeffizienten 2 einfügt

$$2\,H_2 + O_2 \longrightarrow 2\,H_2O$$

Überprüfung: 4 Wasserstoff-Atome links, 4 Wasserstoff-Atome rechts
⇒ **passt**
2 Sauerstoff-Atome links, 2 Sauerstoff-Atome rechts
⇒ **passt**

⇒ Reaktionsgleichung ist richtig aufgestellt

Man kann jetzt noch die Stoffebene hinzufügen, indem man den Aggregatzustand der Edukte und Produkte in die Gleichung aufnimmt.

$$2\,H_2\,(g) + O_2\,(g) \longrightarrow 2\,H_2O\,(g)$$

2.6 Alkane – homologe Reihe und Verbrennungsreaktionen

Alkane gehören zu den Kohlenwasserstoffen, da die Alkan-Moleküle nur aus Kohlenstoff- und Wasserstoff-Atomen aufgebaut sind. Für solche Verbindungen wird eine andere Methode zur Benennung angewendet als vorhin gezeigt: Der Name setzt sich aus der **Anzahl ihrer Kohlenstoff-Atome** und der Endung **-an** zusammen. Die ersten vier Namen und die zugeordnete Anzahl an C-Atomen nach Tabelle 8 müssen auswendig gelernt werden, die anderen Namen leiten sich von griechischen Zahlwörtern ab.

Name	Molekülformel	Name	Molekülformel
Methan	CH_4	Heptan	C_7H_{16}
Ethan	C_2H_6	Octan	C_8H_{18}
Propan	C_3H_8	Nonan	C_9H_{20}
Butan	C_4H_{10}	Decan	$C_{10}H_{22}$
Pentan	C_5H_{12}	Hexadecan	$C_{16}H_{34}$
Hexan	C_6H_{14}	Octadecan	$C_{18}H_{38}$

Tab. 8: Wichtige Alkane

Die allgemeine Summenformel der Alkane lautet: C_nH_{2n+2}

Man nennt eine Gruppe chemisch verwandter Verbindungen mit einer allgemeingültigen Summenformel eine **homologe Reihe**.

Beispiel

Welche Summenformel besitzt ein Alkan mit 8 C-Atomen?
Mit n = 8 ergibt sich für die allgemeine Summenformel der Alkane:
$C_8H_{(2 \cdot 8)+2}$, also C_8H_{18}

Viele Alkane werden als **Brennstoffe** genutzt, z. B. Methan im Erdgas, Propan/Butan im Campinggas, Octan im Benzin und Hexadecan im Heizöl. Alkane reagieren mit Sauerstoff in einer exothermen Reaktion zu Kohlenstoffdioxid und Wasser.

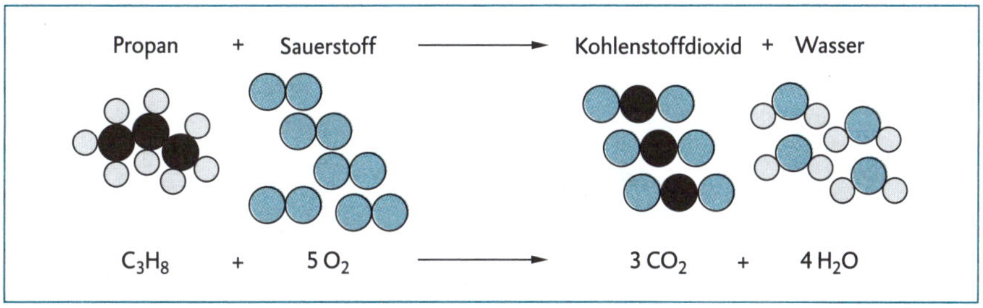

Abb. 32: Reaktions- und Teilchenschema für die Verbrennung von Propan

> Wenn **Alkane** verbrennen, reagieren sie exotherm mit ausreichend Sauerstoff zu Wasser und Kohlenstoffdioxid.

2.7 Kohlenstoffatom-Kreislauf

Jedes Kohlenstoff-Atom, das in einem Lebewesen enthalten ist, kann durch **Zellatmung** oder Verwesung in Form von Kohlenstoffdioxid-Molekülen freigesetzt werden und z. B. durch **Fotosynthese** wieder in ein Lebewesen aufgenommen werden.
Erst wenn abgestorbene Organismen innerhalb von vielen Millionen Jahren fossilisieren und in Form von Kohle, Erdöl und Erdgas in der Erdkruste abgelagert werden, sind die Kohlenstoff-Atome dem Kreislauf entzogen.
Dadurch, dass der Mensch in großem Maßstab diese **fossilen Brennstoffe** zur Energiegewinnung verbrennt, produziert er gewaltige Mengen an Kohlenstoffdioxid. Diese Kohlenstoffdioxid-Moleküle können nicht in derselben Geschwindigkeit durch Fotosynthese aus der Atmosphäre entfernt werden, wie neue Kohlenstoffdioxid-Moleküle gebildet werden. Deshalb nimmt die Kohlenstoffdioxid-Konzentration in der Atmosphäre stetig zu. Durch den **Treibhauseffekt** steigt so die durchschnittliche Temperatur in allen Regionen der Erde an (Klimawandel oder **globale Erwärmung**).

Die dadurch verursachten, klimatischen Veränderungen führen beispielsweise zum Anstieg des Meeresspiegels, zur Häufung von Extremwetterereignissen und zur Zerstörung von Ökosystemen auf der ganzen Welt.
Einen Überblick über den Kohlenstoff-Kreislauf gibt die folgende Grafik.

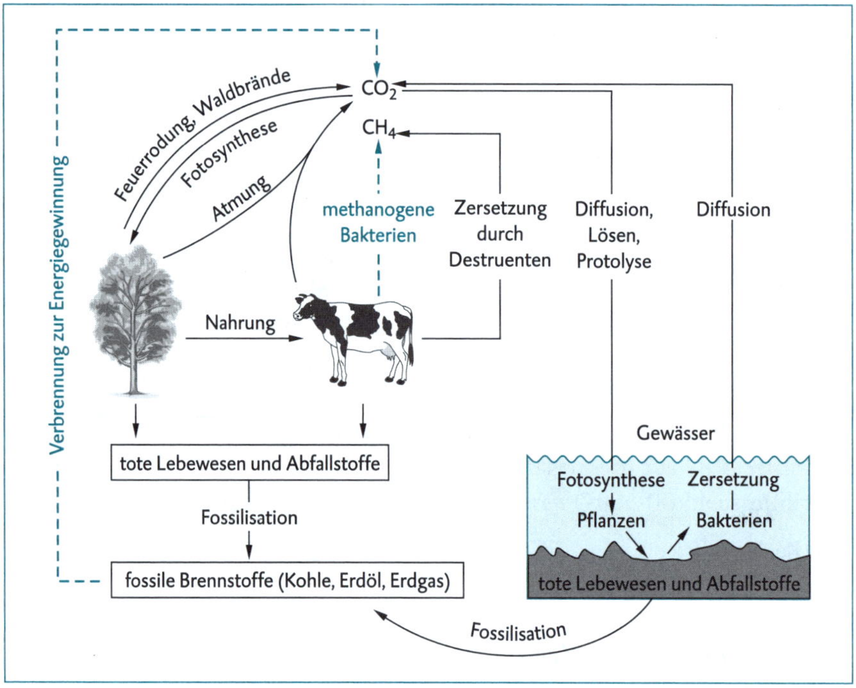

Abb. 33: Schema des globalen Kohlenstoffatom-Kreislaufs

Zusammenfassung

- Bei einer chemischen Reaktion ändert sich die Gesamtmasse der Edukte und Produkte nicht **(Massenerhaltungssatz)**. Es werden nur Atome umgruppiert. Man unterscheidet Metall-Atome und Nichtmetall-Atome.
- **Moleküle** sind aus Nichtmetall-Atomen aufgebaut. Man unterscheidet Element-Moleküle (H_2, N_2, O_2, F_2, Cl_2, Br_2, I_2) und Verbindungs-Moleküle.
- Eine **Reaktionsgleichung** beschreibt eine chemische Reaktion in einer exakten Formelschreibweise mit Koeffizienten.
- **Alkane** sind Kohlenwasserstoffe mit der allgemeinen Formel C_nH_{2n+2}.

Aufgaben

44 Auf einer austarierten Waage wird Schwefel angezündet. Er brennt mit blauer Flamme und ein stechend riechendes Gas entsteht.

Die Waagschale mit Schwefel
- senkt sich.
- bleibt gleich.
- hebt sich.

Welche der drei Möglichkeiten tritt ein? Begründe deine Entscheidung.

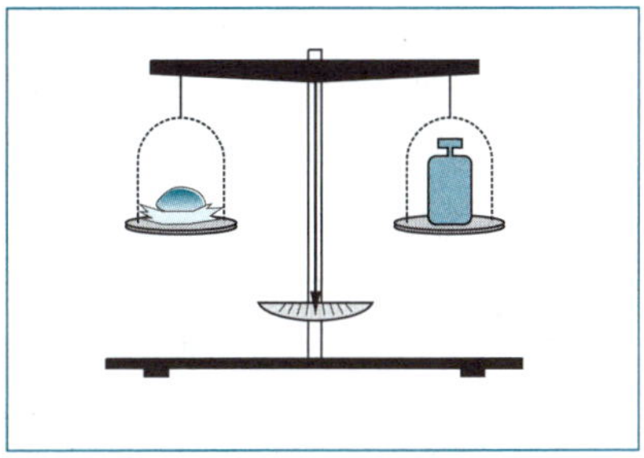

45 Die unten stehende Apparatur wurde vor dem Experiment mit Natriumhydroxid (im Kolben, 1) und mit Salzsäure (im Tropftrichter, 2) befüllt und gewogen. Im Experiment ließ man die Salzsäure in den Kolben tropfen. Dabei erwärmte sich die Apparatur. Beantworte die folgenden Fragen und begründe deine Antwort.

a Ist hier eine chemische Reaktion abgelaufen?

b Lässt sich mit diesem Experiment der Massenerhaltungssatz beweisen?

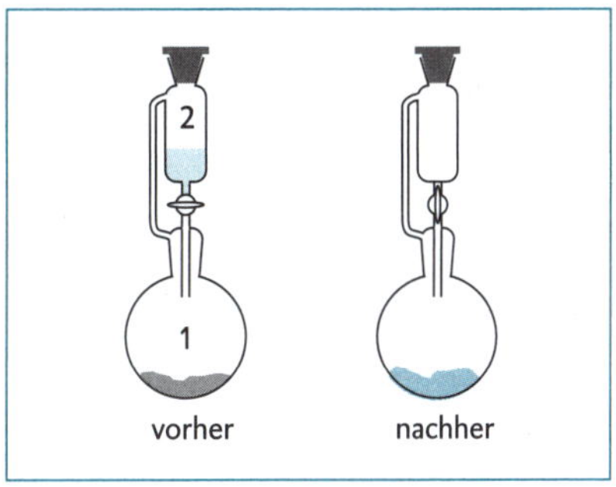

46 Hier sind Atome und Moleküle in der Teilchendarstellung abgebildet:

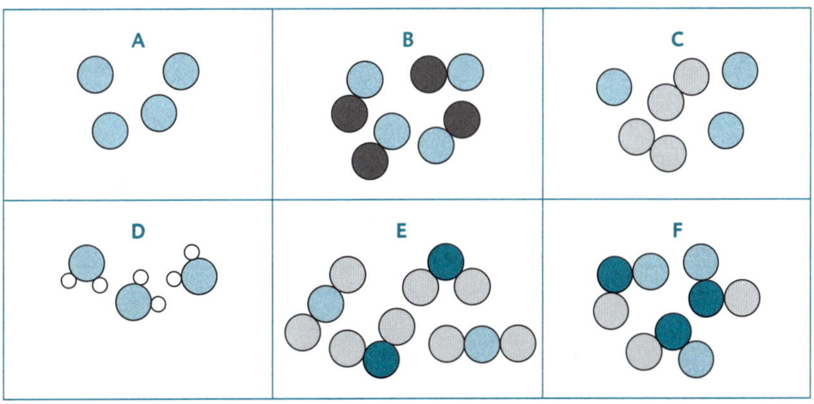

Welche der Abbildungen passen zu folgenden Begriffen und Aussagen?

a Ein Element

b Eine chemische Verbindung

c Ein Elementgemisch

d Ein Gemisch aus chemischen Verbindungen
e Moleküle, die aus Atomen zweier verschiedener Elemente bestehen
f Moleküle, die aus Atomen dreier verschiedener Elemente bestehen
g Es könnte sich um Wasser-Moleküle handeln.
h Es könnte sich um Kohlenstoffmonooxid-Moleküle handeln.

47 Fülle die Lücken passend.

Atomart	Eisen	Gold	Kohlenstoff	Schwefel	Stickstoff	Silber
Symbol						

Atomart						
Symbol	O	W	H	Cl	Pb	P

48 JOHN DALTON arbeitete mit Verbindungen, die aus Stickstoff- und Sauerstoff-Atomen aufgebaut waren: sogenannte Stickstoffoxide. Er hatte herausgefunden, dass es mindestens drei verschiedene Stickstoffoxide geben muss. DALTON zerlegte diese Stickstoffoxide unter exakten Bedingungen und erhielt folgende Ergebnisse:

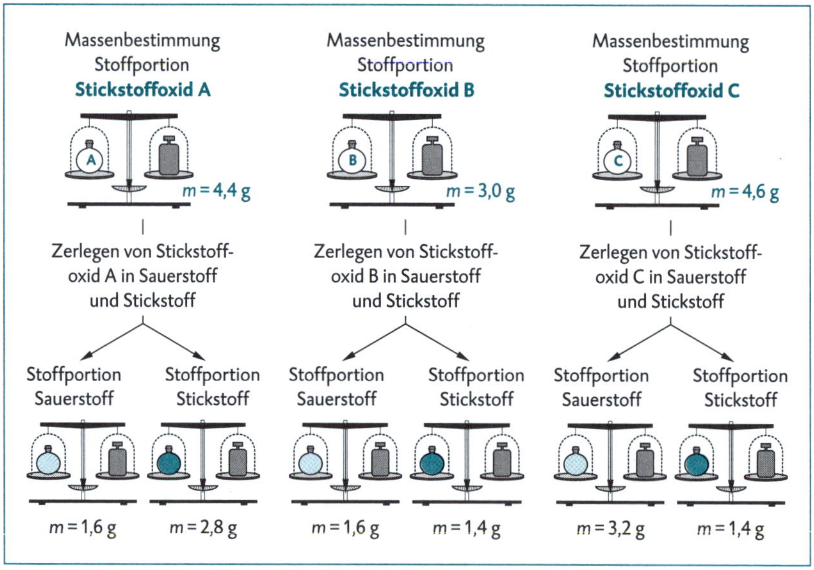

Ermittle die Molekülformeln der drei Stickstoffoxide A, B und C.
Gehe von folgenden Annahmen aus:

- Die Moleküle sind möglichst einfach aufgebaut.
- Die Atome haben folgende relativen Atommassen: Stickstoff-Atom 14 und Sauerstoff-Atom 16.

49 Anscheinend passen hier die Atomartensymbole nicht zu den Namen der Gase, sie sind vertauscht worden. Ordne passend zu.

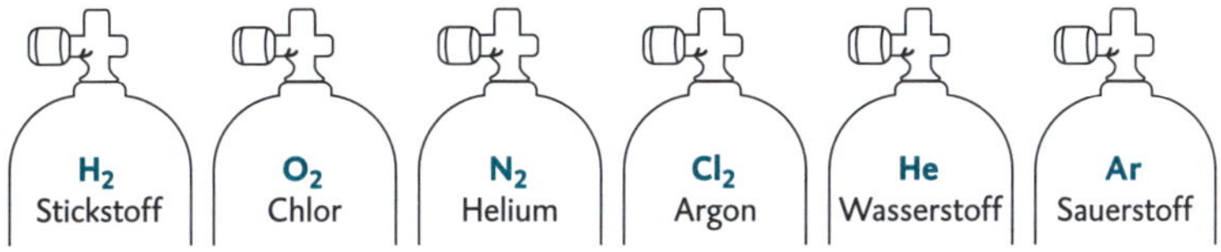

50 Die beiden Klemmbausteine symbolisieren bestimmte Atome.

Klemmbaustein „4er“
Masse 1,2 g
steht für Atom **A**

Klemmbaustein „8er“
Masse 2 g
steht für Atom **B**

Aus diesen Bausteinen kann man Moleküle mit der Formel A_xB_y zusammenstecken. Betrachte folgende Abbildungen:

a Stelle jeweils die Molekülformeln der dargestellten „Verbindungen“ auf. Welche Masse haben die „Bausteinmoleküle“?
Gib das Massenverhältnis $\frac{m(\mathrm{A})}{m(\mathrm{B})}$ an.

b Welchen Molekülformeln entsprechen „Bausteinmoleküle“ mit den Massen 5,6 g, 5,2 g und 9,6 g?

51 FRITZ HABER und CARL BOSCH bekamen den Chemienobelpreis für ihre Forschungen zur Ammoniak-Synthese. Dabei reagiert Wasserstoff mit Stickstoff zu Ammoniak NH_3. Wenn man 1 000 m^3 Ammoniak herstellen möchte, dann benötigt man

- 1 000 m^3 Wasserstoff und 1 000 m^3 Stickstoff,
- 3 000 m^3 Wasserstoff und 1 000 m^3 Stickstoff,
- 1 500 m^3 Wasserstoff und 500 m^3 Stickstoff oder
- 500 m^3 Wasserstoff und 1 500 m^3 Stickstoff.

Entscheide, welche der 4 Möglichkeiten die richtigen Volumina enthält und begründe deine Antwort.

52 Hier sind die Volumenverhältnisse von Gasreaktionen bei konstanten Bedingungen dargestellt, bei denen reine Elemente zu anderen Stoffen – alle in Gasform – reagieren.

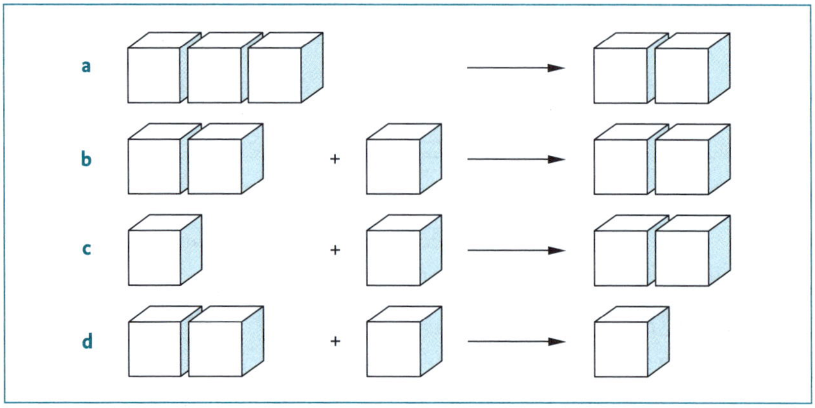

Folgende Stoffe sollen aus den Elementen hergestellt werden:
Wasser, Distickstoffmonooxid, Wasserstoffchlorid, Ammoniak (NH_3), Distickstofftetraoxid und Ozon (O_3).
Stelle die Reaktionsgleichungen für die Herstellung dieser sechs Stoffe auf. Ordne anschließend den oben gezeigten Volumenverhältnissen (eine) passende Reaktionsgleichung(en) zu.

53 Überprüfe folgende Reaktionsgleichungen. Sind sie vollständig ausgeglichen, kreuze das Kästchen an. Falls nicht, ergänze die fehlenden Koeffizienten.

- ☐ $4\,NH_{3\,(g)} + 5\,O_{2\,(g)} \longrightarrow NO_{(g)} + H_2O_{(l)}$
- ☐ $SO_{2\,(g)} + O_{2\,(g)} \longrightarrow SO_{3\,(s)}$
- ☐ $C_{(s)} + H_2O_{(l)} \longrightarrow CO_{(g)} + H_{2\,(g)}$
- ☐ $H_{2\,(g)} + Cl_{2\,(g)} \longrightarrow HCl_{(g)}$
- ☐ $P_{(s)} + 5\,O_{2\,(g)} \longrightarrow P_4O_{10\,(s)}$
- ☐ $P_4O_{6\,(s)} + O_{2\,(g)} \longrightarrow P_4O_{10\,(s)}$
- ☐ $CH_{4\,(g)} + 2\,Cl_{2\,(g)} \longrightarrow CCl_{4\,(l)} + HCl_{(g)}$
- ☐ $CO_{(s)} + H_2O_{(l)} \longrightarrow CO_{2\,(g)} + H_{2\,(g)}$
- ☐ $I_2O_{5\,(s)} \longrightarrow I_{2\,(s)} + O_{2\,(g)}$

54 Folgend sind 16 Moleküle dargestellt. Schreibe die Molekülformeln auf und benenne sie.

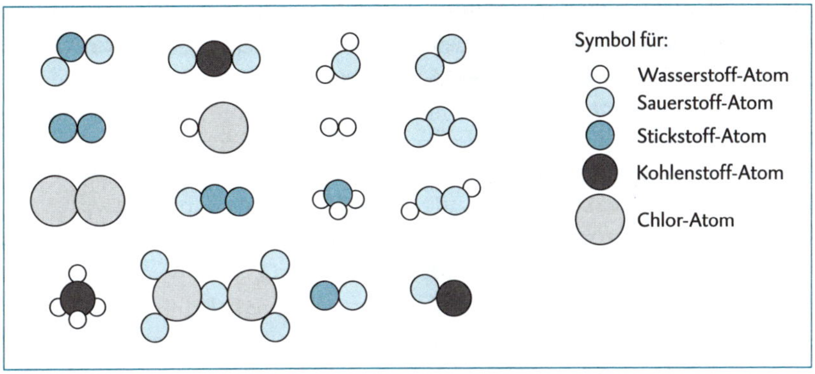

55 Stelle die Reaktionsgleichungen für diese chemischen Reaktionen auf.

a Kohlenstoff reagiert mit dem Gas Schwefeldioxid zu flüssigem Kohlenstoffdisulfid und Kohlenstoffmonooxid.

b Stickstoffmonooxid reagiert mit Salpetersäure (HNO_3) zu Distickstofftetraoxid und Wasser.

c Wasserstoffchlorid und Sauerstoff reagieren zu Wasser und Chlor.

d Schwefel und Fluor reagieren zu dem Gas Schwefelhexafluorid.

56 Betrachte die 4 chemischen Reaktionen in der Teilchendarstellung. Leider sind die Reaktionsgleichungen unvollständig aufgeführt. Vervollständige sie in der Teilchendarstellung und schreibe anschließend die Reaktionsgleichung dazu.

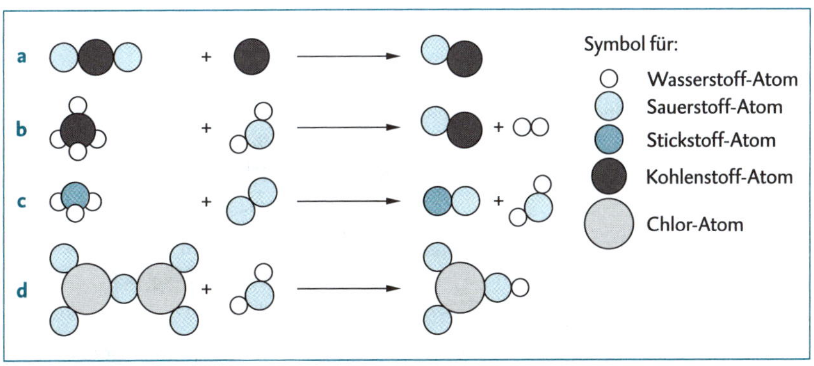

57 In ein Reagenzglas füllt man genau 0,14 g Schwefel. Danach wird das Reagenzglas mit reinem Sauerstoff gefüllt und mit einem sauerstoffgefüllten Ballon verschlossen. Die Apparatur, also Reagenzglas mit Schwefel,

Sauerstoff und Ballon, stellt man auf die Waage und bestimmt die Masse mit $m = 23{,}62$ g. Danach erhitzt man das untere Ende des Reagenzglases mit dem Gasbrenner, bis der Schwefel brennt. Dabei entsteht Schwefeldioxid. Nach kurzer Zeit ist der Schwefel verschwunden. Nun lässt man die gesamte Reaktionsapparatur abkühlen.

a Betrachte die Apparatur vor und nach dem Experiment. Welche der Darstellungen entspricht der Apparatur nach dem Experiment? Stelle dazu die Reaktionsgleichung auf und begründe deine Antwort.

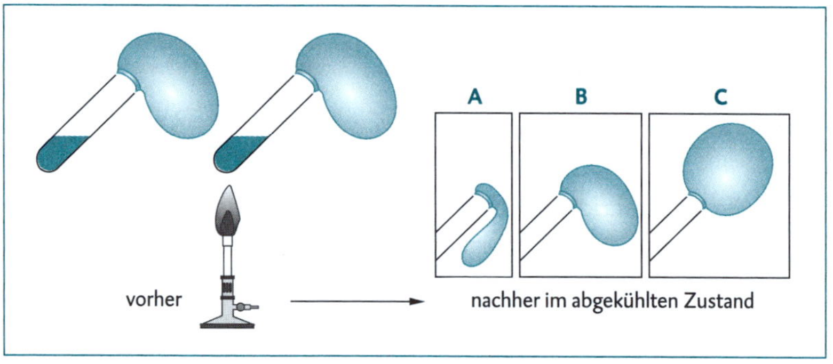

b Sobald die Apparatur Zimmertemperatur hat, wird sie gewogen. Welche der folgenden Werte wird das Display der Waage anzeigen? Weniger als 23,62 g, genau 23,62 g oder mehr als 23,62 g? Begründe deine Antwort.

58 Du hast mit dem Lubalex (Luftballonexplosionseudiometer) experimentiert. Die folgende Abbildung zeigt den Aufbau des Experiments:

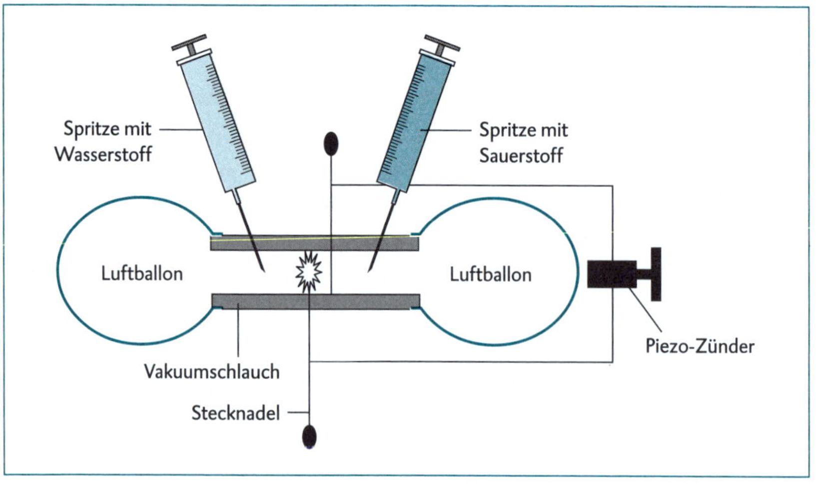

Im Experiment werden in das leere Lubalex bestimmte Volumina Wasserstoff und Sauerstoff injiziert. Dann zündet man. Nach der Explosion lässt man das Lubalex abkühlen und bestimmt das Gasrestvolumen (also den Teil des Gases, der nicht reagiert hat), indem man dieses mit einer Spritze absaugt. Das Produkt der Knallgasreaktion kondensiert im Lubalex als Flüssigkeit, es ist also nicht gasförmig.
Nach vier Experimenten hat sich folgende Messwert-Tabelle ergeben:

	E1	E2	E3	E4
V(Wasserstoff)	10 mL	20 mL	10 mL	20 mL
V(Sauerstoff)	10 mL	10 mL	20 mL	20 mL
V(Restvolumen)	5 mL	0 mL	15 mL	10 mL

a Stelle die Reaktionsgleichung für die Knallgasreaktion in Formelschreibweise und als Teilchendarstellung auf.

b Betrachte die Gasvolumina von Experiment 1 bis 4. Nenne das Gas, das sich im Restvolumen befindet und begründe deine Aussage.

c AVOGADRO behauptet: „Aus dem Volumenverhältnis kann man direkt auf das Teilchenverhältnis Wasserstoff zu Sauerstoff der Knallgasreaktion schließen. Weshalb ist das so? Ganz einfach, denn …“
Vervollständige die Antwort von AVOGADRO.

59 Finde die Fehler im Text und korrigiere sie.
Die Alkane gehören zu den Kohlenwasserstoffen. Man nennt sie so, weil die Moleküle nur aus Kohlenstoff-Atomen und Wasser-Atomen aufgebaut sind. Sie bilden eine sogenannte homologe Reihe, d. h., die Moleküle sind ähnlich aufgebaut. Somit haben die Alkane die allgemeine Summenformel C_nH_{2n}. Alkane werden sehr häufig als Brennstoff verwendet, z. B. im Feuerzeug oder Motorenbenzin. Octan ist ein typisches Alkan für Motorenbenzin, es hat die Summenformel C_7H_{16}. Wenn Octan verbrennt, reagiert es mit dem Stickstoff der Luft zu Kohlenstoff und Wasser. Ein weiteres wichtiges Alkan, das als Brennstoff verwendet wird, ist das Methan CH_4. Es ist der Hauptbestandteil von Erdgas. In Campinggasflaschen findet man Butan und Pentan, denn beide Stoffe sind bei Raumtemperatur und Standarddruck gasförmig.

60 Wenn man ein Gasfeuerzeug benutzt, strömt sogenanntes „Feuerzeuggas“ aus. Dabei handelt es sich um ein Gasgemisch. Wenn man sich das Gasgemisch auf Teilchenebene anschauen könnte, würde es z. B. aussehen wie in der nachfolgenden Grafik:

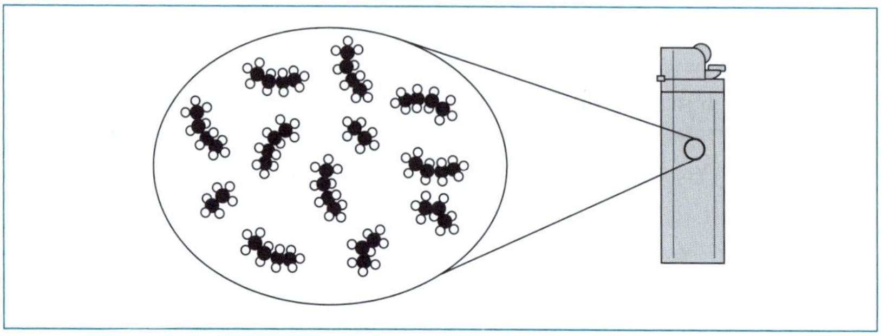

Stelle die Molekülformeln der Teilchen auf, die das Feuerzeuggas bilden. Benenne die Stoffe und die Stoffgruppe.

61 DALTON war ein hervorragender Experimentator und Forscher. Manche Messergebnisse konnte er aber nicht erklären. Er füllte genau gleiche Volumina von Kohlenstoffmonooxid und Sauerstoff in zwei identische Gefäße. Seine Erwartung war, dass das Gefäß mit Kohlenstoffmonooxid schwerer wäre. Denn das Kohlenstoffmonooxid-Molekül besteht aus einem Kohlenstoff-Atom und einem Sauerstoff-Atom, also aus zwei Atomen. Die Versuchsbeobachtung überraschte ihn aber (siehe oben). DALTON hat dieses Rätsel bis zu seinem Tod nicht gelöst. Welche Information fehlte ihm? Formuliere eine Erklärung der Beobachtung.

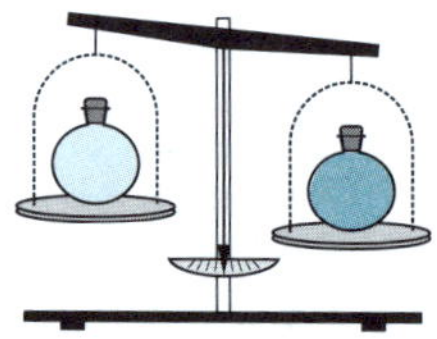

62 Lese folgende Aussagen durch und bewerte sie, indem du richtig (r) oder falsch (f) ankreuzt. Stelle die falschen Aussagen sinnhaft richtig.

		richtig	falsch
a	2 Liter Octan C_8H_{18} (l) haben dasselbe Volumen wie 2 Liter Methan CH_4 (g).	☐	☐
b	2 Liter Octan C_8H_{18} (l) enthalten genauso viele Teilchen wie 2 Liter Methan CH_4 (g).	☐	☐
c	2 Liter Propan C_3H_8 (g) enthalten genauso viele Teilchen wie 2 Liter Methan CH_4 (g).	☐	☐
d	Sauerstoff, Stickstoff und Schwefel liegen als zweiatomige Moleküle vor.	☐	☐
e	Wenn 2 Liter Sauerstoff vollständig mit Wasserstoff reagieren, dann entstehen 4 Liter Wasserdampf.	☐	☐
f	Wenn 2 Liter Wasserstoff mit Sauerstoff reagieren, dann entstehen 4 Liter Wasserdampf.	☐	☐

3 Quantitative Aspekte chemischer Reaktionen

3.1 Atommasse

Bestimmung von Atommassen

Eine Kenneigenschaft, mit der man Reinstoffe unterscheiden kann, ist die Dichte. Die Ursache der unterschiedlichen Dichte findet man auf der Teilchenebene: Jede Atomart hat eine andere Masse. Diese Masse nennt man Atommasse und ist unvorstellbar klein. Trotzdem kann die Atommasse bestimmt werden, wozu man ein Massenspektrometer benutzt. Im **Massenspektrometer** werden die Atome ionisiert, also in geladene Teilchen, sogenannte Ionen, umgewandelt. Diese Ionen werden beschleunigt. Da sie sich in ihrer Masse unterscheiden, werden sie unterschiedlich stark im Magnetfeld abgelenkt. Aus diesen Unterschieden kann man die Masse der Atome berechnen.

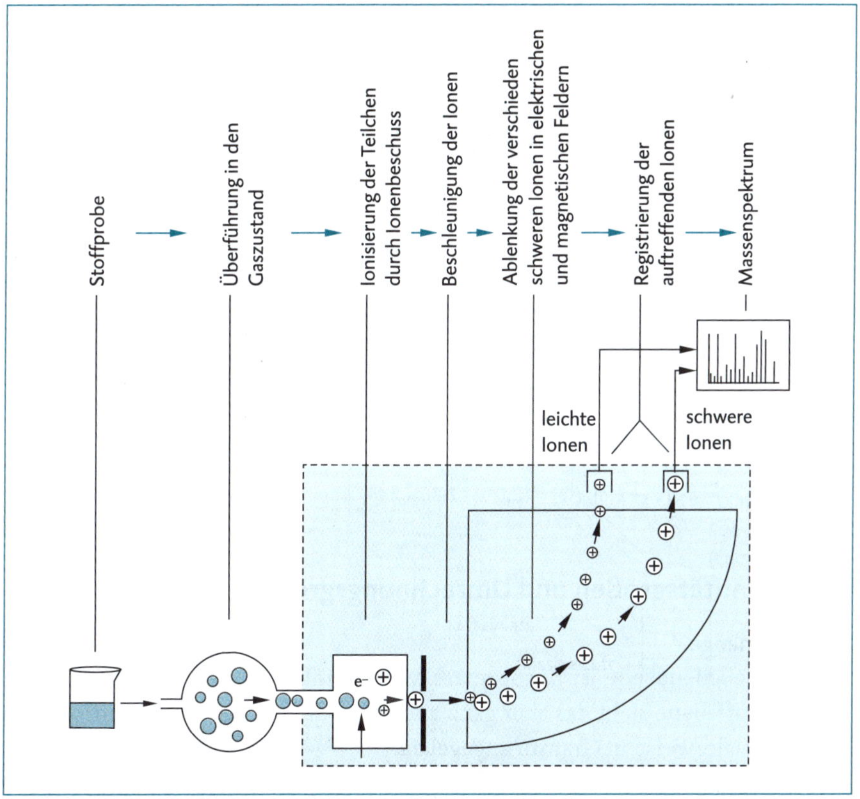

Abb. 34: Funktionsweise eines Massenspektrometers

Atommassen können mit dem **Massenspektrometer** bestimmt werden.

Beispielsweise beträgt die Masse eines Wasserstoff-Atoms in Gramm:
0,000 000 000 000 000 000 000 0167 g = $1{,}67 \cdot 10^{-24}$ g
Zum Rechnen ist diese Angabe sehr unpraktisch. Deshalb hat man eine neue Einheit, die **atomare Masseneinheit u**, eingeführt. Sie wird mit dem Buchstaben u (von engl. *unit:* Einheit) abgekürzt: 1 u sind $1{,}661 \cdot 10^{-24}$ g. Man kann sagen, 1 u entspricht ungefähr der Masse eines Wasserstoff-Atoms. Das Größensymbol für die Atommasse ist $m_a(X)$, dabei steht (X) für die Atomart.
Zum Beispiel gilt für die Masse des Wasserstoff-Atoms: $m_a(H) = 1{,}01$ u
Die Atommasse (in der Einheit u) steht im PSE oberhalb des Atomart-Symbols.

Beispiel

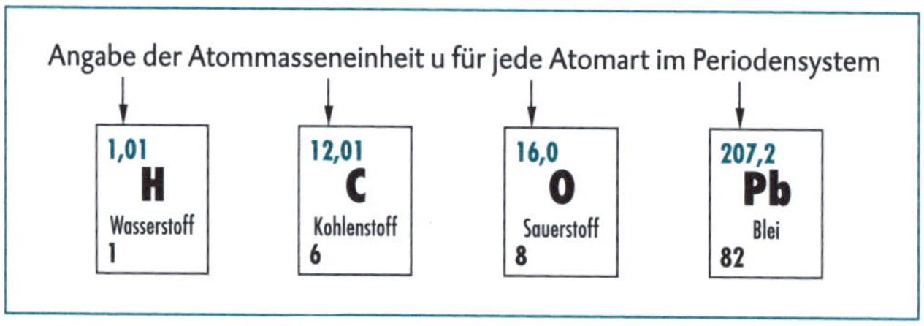

Die **atomare Masseneinheit** wird in der Einheit 1 u angegeben: 1 u = $1{,}661 \cdot 10^{-24}$ g

Molekülmassen

Genauso wie bei einzelnen Atomen kann man auch für Moleküle eine Teilchenmasse angeben.

Beispiel

Das Kohlenstoffdioxid-Molekül ist aus einem Kohlenstoff-Atom und zwei Sauerstoff-Atomen aufgebaut. Deshalb setzt sich die Molekülmasse des Kohlenstoffdioxid-Moleküls aus den Atommassen der verbauten Atome zusammen:

$$m_a(CO_2) = m_a(C) + 2 \cdot m_a(O) = 12{,}01\,u + 2 \cdot 16\,u = 44{,}01\,u$$

3.2 Quantitätsgrößen und Umrechnungsgrößen

Die Stoffmenge

Auf der Teilchenebene ist die atomare Masseneinheit eine praktikable Größe, auf der Stoffebene sieht das aber ganz anders aus. Die Masse einer Stoffportion wird normalerweise in Gramm angegeben.

Beispiel

Ein Holzkohlestück – praktisch reiner Kohlenstoff – hat eine Masse von 12 g.
Ein Kohlenstoff-Atom hat eine Masse von 12 u.
Das sind $12 \cdot 1{,}661 \cdot 10^{-24}$ g.

Damit kann man die Zahl der Kohlenstoff-Atome im Holzkohlestück berechnen.

$$N(\text{Kohlenstoff-Atome}) = \frac{m(\text{C}) = 12\,\text{g}}{m_a(\text{C}) = 12 \cdot 1{,}661 \cdot 10^{-24}\,\text{g}} = 6{,}022 \cdot 10^{23}$$

Abb. 35: Holzkohle

12 g Kohlenstoff ist keine besonders große Menge, aber $6{,}022 \cdot 10^{23}$ Atome ist eine unvorstellbar große Zahl. Bei einer chemischen Reaktion spielt ja immer das Zahlenverhältnis der reagierenden Teilchen eine wichtige Rolle. Deshalb wurde eine neue Quantitätsgröße erschaffen, die eine bestimmte Anzahl von Teilchen umfasst, nämlich die Stoffmenge n mit der Einheit **mol**. Man hat diese Größe folgendermaßen festgelegt: Eine Stoffportion des Stoffes X mit der Stoffmenge $n(\text{X}) = 1$ mol enthält $6{,}022 \cdot 10^{23}$ Teilchen. Diese Zahl ist nicht zufällig gewählt worden. Wenn ein Teilchen z. B. 4 u wiegt, dann hat die Stoffportion von $n = 1$ mol dieses Teilchens die Masse 4 g.

Beispiel Das Holzkohlestück der Masse 12 g enthält genau ein mol Kohlenstoff-Atome, da ein Kohlenstoff-Atom die Masse 12 u besitzt.
Das Sauerstoff-Molekül hat eine Masse von $m_a(O_2) = 32$ u. Dann hat eine Sauerstoffportion $n(O_2) = 1$ mol die Masse 32 g.

Eine **Stoffportion** mit der Stoffmenge $n(\text{X}) = 1$ mol enthält $6{,}022 \cdot 10^{23}$ Teilchen.
Die Masse einer Stoffportion mit der Stoffmenge $n = 1$ mol hat denselben Zahlenwert in g wie ein Teilchen des Stoffes in u.

Teilchenzahl und Stoffmenge

Manchmal ist es notwendig, die Teilchenzahl zu kennen. Mithilfe der Stoffmenge kann diese einfach errechnet werden.
Teilchenzahl $N(\text{X})$ = AVOGADRO-Konstante $N_A \cdot$ Stoffmenge $n(\text{X})$

Die **AVOGADRO-Konstante** ist der Quotient aus Teilchenzahl und Stoffmenge:

$$N_A = \frac{N(\text{X})}{n(\text{X})} = 6{,}022 \cdot 10^{23}\,\frac{1}{\text{mol}}$$

Beispiel

Wie viele Zucker-Moleküle enthält die Stoffportion Zucker mit $n(\text{Zucker}) = 0{,}02$ mol?

$$\begin{aligned} N(\text{Zucker-Moleküle}) &= N_A \cdot n(\text{Zucker}) \\ &= 6{,}022 \cdot 10^{23} \frac{1}{\text{mol}} \cdot 0{,}2\,\text{mol} \\ &= 1{,}2044 \cdot 10^{22} \end{aligned}$$

Masse, Volumen und Stoffmenge

Wenn man in der Chemie ein bestimmte Stoffportion benötigt, kann man nicht einfach Teilchen abzählen. Man bestimmt feste oder flüssige Stoffportionen entweder durch Abwiegen einer Masse oder bei Gasen durch das Messen des Volumens. Zwei Umrechnungsgrößen spielen dabei eine wichtige Rolle: die **molare Masse M(X)** und das **molare Volumen V_m**.

Die **molare Masse M(X)**

Die **molare Masse M(X)** ist der Quotient aus der Masse einer Stoffportion und der dazugehörigen Stoffmenge:

$$M(X) = \frac{m(X)}{n(X)} \frac{\text{g}}{\text{mol}}$$

Man kann für jeden Stoff eine molare Masse angeben. Diese ist unabhängig von der Größe der Stoffportion, denn die molare Masse ist eine konstante Größe. Ihr Zahlenwert entspricht dem Zahlenwert der Teilchenmasse und kann somit aus dem Periodensystem abgelesen bzw. bei Molekülmassen ausgerechnet werden. Die Größe der molaren Masse beantwortet die folgende Frage: Wie viel g wiegt ein mol eines Stoffes?

Beispiel

Berechne die molare Masse von Wasser und von Sauerstoff.

$$\begin{aligned} \text{Molekülmasse } m_a(H_2O) &= 2 \cdot m_a(H) + m_a(O) \\ &= 2 \cdot 1\,u + 16\,u \\ &= 18\,u \end{aligned}$$

Also ist die molare Masse von Wasser $M(H_2O) = 18 \frac{\text{g}}{\text{mol}}$.

$$\begin{aligned} \text{Molekülmasse } m_a(O_2) &= 2 \cdot m_a(O) \\ &= 2 \cdot 16\,u \\ &= 32\,u \end{aligned}$$

Also ist die molare Masse von Sauerstoff $M(O_2) = 32 \frac{\text{g}}{\text{mol}}$.

Die Umrechnungsgröße **molare Masse** ermöglicht es jetzt, beliebige Massen in Stoffmengen umzurechnen und umgekehrt. Dazu wird die Formel durch Äquivalenzumformung in die benötigte Form gebracht.

Berechnen der Masse aus einer Stoffmengen-Angabe:

$$m(X) = M(X) \cdot n(X)$$

Berechnen der Stoffmenge aus einer Massen-Angabe:

$$n(X) = \frac{m(X)}{M(X)}$$

Beispiel

Berechne die Masse einer Wasserportion der Stoffmenge $n(H_2O) = 3$ mol.

$$\begin{aligned} m(H_2O) &= M(H_2O) \cdot n(H_2O) \\ &= 18 \frac{g}{mol} \cdot 3\,mol \\ &= 54\,g \end{aligned}$$

Berechne die Stoffmenge von Kohlenstoffdioxid in einem Block Trockeneis (CO_2 (s)) der Masse 880 g.

$$n(CO_2) = \frac{m(CO_2)}{M(CO_2)} = \frac{880\,g}{44 \frac{g}{mol}} = 20\,mol$$

Das **molare Volumen $V_m(X)$**

Das **molare Volumen $V_m(X)$** ist der Quotient aus dem Volumen einer Stoffportion und der dazugehörigen Stoffmenge.

$$V_m(X) = \frac{V(X)}{n(X)} \frac{L}{mol}$$

Volumina von Feststoffen und Flüssigkeiten sind von der Temperatur unabhängig, deshalb spielt das molare Volumen bei diesen keine Rolle. Für diese ist die molare Masse viel praktischer.

Anders ist es bei Gasen. Man kann viel leichter ein Gasvolumen abmessen, als die Masse eines Gases wiegen. Zudem hilft uns hier der Satz von AVOGADRO: Gleiche Volumina verschiedener Gase enthalten bei gleichem Druck und gleicher Temperatur gleich viele Teilchen. Das bedeutet: Egal um welches Gas es sich handelt, ein mol Gas hat immer dasselbe Volumen, sofern die Temperatur dieselbe ist.

Bei Gasen gibt man entweder
das **molare Normvolumen** $V_{m,0} = 22{,}4 \frac{L}{mol}$ bei 0 °C oder
das **molare Standardvolumen** $V_m = 24{,}4 \frac{L}{mol}$ bei 25 °C an.

Somit kann man bei Gasen unabhängig von der Art des Gases aus einem Gas-Volumen die Stoffmenge und umgekehrt ausrechnen.

Beispiel

Berechne das Volumen $V(N_2)$ einer Portion Stickstoff mit der Stoffmenge $n(N_2) = 3$ mol bei 25 °C.

$$\begin{aligned} V(N_2) &= n(H_2O) \cdot V_m \\ &= 3\,mol \cdot 24{,}4 \frac{L}{mol} \\ &= 73{,}2\,L \end{aligned}$$

Berechne die Stoffmenge $n(H_2)$ einer Portion Wasserstoff mit dem Volumen $V(H_2) = 36{,}6$ L bei 25 °C.

$$n(H_2) = \frac{V(H_2)}{V_m} = \frac{36{,}6\,L}{24{,}4 \frac{L}{mol}} = 1{,}5\,mol$$

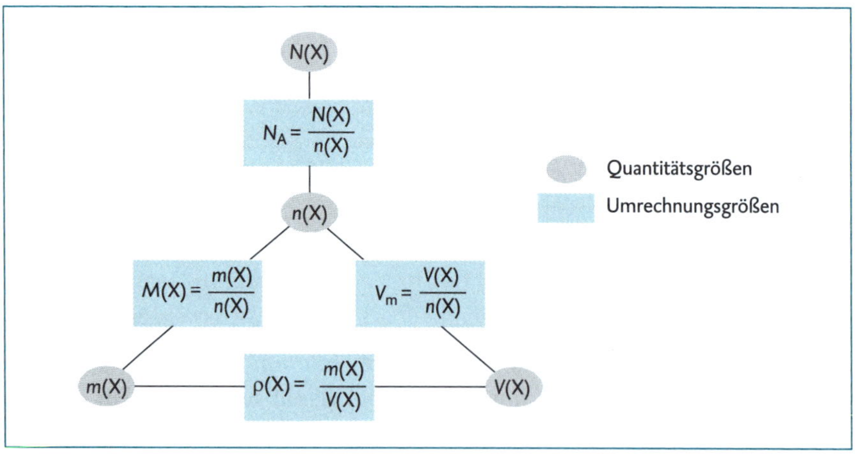

Abb. 36: Schema zur Veranschaulichung von Quantitätsgrößen und Umrechnungsgrößen

Als Zusammenhang zwischen **Quantitätsgrößen** und **Umrechnungsgrößen** gilt:
Die **Quantitätsgrößen** (Teilchenzahl $N(X)$, Stoffmenge $n(X)$, Masse $m(X)$ und Volumen $V(X)$) können durch die **Umrechnungsgrößen** (molare Masse $M(X)$, molares Volumen V_m, Dichte $\rho(X)$ und AVOGADRO-Konstante N_A) ineinander umgerechnet werden.

3.3 Berechnen von Stoffumsätzen mithilfe von Reaktionsgleichungen

Aus einer Reaktionsgleichung kann man viele wichtige Informationen entnehmen. Das soll hier am Beispiel der Reaktion von Stickstoffmonooxid mit Sauerstoff zu Stickstoffdioxid gezeigt werden.

Reaktionsschema

Stickstoffmonooxid (g) + Sauerstoff (g) ⟶ Stickstoffdioxid (g)

Reaktionsgleichung

$$2\,NO_{(g)} + O_{2\,(g)} \longrightarrow 2\,NO_{2\,(g)}$$

Modell

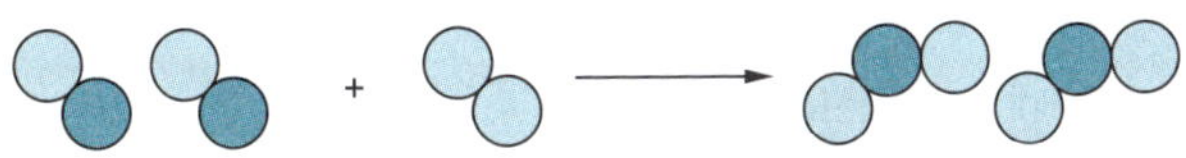

Teilchenanzahlenverhältnis

$N(NO)$	:	$N(O_2)$	:	$N(NO_2)$
2		1		2

Stoffmengenverhältnis

$n(NO)$	:	$n(O_2)$	:	$n(NO_2)$
2 mol		1 mol		2 mol

Volumenverhältnis (Achtung, Gase!)

$V(NO)$	:	$V(O_2)$	:	$V(NO_2)$
48,8 L		24,4 L		48,4 L

Massenverhältnis (Umrechnung mit $m = n \cdot M$)

$m(NO)$	:	$m(O_2)$	:	$m(NO_2)$
$2\,mol \cdot 30\,\frac{g}{mol}$		$1\,mol \cdot 32\,\frac{g}{mol}$		$2\,mol \cdot 46\,\frac{g}{mol}$
60 g		32 g		92 g

Jetzt kann man mithilfe der Reaktionsgleichung einfach die Edukt- oder Produktgrößen berechnen. Das läuft nach folgendem Schema, nach dem Gleichsetzverfahren, ab:

1. Gegebene und gesuchte Größen notieren,
2. Reaktionsgleichung aufstellen,
3. Stoffmengenverhältnis aufstellen, gesuchte Größe steht im Zähler,
4. Umstellen nach der gesuchten Stoffmenge,

5. Stoffmengen durch geeignete Größengleichungen ersetzen,
6. Umstellen nach der gesuchten Größe,
7. Einsetzen und ausrechnen,
8. Antwortsatz formulieren.

Beispiel

Manche Autos fahren mit Erdgas (Methan CH_4). Dieses wird nicht in Litern wie Benzin, sondern in Kilogramm abgerechnet. Berechne das Volumen $V(O_2)$ an Sauerstoff, das bei einer vollständigen Verbrennung von 1 kg Methan reagiert.

Schritt 1: Gegebene und gesuchte Größen notieren

geg.: $m(CH_4) = 1\,kg = 1000\,g$

$M(CH_4) = 16\,\frac{g}{mol}$ (aus PSE)

$V_m = 24{,}4\,\frac{L}{mol}$

ges.: $V(O2)$

Schritt 2: Reaktionsgleichung aufstellen

$$CH_{4\,(g)} + 2\,O_{2\,(g)} \longrightarrow CO_{2\,(g)} + 2\,H_2O_{(g)}$$

Schritt 3: Stoffmengenverhältnis aufstellen; gesuchte Größe im Zähler. Da das Volumen von Sauerstoff gesucht ist, muss $n(O_2)$ in den Zähler.

$$\frac{n(O_2)}{n(CH_4)} = \frac{2}{1}$$

Herleitung: In der Reaktionsgleichung steht vor O_2 der Koeffizient 2, vor Methan der Koeffizient 1.

Schritt 4: Umstellen nach der gesuchten Stoffmenge, also nach $n(O_2)$

$$n(O_2) = 2 \cdot n(CH_4)$$

Schritt 5: Stoffmengen durch geeignete Größengleichungen ersetzen. Von Sauerstoff ist das Volumen gesucht, also verwendet man:

$$n(O_2) = \frac{V(O_2)}{V_m}$$

Vom Erdgas ist die Masse gegeben, also nimmt man:

$$n(CH_4) = \frac{m(CH_4)}{M(CH_4)}$$

$$\frac{V(O_2)}{V_m} = \frac{2 \cdot m(CH_4)}{M(CH_4)}$$

Schritt 6: Umstellen nach der gesuchten Größe, hier $V(O_2)$

$$V(O_2) = \frac{2 \cdot m(CH_4)}{M(CH_4)} \cdot V_m$$

Schritt 7: Einsetzen und ausrechnen

$$V(O_2)=\frac{2\cdot 1000\,g}{16\,g\cdot mol^{-1}}\cdot 24{,}4\frac{L}{mol}=3\,050\,L$$

Schritt 8: Antwortsatz formulieren
Antwort: Um 1 kg Methan vollständig zu verbrennen, werden 3 050 Liter Sauerstoff benötigt.

3.4 Bilanzen fossiler Energieträger – quantitative Betrachtung des Kohlenstoffdioxid-Ausstoßes und der Energiebereitstellung

Bei jeder chemischen Reaktion wird entweder Energie abgegeben oder aufgenommen, deshalb spricht man von exothermen oder endothermen Reaktionen. Immer wenn eine Bindung gespalten wird, muss Energie aufgewendet werden. Wenn eine Bindung sich bildet, wird Energie abgegeben. Bei jeder chemischen Reaktion werden Bindungen gespalten und neue gebildet. Es hängt dabei von der Art der Bindungen ab, ob viel oder wenig Energie umgesetzt wird. Die bei einer chemischen Reaktion umgesetzte Energie bezeichnet man als **Reaktionsenergie** ΔE_i.

Beispiel

Bei der Knallgasreaktion verbinden sich Wasserstoff-Teilchen und Sauerstoff-Teilchen in einer exothermen Reaktion zu Wasser-Teilchen.

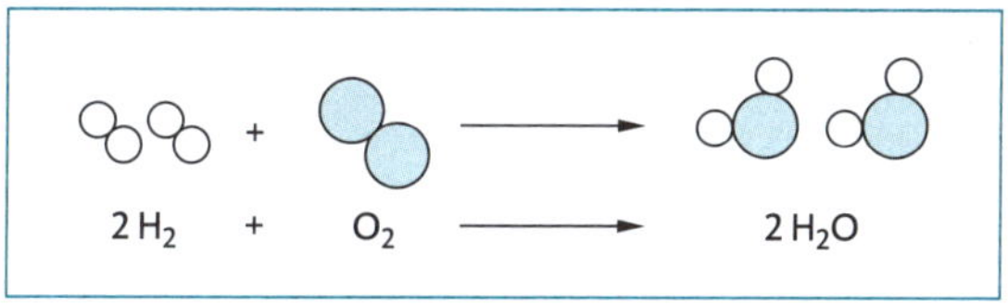

Abb. 37: Teilchenschema der Knallgasreaktion

Die Bindungen zwischen den Wasserstoff-Atomen im Wasserstoff-Molekül und die Bindung zwischen den beiden Sauerstoff-Atomen im Sauerstoff-Molekül werden gespalten. Diese Spaltung ist immer endotherm. Damit die Wasser-Moleküle entstehen, müssen Bindungen zwischen den Wasserstoff- und Sauerstoff-Atomen gebildet werden. Dieser Vorgang ist immer exotherm. Da diese chemische Reaktion insgesamt exotherm ist, muss bei der Bindungsbildung mehr Energie freigesetzt werden, als bei der Bindungsspaltung benötigt wird.

Bei chemischen Reaktionen werden Bindungen gespalten (Energie wird benötigt) und neue Bindungen gebildet (Energie wird frei). Den Energieumsatz nennt man **Reaktionsenergie** ΔE_i.

Bestimmung von Reaktionsenergien

Mit einem sogenannten „Bombenkalorimeter" (siehe Abb. 38) kann man Reaktionsenergien bestimmen. Im Bombenkalorimeter werden exotherme chemische Reaktionen so durchgeführt, dass die gesamte Reaktionsenergie als Wärme frei wird. Dafür muss die Reaktion in einem druckstabilen Gefäß, der sog. Bombe, ablaufen, damit sich keine Gase ausbreiten können.
Außerdem muss das Kalorimeter ein isoliertes System sein, d. h., es gibt weder Stoff- noch Energieaustausch mit der Umgebung (siehe Abb. 39).

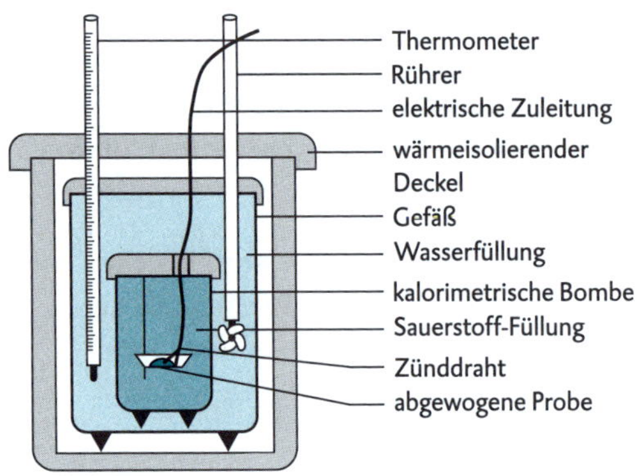

Abb. 38: Aufbau eines Bombenkalorimeters

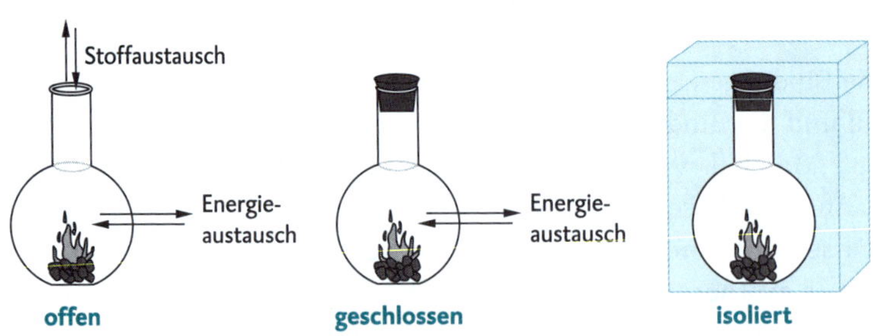

Abb. 39: Offenes, geschlossenes und isoliertes System

Auf diese Weise werden Reaktionsenergien bestimmt, z. B. für Verbrennungsreaktionen. Mit diesen Energiewerten kann man jetzt auch genaue Berechnungen anstellen.

Dafür muss man aber angeben, auf welchen Stoffumsatz sich jetzt dieser Energiewert bezieht. Deshalb hat man Folgendes festgelegt:
Die Reaktionsenergien beziehen sich immer auf den Formelumsatz der Reaktionsgleichung.

Beispiel Bei der Knallgasreaktion beträgt die Reaktionsenergie 576 kJ pro Formelumsatz, d. h., wenn 2 mol Wasserstoff und 1 mol Sauerstoff zu 2 mol Wasser reagieren, werden 576 kJ Wärme frei.

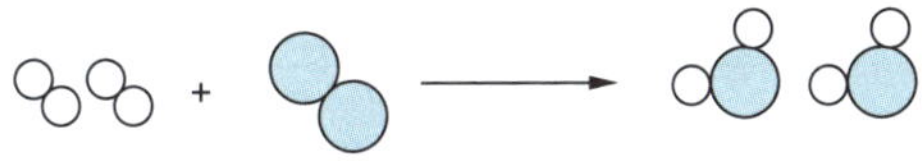

$$2\,H_2 + O_2 \longrightarrow 2\,H_2O$$

Beispiel Bei einem missglückten Raketenstart verbrennen 200 kg Wasserstoff. Berechne die frei werdende Energie.
Berechnung der Stoffmenge von Wasserstoff:

$$n(H_2) = \frac{m(H_2)}{M(H_2)}$$
$$n(H_2) = \frac{200000\,g}{2\,\frac{g}{mol}}$$
$$n(H_2) = 100000\,mol$$

Frei werdende Energie: Pro 2 mol Wasserstoff werden 576 kJ frei.

$$E = n(H_2) \cdot \frac{1}{2} \cdot 576\,\frac{kJ}{mol}$$
$$E = 28800000\,kJ$$

Wenn 200 kg Wasserstoff verbrennen, werden 28,8 GJ Wärme frei.

Die Reaktionsenergie bestimmt man im **Bombenkalorimeter**. Man gibt den Wert der Reaktionsenergie pro Formelumsatz der Reaktionsgleichung an.

Vergleich fossiler Energieträger

Die Verwendung fossiler Energieträger wie Erdöl, Erdgas und Kohle wird seit vielen Jahren intensiv diskutiert. Einerseits bieten sie unbestreitbar enorme Vorteile: Sie sind leicht verfügbar, einfach zu lagern und zu transportieren und haben eine sehr hohe Energiedichte. Andererseits gibt es zwei entscheidende Nachteile: Zum einen sind die Kohlenwasserstoffe zu wertvoll, um sie zu verbrennen. Man kann aus ihnen viele Werkstoffe, Farbstoffe, Arzneistoffe usw.

herstellen. Zum anderen steigt durch die Verbrennung der fossilen Energieträger die Konzentration an Kohlenstoffdioxid in der Erdatmosphäre, was zu deren Aufheizung und zum Klimawandel führt (siehe S. 45).
Noch kann man die fossilen Energieträger nicht komplett ersetzen, aber es gibt Unterschiede in der Umweltschädlichkeit. Man muss die freigesetzte Energie mit dem erzeugten Kohlenstoffdioxid in ein Verhältnis bringen.

Vergleich der Reaktionsenergie bei der Verbrennung von Erdgas mit der von Propan

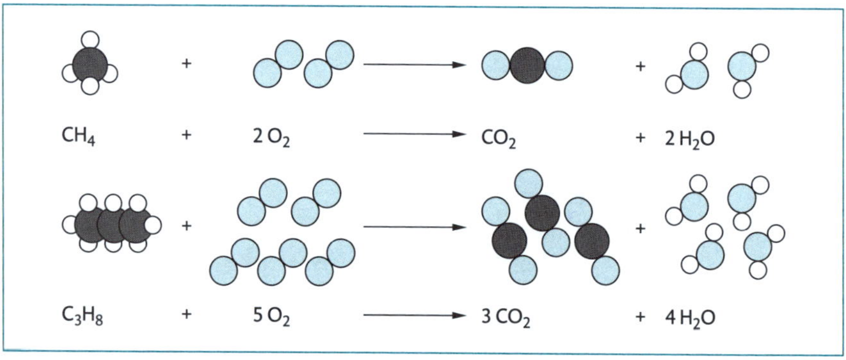

Abb. 40: Teilchenschemata für die Verbrennung von Methan und Propan

	Reaktionsenergie in kJ pro mol Brennstoff	Reaktionsenergie in MJ pro kg Brennstoff
Methan	890	55
Propan	2 045	46

Tab. 9: Reaktionsenergien der Verbrennung von Methan und Propan

Welches ist jetzt der „bessere" Brennstoff? Stoffmengenbezogen, also pro mol Brennstoff, erscheint Propan als der deutlich bessere Brennstoff. Pro mol Propan wird über doppelt so viel Energie abgegeben wie pro mol Methan (2 045 kJ gegenüber 890 kJ). Stützt man sich beim Vergleich aber auf die Massen, also Energie pro kg Brennstoff, dann ist Methan der bessere Brennstoff (55 MJ gegenüber 46 MJ).

Erklärung bezogen auf die **Stoffmenge**
Pro Molekül Methan werden bei der Verbrennung deutlich weniger Bindungen gespalten und neu gebildet als pro Molekül Propan. In 1 L Methan sind gleich viele Moleküle wie in 1 L Propan (Satz von AVOGADRO). Das bedeutet: Wenn man 1 L Methan verbrennt, wird deutlich weniger Energie frei als bei 1 L Propan. So gesehen wäre Propan der bessere Brennstoff.

Erklärung bezogen auf die **Masse**
In 1 kg Methan sind deutlich mehr Moleküle vorhanden als in 1 kg Propan. Deshalb ist bezogen auf die Masse, die verbrannt wird, Methan der bessere Brennstoff.

Vergleich der freigesetzten Menge Kohlenstoffdioxid bei der Verbrennung von Erdgas mit der von Propan

Stoffmenge Brennstoff	Stoffmenge erzeugtes CO_2	Freigesetzte Energie pro mol Brennstoff	Freigesetzte Energie pro mol erzeugtes Kohlenstoffdioxid
Methan $n(CH_4) = 1$ mol	$n(CO_2) = 1$ mol	890 kJ	$\frac{890\,kJ}{1} = 890\,kJ$
Propan $n(C_3H_8) = 1$ mol	$n(CO_2) = 3$ mol	2045 kJ	$\frac{2045\,kJ}{3} = 682\,kJ$

Tab. 10: Energie und Kohlenstoffdioxidfreisetzung

Pro mol Kohlenstoffdioxid, das erzeugt wird, wird bei der Verbrennung von Methan mehr Energie freigesetzt als bei der Verbrennung von Propan. Folglich ist Methan und nicht Propan der für das Klima bessere Brennstoff.

Bei der Bewertung der **fossilen Energieträger** muss man die Energiefreisetzung und die Erzeugung von Kohlenstoffdioxid berücksichtigen.

Zusammenfassung

- Atome können in einem Massenspektrometer „gewogen" werden. Die atomare Masseneinheit wird in der Einheit 1 u angegeben: $1\,u = 1{,}661 \cdot 10^{-24}\,g$.
- Mithilfe der **Umrechnungsgrößen** (molare Masse M, molares Standardvolumen V_m, Avogadrokonstante N_A, Dichte ρ) können die **Gehaltsgrößen** (Masse m, Volumen m Stoffmenge n und Teilchenzahl N) ineinander umgerechnet werden.
- Stoffumsätze kann man mithilfe der Reaktionsgleichung berechnen.
- Bei chemischen Reaktionen werden Bindungen gespalten (Energie wird benötigt) und neue Bindungen gebildet (Energie wird frei). Den Energieumsatz nennt man **Reaktionsenergie** ΔE_i.
- Bei der **Bewertung der fossilen Energieträger** muss man die Energiefreisetzung und die Erzeugung von Kohlenstoffdioxid berücksichtigen.

Aufgaben

63 Viele quantitative Berechnungen mit Reaktionsgleichungen kann man nur durchführen, wenn man die Formeln und Einheiten für die molare Masse, das molare Volumen sowie die Teilchenzahl kennt.

a Stelle die Formeln dieser drei Größen auf und gib die Einheiten an.

b Löse die Gleichungen nach der Stoffmenge auf (Umstellen!).

64 Fülle die Lücken in der Tabelle. Die Werte für die relativen Atommassen findest du im Periodensystem.

Stoff X	$M(X)\ \frac{g}{mol}$	$m(X)$ g	$n(X)$ mol	$N(X)$
Mg		48,6		
CH_4			0,125	
HCl				$1{,}20 \cdot 10^{23}$
CO_2				$3{,}01 \cdot 10^{22}$
C_4H_{10}		116		

65 Am Boden der Ozeane gibt es gewaltige Mengen Methanhydrat. Das ist ein Feststoff, in dem Methan-Moleküle von Wasser-Molekülen umgeben sind. Das Verhältnis von Methan-Molekülen zu Wasser-Molekülen ist 1 zu 5,75. Ein Forschungsschiff hat einen Brocken Methanhydrat an die Oberfläche gebracht. Aus diesem Brocken entweicht insgesamt bei Raumtemperatur (25 °C) ein Methanvolumen von $V(CH_4) = 244$ L.

a Berechne die Stoffmenge des Methans und die Stoffmenge des im Methanhydrat-Brocken gebundenen Wassers.

b Berechne die Gesamtmasse des Methanhydrat-Brockens.

66 Drei Schülerinnen betrachten die beiden Stoffportionen Eisen und Schwefel.

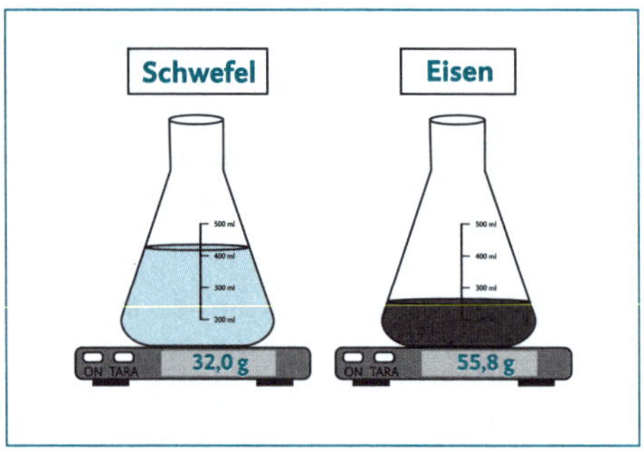

Schülerin 1 sagt: „Es ist mehr Schwefel als Eisen, das sieht man doch an der Füllhöhe der Erlenmeyerkolben."
Schülerin 2 sagt: „Nein, es ist mehr Eisen, denn es hat eine größere Masse."
Schülerin 3 behauptet: „Ihr habt beide unrecht, denn es ist genauso viel Schwefel wie Eisen." Im Prinzip hat jede der drei Schülerinnen auf ihre Weise recht. Begründe dies für jede Schülerin.

67 Kreuze die richtigen Aussagen an.

- ☐ Die molare Masse ist der Quotient aus der Masse und der dazugehörigen Stoffmenge.
- ☐ Die molare Molekülmasse von Sauerstoff ist $M = 16\,\frac{\text{g}}{\text{mol}}$.
- ☐ Ein Liter Helium enthält gleich viele Teilchen wie ein Liter Stickstoff.
- ☐ Die Avogadrokonstante N_A hat keine Einheit.
- ☐ Die Stoffportion Eisen mit der Stoffmenge $n(\text{Fe}) = 2$ mol enthält genauso viele Teilchen wie die Stoffportion Octan mit $n(C_8H_{18}) = 8$ mol.
- ☐ Die Stoffportion Eisen mit der Stoffmenge $n(\text{Fe}) = 2$ mol enthält genauso viele Teilchen wie die Stoffportion Methan mit $V(CH_4) = 24{,}4$ Liter bei Raumtemperatur.

68 Betrachte die mit verschiedenen Gasen gefüllten Luftballons.

a Berechne die Stoffmengen der Gase in den Ballons bei Standardbedingungen und trage die Werte die Kästen ein.

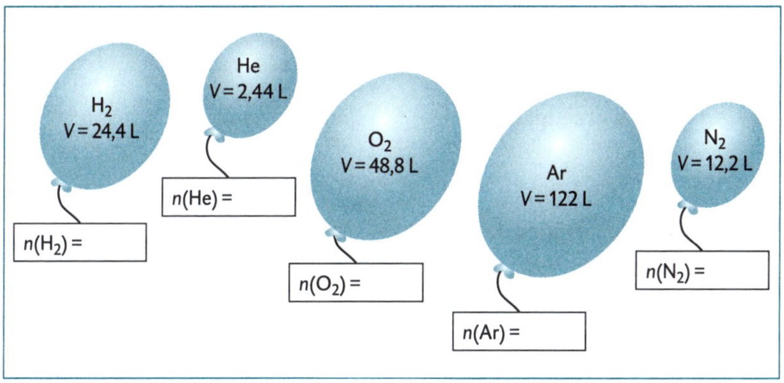

b Welche Masse hat die Gasfüllung der Ballons? Berechne die Werte.

$m(H_2)$	$m(\text{He})$	$m(O_2)$	$m(\text{Ar})$	$m(N_2)$

69 Ergänze die fehlenden Angaben. Es gelten Standardbedingungen.

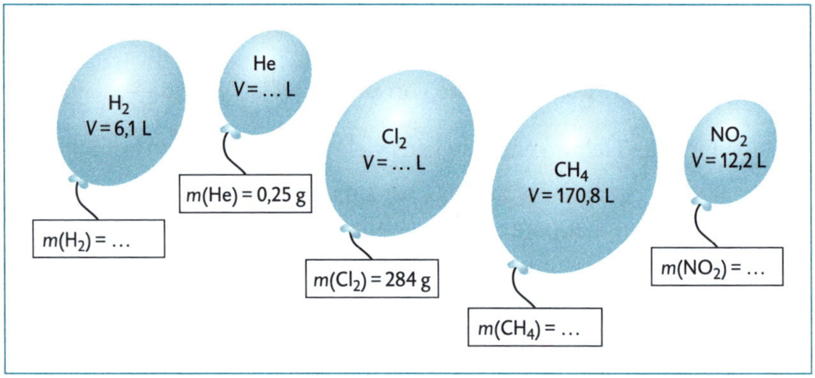

70 Diiodpentoxid zersetzt sich beim Erhitzen in einer endothermen Reaktion zu Iod und Sauerstoff. Berechne die Masse an Diiodpentoxid, die zersetzt werden muss, um 2 Liter Sauerstoff (Standardbedingungen) zu erzeugen.

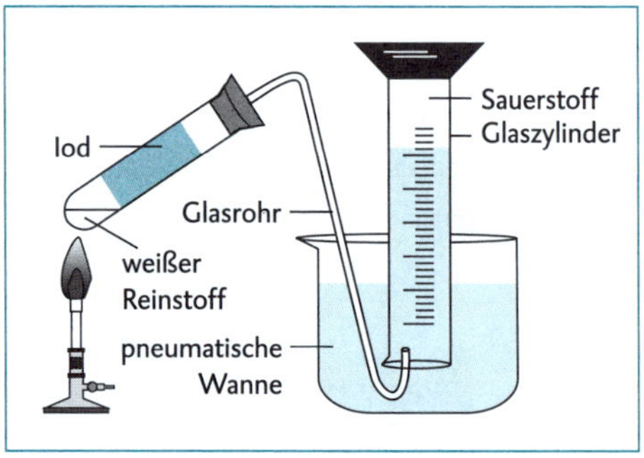

71 Ammoniak ist einer der grundlegenden Stoffe, die weltweit nach dem gleichen Verfahren hergestellt werden. Ammoniak wird industriell im HABER-BOSCH-Verfahren produziert. Ein wichtiger Teilschritt des Verfahrens ist die Reaktion zwischen Wasserstoff und Stickstoff.

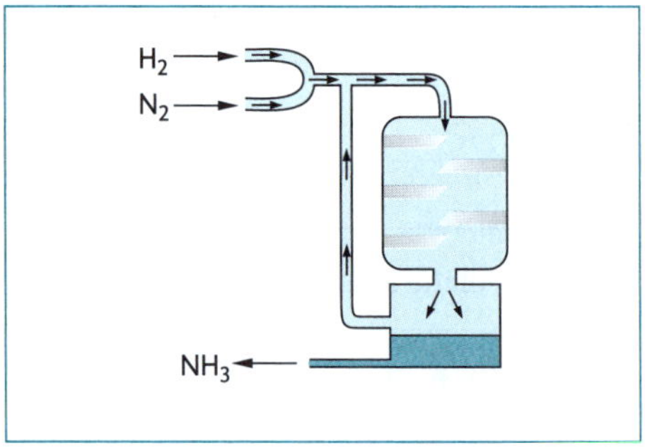

Stelle die Reaktionsgleichung auf und bewerte die Korrektheit folgender Aussagen (es gelten Standardbedingungen).

		richtig	falsch
a	3 g Wasserstoff reagieren mit 1 mol Stickstoff.	☐	☐
b	Aus 120 L Wasserstoff entstehen 80 L Ammoniak.	☐	☐
c	Aus 120 L Wasserstoff entstehen 60 L Ammoniak.	☐	☐

		richtig	falsch
d	6 g Wasserstoff reagieren mit 28 g Stickstoff.	☐	☐
e	Aus 36,6 L Wasserstoff entstehen 17 g Ammoniak.	☐	☐
f	Aus 36,6 L Wasserstoff entstehen 24,4 L Ammoniak.	☐	☐
g	Aus 36,6 L Wasserstoff entstehen 2 mol Ammoniak.	☐	☐
h	3 mol Wasserstoff reagieren mit 2 mol Stickstoff.	☐	☐
i	3 mol Wasserstoff reagieren mit 1 mol Stickstoff.	☐	☐

72 Aylin und Fernando führen in der Profilstunde gemeinsam Experimente durch. Fernando hat zu einer Wasserstoffperoxid-Lösung Braunstein gegeben. Es entsteht Sauerstoff, den Fernando in einem Reagenzglas auffängt. Jetzt überlegt er laut Folgendes:
„Entweicht der Sauerstoff, wenn ich das Reagenzglas mit der Öffnung nach oben oder nach unten halte?" Aylin sagt: „Rechne doch schnell die Dichte aus. Ist sie größer als die von Luft, dann bleibt der Sauerstoff im Reagenzglas mit der Öffnung nach oben!" Fernando antwortet: „Wie soll ich die Dichte denn ausrechnen, dafür brauche ich doch die Masse zu einem bestimmten Volumen!" „Ja und?", antwortet Aylin, „Denk doch mal an den Satz von AVOGADRO." Mit dieser Hilfe rechnet Fernando tatsächlich die Dichte von Sauerstoff aus.

- a Formuliere den Satz von AVOGADRO.
- b Beschreibe, wie Fernando vorgegangen ist, und berechne die Dichte von Sauerstoff.
- c Berechne die Dichte von Luft.

73 Betrachte folgende Aussagenpaare. Entscheide, welche von beiden korrekt ist, und kreuze dementsprechend an.

		richtig	falsch
a_1	Die Masse von 2 mol Helium ist genauso groß wie die Masse von 4 mol Wasserstoff.	☐	☐
a_2	Die Masse von 2 mol Helium ist genauso groß wie die Masse von 2 mol Wasserstoff.	☐	☐
b_1	Die Stoffmenge Helium $n = 2$ mol hat dasselbe Volumen wie die Stoffmenge Wasserstoff $n = 4$ mol.	☐	☐
b_2	Die Stoffmenge Helium $n = 2$ mol hat dasselbe Volumen wie die Stoffmenge Wasserstoff $n = 2$ mol.	☐	☐
c_1	Eine Stoffportion Helium mit $n = 2$ mol nimmt bei Standardbedingungen ein Volumen von 24,4 L ein.	☐	☐
c_2	Eine Stoffportion Helium mit $n = 2$ mol nimmt bei Standardbedingungen ein Volumen von 48,8 L ein.	☐	☐

74 Mit einem Massenspektrometer kann man die Masse von Atomen und Molekülen bestimmen. Die Abbildung zeigt modellhaft, wie ein Massenspektrometer funktioniert. Erläutere dieses Funktionsmodell und vergleiche es mit der Funktionsweise eines Massenspektrometers.

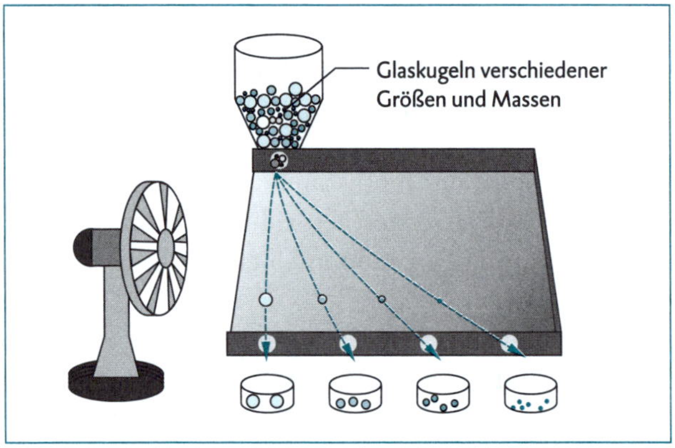

75 Vor dem 2. Weltkrieg konnte man noch nicht mit großen Passagierflugzeugen über große Entfernungen zwischen den Kontinenten hin- und herfliegen. Entweder man fuhr mit einem Passagierschiff oder mit einem Luftschiff. Eines der größten Luftschiffe war der Zeppelin „Hindenburg“, mit ihm konnten insgesamt 97 Menschen reisen.

Ein Unglück beendete diese Art zu reisen, denn am 6. Mai 1937 geschah das bis dahin größte Unglück in der Geschichte der Luftfahrt: Die „Hindenburg“ explodierte beim Landen in Lakehurst bei New York. Weil es zu dieser Zeit in Deutschland zu wenig vom Edelgas Helium gab, hatte man die Hindenburg mit Wasserstoff gefüllt. Insgesamt enthielt die Hindenburg ein Wasserstoff-Volumen von 190 000 m^3.

- a Berechne die Masse an Wasserstoff, die dieses Luftschiff enthielt.
- b Berechne die Masse an Helium, die anstelle des Wasserstoffs im Zeppelin hätte sein können.
- c Bei der Knallgas-Reaktion beträgt die Reaktionsenergie $\Delta E_i = -572 \frac{kJ}{mol}$.

  Stelle die Reaktionsgleichung auf und berechne die Energie, die bei dem Unglück von Lakehurst durch die Verbrennung von 190 000 m^3 Wasserstoff freigesetzt wurde.

76 In einer Erdgasheizung verbrennt Erdgas – fast 100 % Methan $CH_4(g)$ – zu Kohlenstoffdioxid und Wasser:

$$CH_4(g) + 2\,O_2(g) \longrightarrow CO_2(g) + 2\,H_2O(g) \qquad \Delta E_i = -800 \frac{kJ}{mol}$$

Folgende Aussagen beziehen sich auf diese Verbrennungsreaktion.
Betrachte die Aussagen. Entscheide, ob sie richtig (r) oder falsch (f) sind. Kreuze an und korrigiere die falschen Aussagen sinnhaft.

		richtig	falsch
a	Die Reaktion von Methan mit Sauerstoff zu Wasser und Kohlenstoffdioxid ist eine endotherme Reaktion.	☐	☐
b	Für jedes Molekül Methan werden zwei Moleküle Sauerstoff benötigt.	☐	☐
c	16 g Methan verbrennen. Es werden 800 kJ Energie frei.	☐	☐
d	Es verbrennt dieses Volumen Methan: $V(CH_4) = 97{,}6$ L (bei 25 °C). Insgesamt wird eine Energie von 2 400 kJ abgegeben.	☐	☐
e	Pro mol Kohlenstoffdioxid, die erzeugt werden, müssen 800 kJ Energie aufgewendet werden.	☐	☐
f	Um 36 g Wasser zu erzeugen, muss die Stoffmenge Methan $n(CH_4) = 2$ mol reagieren.	☐	☐
g	Bei dieser Reaktion gilt: $n(O_2) = 2n(CH_4)$	☐	☐

77 Im Jahre 2019 wurden in Deutschland mehr als 1,3 Millionen SUVs (Sport Utility Vehicles) neu zugelassen. Das sind Pseudo-Geländewagen mit einer Masse von deutlich über 2 Tonnen Gewicht. Ein SUV eines deutschen Herstellers verbraucht bei Höchstgeschwindigkeit auf der Autobahn 61 Liter Treibstoff auf 100 km. Berechne die Masse an Kohlenstoffdioxid, die dieses Auto bei Höchstgeschwindigkeit pro km produziert.
Folgende Angaben stehen dir zur Verfügung, nicht alle davon sind nützlich.

Dichte Treibstoff	$\rho = 0{,}8\ \frac{kg}{L}$
Summenformel Treibstoff	$C_{11}H_{24}$
Siedetemperatur Treibstoff	150 °C – 200 °C
Dichte CO_2	$\rho = 1{,}97\ \frac{g}{L}$

78 Moderne Niedrigenergiehäuser heizen mit Solarenergie, aber viele deutsche Haushalte sind mit Heizungen ausgestattet, die mit fossilen Energieträgern wie Erdöl, Erdgas oder Kohle heizen. Alle produzieren Kohlenstoffdioxid, doch es gibt Unterschiede im Kohlenstoffdioxidausstoß.
Berechne die Stoffmenge CO_2, die aus einem Kilogramm Brennstoff beim Heizen entsteht, und trage den Wert in die Tabelle ein.

Vergleiche diese drei Brennstoffe bezüglich der CO_2-Emission im Verhältnis zum Heizwert und bewerte die Brennstoffe in dieser Hinsicht.

Brennstoff	Heizwert $\left[\frac{MJ}{kg}\right]$ (Energiedichte)	Stoffmenge CO_2 pro kg Brennstoff [mol]
Heizöl (z. B. $C_{12}H_{26}$)	42	
Erdgas (z. B. CH_2)	50	
Kohle (Koks, reiner Kohlenstoff)	29	

79 In einem Experiment werden je 10 mL Methan und 10 mL Butan so verbrannt, dass mit der Verbrennungswärme Wasser erhitzt wurde (Abbildung links). Die Temperatur wurde kontinuierlich gemessen und ist als Diagramm dargestellt (Abbildung rechts).

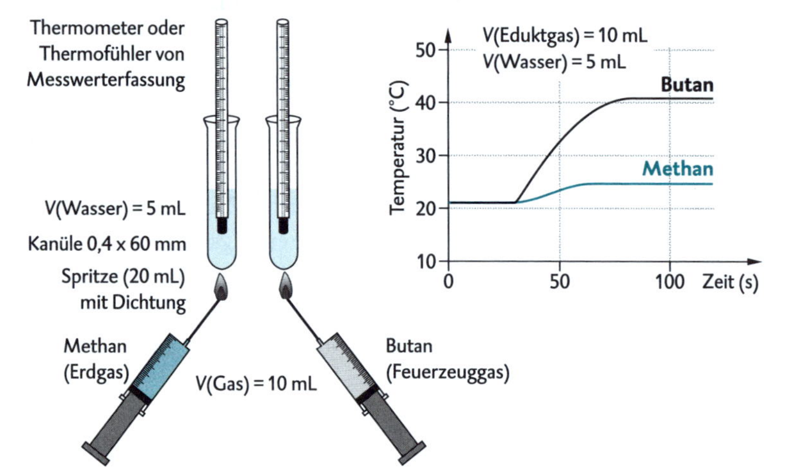

a Beschreibe das Diagramm.

b In einer Heizwert-Tabelle im Internet findest du folgende Werte für Butan und Methan.

Gasförmiger Brennstoff	Heizwert $\left[\frac{MJ}{kg}\right]$
Methan	50,013
Butan	45,715

Diese Werte scheinen aber gar nicht zu dem Versuchsergebnis zu passen. Laut Beobachtung in Aufgabe a wird bei der Verbrennung von 10 mL Butan deutlich mehr Energie freigesetzt als bei 10 mL Methan. Erläutere dies.

Metalle und Salze

Magic Christmas Tree: Stellt man einen Papierweihnachtsbaum in eine Lösung aus verschiedenen speziellen Salzen, so wachsen innerhalb von zwei Stunden an den „Ästen" des Baumes viele kleine Kristallnadeln.

1 Metalle

Die Stoffe, die uns bekannt sind, die in der Natur vorkommen und bzw. oder im Labor hergestellt werden können, besitzen unterschiedliche physikalisch-chemische Eigenschaften. Sind diese bei Stoffen ähnlich, so kann man annehmen, dass sie aus ähnlichen Teilchen aufgebaut sind.

Viele Elemente und Verbindungen kann man **drei großen Stoffgruppen** zuordnen, den **molekularen Stoffen**, **Salzen** und den **Metallen**.

Molekulare Stoffe bestehen aus Molekülen, die aus Nichtmetall-Atomen aufgebaut sind, z. B. besteht der Stoff Wasser aus Wasser-Molekülen. Salze sind nicht aus Atomen aufgebaut, sondern aus elektrisch geladenen Teilchen, den Ionen. **Metalle** bestehen aus Metall-Atomen, z. B. ist der Stoff Eisen aus Eisen-Atomen aufgebaut, die durch die Metallbindung zusammengehalten werden. Ungefähr 80 % aller bekannten Elemente sind Metalle. Gut bekannt sind z. B. Eisen, Kupfer, Silber und Gold als Werkstoffe oder Edelmetalle, weniger bekannt sind z. B. Tantal, Neodym oder Gallium, obwohl kein Smartphone ohne sie funktionieren würde. Alle Metalle haben bestimmte Eigenschaften gemeinsam: Sie leiten Strom und Wärme und lassen sich verformen.

1.1 Modell vom Metallbau auf Teilchenebene

Metallgitter

Die Ursache dieser typischen Metalleigenschaften liegt im Aufbau der Metalle auf Teilchenebene. Die Metall-Atome sind dicht an dicht angeordnet, man nennt das auch eine **dichteste Kugelpackung**. Die Metall-Atome sind sehr regelmäßig angeordnet, man nennt so eine Anordnung von Teilchen ein Gitter. Der korrekte Ausdruck wäre eigentlich Metall-Atom-Gitter, denn es sind ja die Metall-Atome, die so regelmäßig angeordnet sind. Allgemein üblich ist aber der Ausdruck Metallgitter.

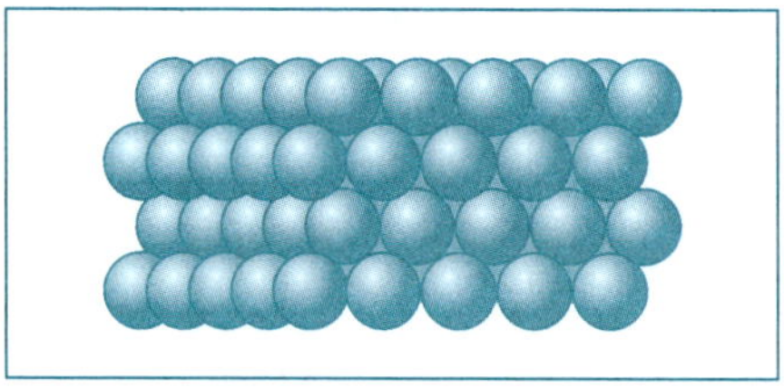

Abb. 41: Eine typische dichteste Kugelpackung eines Metalls

Metall-Atome sind regelmäßig angeordnet. Diese Anordnung nennt man **Metallgitter**.

Das Elektronengas-Modell

Im Metallgitter liegen die Metall-Atome dicht an dicht. Das Atom-Modell von DALTON beschreibt ja Atome als feste Kugeln. Es erklärt aber nicht die Stabilität und gleichzeitige Verformbarkeit von Metallen.
Nach dem Kern-Hülle-Modell von RUTHERFORD bestehen Atome aus einem positiv geladenen Kern und einer negativ geladenen Hülle, in welcher sich kleine, nahezu masselose, negativ geladene Elementarteilchen, die Elektronen, befinden (im Detail ab S. 134 ff.).
Dieses Modell ermöglicht es uns, den Aufbau der Metalle mit dem Elektronengas-Modell zu beschreiben. Bei diesem Modell sind manche Elektronen der Atomhülle nicht einem bestimmten Metall-Atom zugeordnet, sondern sie sind relativ frei beweglich. Den Rest vom Atom nennt man **Atomrumpf**. Zwischen den Atomrümpfen bewegen sich nun die Elektronen, sodass man sie in ihrer Gesamtheit als **Elektronengas** bezeichnet.

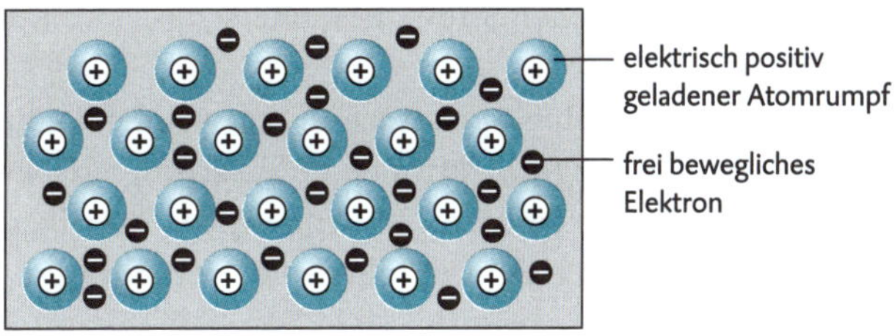

Abb. 42: Darstellung des Elektronengas-Modells

Zwischen den positiv geladenen Atomrümpfen und dem negativ geladenen Elektronengas gibt es anziehende Wechselwirkungen. Aus diesem Grund sind Metalle so stabil. Man spricht von der **Metallbindung**.

Das **Elektronengas-Modell** beschreibt den Aufbau des Metallgitters aus **Atomrümpfen** und den frei beweglichen Elektronen **(„Elektronengas")**.

1.2 Eigenschaften der Metalle

Manche Eigenschaften von Metallen (z. B. Dichte, Schmelztemperatur) unterscheiden sich je nach Metall.

Beispiel Manche Metalle sind bei Raumtemperatur flüssig wie Quecksilber, andere haben sehr hohe Schmelztemperaturen. Da Wolfram eine Schmelztemperatur von 3 422 °C hat, werden Wolframdrähte in Glühlampen eingesetzt.

Andere Eigenschaften sind ganz typisch für alle Metalle.

Alle Metalle haben folgende typische Eigenschaften, die sich mit dem Elektronengas-Modell erklären lassen. Sie

- **glänzen**,
- **leiten den elektrischen Strom**,
- **leiten Wärme**,
- lassen sich **verformen, ohne zu zerbrechen** (Duktilität).

Metallischer Glanz

Wenn Metalle saubere und glatte Oberflächen haben, glänzen sie. Das bekannteste Beispiel ist der Spiegel: In jedem Spiegel steckt eine dünne Metallschicht, die das Licht reflektiert. Dieser metallische Glanz entsteht durch eine Wechselwirkung von Licht und den frei beweglichen Elektronen im Elektronengas.

Elektrische Leitfähigkeit

Alle Metalle leiten den elektrischen Strom, besonders gut leiten Kupfer, Silber, Gold und Aluminium.
Legt man an ein Metallstück eine Spannung an, so wandern vom Minuspol Elektronen in das Metallgitter. Die Elektronen im Elektronengas werden Richtung Pluspol verschoben, dort verlassen Elektronen das Metallgitter. Bei der Stromleitung im Metall werden also nur **Elektronen verschoben**.

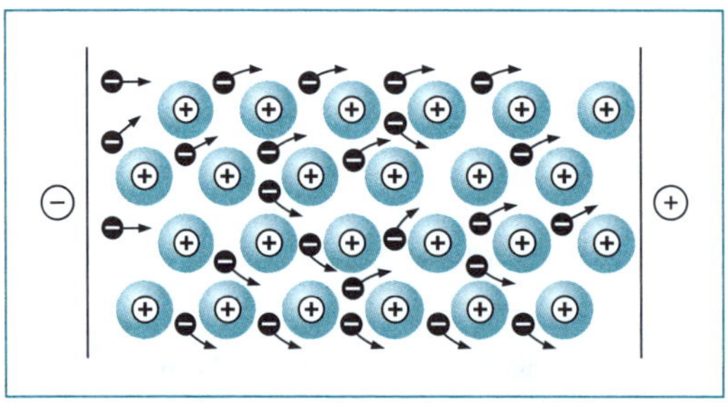

Abb. 43: Beim Stromfluss werden Elektronen nur verschoben.

Wärmeleitfähigkeit

Geräte (z. B. Kochtöpfe und Pfannen), die Wärme sehr gut leiten sollen, werden fast immer aus Metallen gebaut. Aufgrund der guten Wärmeleitfähigkeit kann die Wärme des Kochfeldes durch den Topf- oder Pfannenboden zum Essen im Topf oder in der Pfanne gelangen. Heizkörper sind auch aus Metall, damit die Wärme des heißen Wassers schnell an die Raumluft abgegeben werden kann.

Je höher die Temperatur, desto größer ist die Teilchenbewegung. Im Metallgitter „zittern" die Atome. Dieses „Zittern" nennt man in der Fachsprache Schwingen. Je höher die Temperatur steigt, desto stärker „zittern" die Metall-Atome. Diese Energie kann durch das Elektronengas sehr schnell weitergegeben werden. Wird die Schmelztemperatur erreicht, „zittern" die Metall-Atome so stark, dass das Metallgitter zerstört wird.

Duktilität

Metalle lassen sich **verformen**, ohne dass sie ihre typischen Metalleigenschaften verlieren, wie man an den Beispielen Eisendraht, Kupferkabel und Aluminiumfolie sieht. Diese weitere Metalleigenschaft nennt man Duktilität.

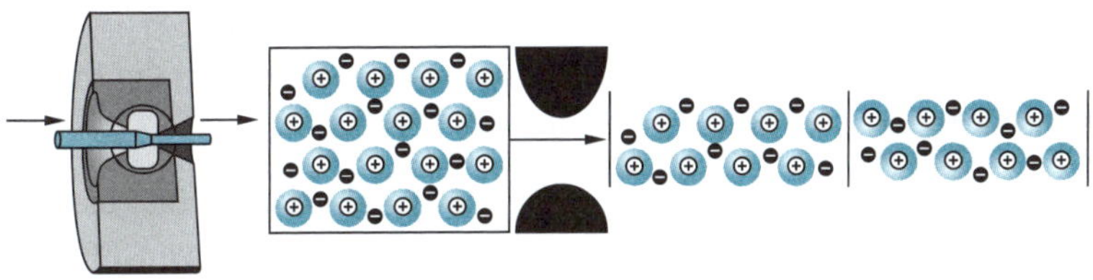

Abb. 44: Ein dicker Draht wird dünner gezogen.

Durch die Krafteinwirkung werden die Atomrümpfe im Metallgitter verschoben. Da die Elektronen im Elektronengas leicht beweglich sind, sind die verschobenen positiv geladenen Atomrümpfe immer vom Elektronengas umgeben und sie stoßen sich nicht gegenseitig ab.

Zusammenfassung

- Metall-Atome sind als dichteste Kugelpackung angeordnet und bilden ein **Metallgitter** aus positiv geladenen Atomrümpfen, die von beweglichen Elektronen als „**Elektronengas**" umgeben sind.
- Die anziehenden Wechselwirkungen zwischen Atomrümpfen und Elektronengas nennt man **Metallbindung**.
- Typische Eigenschaften sind der metallische Glanz, die Verformbarkeit (Duktilität) sowie gute Wärme- und elektrische Leitfähigkeit.

Aufgaben

80 Kochtöpfe werden durch das Tiefziehverfahren hergestellt. Eine Metallplatte wird durch einen Stempel mechanisch verformt, sodass die gewünschte Form entsteht. Erläutere diesen Vorgang auf der Teilchenebene.

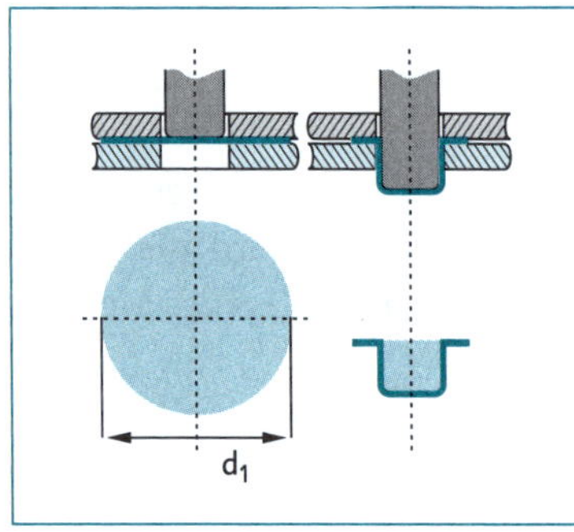

81 Es gibt zwar Kochtöpfe aus Glas, doch die große Mehrzahl besteht aus Metall, meistens aus Eisen oder Edelstahl. Die Gründe dafür sind hauptsächlich zwei Eigenschaften. Nenne diese und begründe deine Antwort.

82 Elektrokabel bestehen häufig aus Kupferdrähten, die von einem Mantel aus Kunststoff umgeben sind. Begründe diesen Aufbau.

83 Zur Bearbeitung wird Eisen häufig bis zur Rotglut erhitzt und dann durch mechanische Kräfte verformt (Hufschmied, Herstellung von Blechen auf Walzstraßen …). Begründe dieses Verfahren.

84 Gute Kochtöpfe haben einen sogenannten Sandwichboden. Eine dicke Aluminiumschicht ist zwischen zwei Edelstahlplatten im Topfboden eingebaut. Betrachte die Tabelle und begründe, warum im Sandwichboden Aluminium verbaut wird und nicht Kupfer oder Silber.

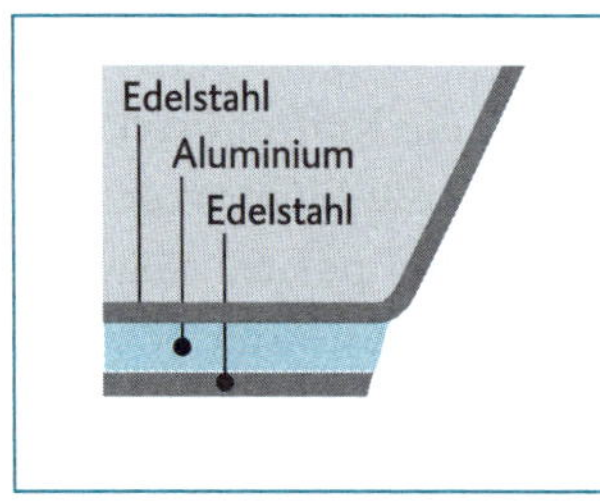

Metall	Eisen	Aluminium	Kupfer	Silber
Wärmeleitfähigkeit in $\frac{W}{(m \cdot K)}$	80	235	400	430
Dichte in $\frac{g}{cm^3}$	7,9	2,7	8,9	10,5
Preis pro 1 000 kg in € (2020)	ca. 260	ca. 1 300	ca. 4 800	ca. 16 000

85 Hochspannungsleitungen transportieren den elektrischen Strom über große Strecken, z. B. von einem Kraftwerk in eine Stadt. Während praktisch alle Stromleitungen im Haus und in Geräten aus Kupfer sind, bestehen die Hochspannungsleitungen aus Aluminiumdrähten, die um einen Eisendraht gewickelt sind. Eisen ist reißfester als Aluminium. Aber warum

nimmt man Aluminium statt Kupfer? Betrachte die Tabelle und formuliere eine Antwort (Beachte: Es ist nicht nur der Preis.)

Metall	Eisen	Aluminium	Kupfer
Elektr. Leitfähigkeit in $10^6 \frac{S}{m}$	10	37,7	58,1
Dichte in $\frac{g}{cm^3}$	7,9	2,7	8,9
Preis pro 1 000 kg in € (2020)	ca. 260	ca. 1 300	ca. 4 800

86 Welche Aussagen sind korrekt?

- **a** Ein Metallgitter ist aus Metall-Atomen aufgebaut.
- **b** Ein Metallgitter ist aus regelmäßig angeordneten Atomrümpfen und dem Elektronengas aufgebaut.
- **c** Im Metallgitter lassen sich die Teilchenschichten gegeneinander verschieben.
- **d** Im Metallgitter halten die Ionenbindungen die Teilchen zusammen.
- **e** Je höher die Temperatur, desto unordentlicher wird das Metallgitter.

☐ **c** und **d** sind richtig.
☐ **a**, **b** und **c** sind richtig.
☐ **a**, **b**, **c** und **d** sind richtig.
☐ **a**, **b**, **c** und **e** sind richtig.
☐ alle sind richtig.

87 Betrachte die beiden Versuchsanordnungen. An beide Kupferstreifen wird eine Spannung von 5 V angelegt. Bei Versuch A leuchten beide Glühlampen gleich hell. Was ändert sich bei Versuch B?

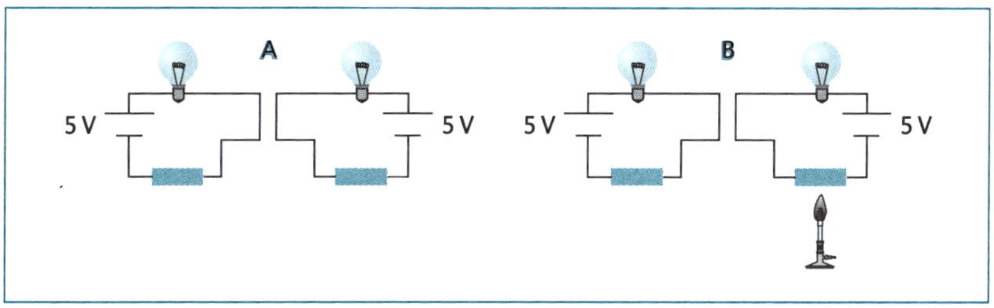

Stelle eine Hypothese für die Beobachtung bei Versuch B auf und begründe sie.

2 Salze und Ionen

2.1 Ionenbindung und Ionengitter

Salze sind aus elektrisch geladenen Teilchen, den Ionen, aufgebaut. Dabei besteht ein Salz immer aus positiv geladenen Ionen, den Kationen und negativ geladenen Ionen, den Anionen.

Beispiel Eines der bekanntesten Salze ist Kochsalz oder Speisesalz mit dem chemischen Namen Natriumchlorid. Es ist aus positiv geladenen Natrium-Ionen Na^+ und negativ geladenen Chlorid-Ionen Cl^- zusammengesetzt.

Zwischen den Kationen und Anionen wirken starke Anziehungskräfte. Die Kationen untereinander stoßen sich hingegen ab, genauso wie sich die Anionen untereinander abstoßen. Deshalb ordnen sich die Kationen und Anionen so an, dass immer Kationen von Anionen umgeben sind und umgekehrt. Das führt zu einer sehr regelmäßigen Anordnung, dem **Ionengitter**.

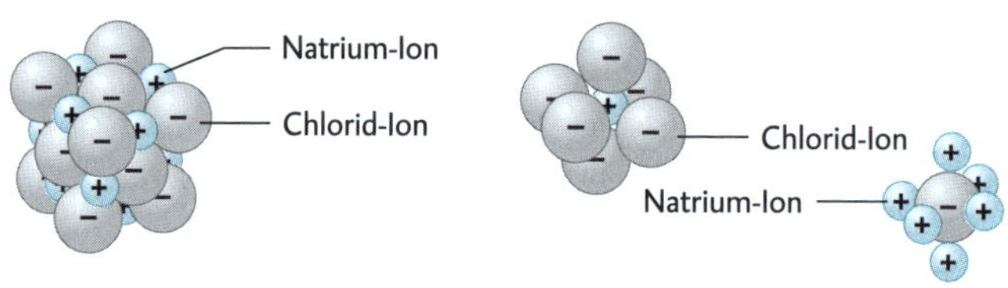

Abb. 45: Im Ionengitter von Natriumchlorid sind die Natrium-Ionen und die Chlorid-Ionen immer abwechselnd angeordnet.

Durch diese Anordnung im Ionengitter überwiegen die anziehenden Wechselwirkungen zwischen den Anionen und Kationen, man nennt die Summe dieser Anziehungen die **Ionenbindung**. Die Ionenbindung ist nicht gerichtet, sondern wirkt in alle Richtungen gleich stark. Aus diesem Grund sind Ionengitter auch immer dreidimensional. Auf der Stoffebene führt dieses regelmäßige Ionengitter dazu, dass Salze Kristalle bilden. Kristalle habe immer gerade Kanten und Flächen und jedes Salz bildet typische Kristalle.
Die Bildung von Salzen wird später (siehe S. 168 ff.) im Detail behandelt.

In einem Salzkristall sind die Kationen und Anionen regelmäßig angeordnet, sie bilden ein **Ionengitter**.
Im Ionengitter wirken starke Anziehungskräfte zwischen den Anionen und Kationen. Man spricht von der **Ionenbindung**.

2.2 Verhältnisformel und Molekülformel

Die Teilchen von molekularen Stoffen sind die Moleküle. Man kann für jedes Molekül eine konkrete Teilchenformel angeben, die Molekülformel. Sie beschreibt die exakte atomare Zusammensetzung des Moleküls.
Für Salze kann man nur eine sogenannte **Verhältnisformel** angeben. Der Grund ist das Ionengitter und die Ionenbindung – es gibt keine Salz-Teilchen, sondern nur eine große Menge von Kationen und Anionen in einem bestimmten Zahlenverhältnis.

Beispiel

Der Stoff Wasser besteht aus Wasser-Molekülen, die Molekülformel ist H_2O. Jedes Wasser-Molekül ist aus zwei Wasserstoff-Atomen und einem Sauerstoff-Atom zusammengesetzt.
Das Salz Natriumchlorid hat die Verhältnisformel NaCl. Es ist aus positiv geladenen Natrium-Ionen Na^+ und negativ geladenen Chlorid-Ionen Cl^- im Verhältnis $N(Na^+) : N(Cl^-) = 1 : 1$ zusammengesetzt.

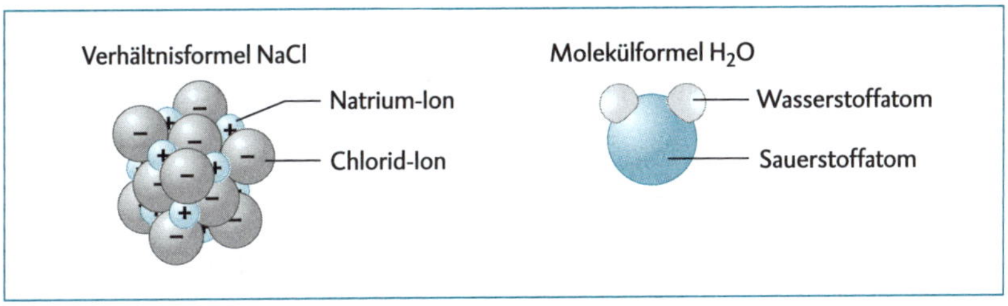

Abb. 46: Unterschied zwischen Verhältnisformel und Molekülformel

Die **Verhältnisformel** beschreibt das Zahlenverhältnis zwischen Kationen und Anionen im Ionengitter.

Wenn man die Ionenladung kennt, ist es einfach, die Verhältnisformel aufzustellen, denn die positiven und negativen Ladungen müssen sich ja ausgleichen.

Beispiel

Calcium-Ionen Ca^{2+} sind zweifach positiv geladen, Chlorid-Ionen Cl^- einfach negativ. Deshalb muss das Ionengitter doppelt so viele Chlorid-Ionen wie Calcium-Ionen enthalten: $N(Ca^{2+}) : N(Cl^-) = 1 : 2$.
Folglich lautet die Verhältnisformel von Calciumchlorid $CaCl_2$.

Die **Ladung der Ionen** kann man aus dem Periodensystem der Atome und Ionen entnehmen, wenn man sie nicht weiß.

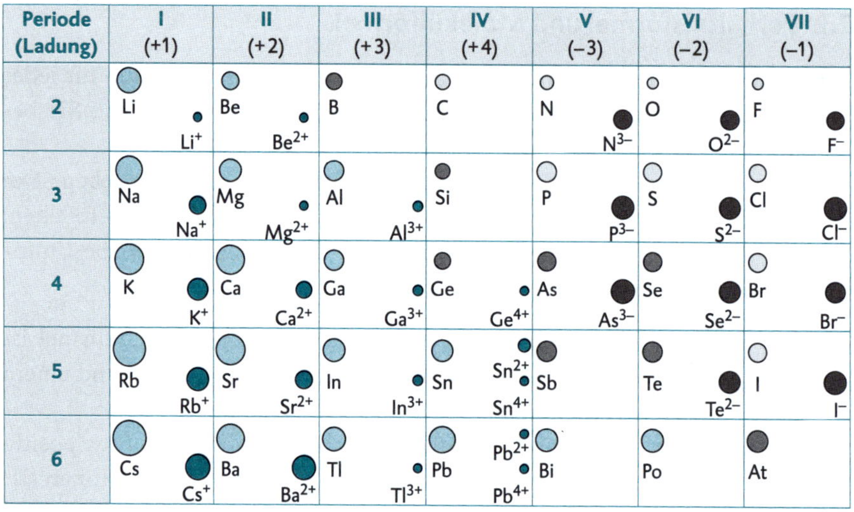

Abb. 47: Auszug aus dem Periodensystem der Atome und Ionen

Für die Ionen der Atomarten der Hauptgruppen I, II, III und V, VI, VII gibt es folgende Regeln (M steht für das Atomartsymbol eines Metalls, Nm für Nichtmetall):
Ionen der 1. Hauptgruppe: M^{+}
Ionen der 2. Hauptgruppe: M^{2+}
Ionen der 3. Hauptgruppe: M^{3+} (sofern es sich um Metalle handelt)

Ionen der 7. Hauptgruppe: Nm^{-}
Ionen der 6. Hauptgruppe: Nm^{2-}
Ionen der 5. Hauptgruppe: Nm^{3-} (sofern es sich um Nichtmetalle handelt)

Beispiel

Verhältnisformeln

Kation	Anion	Zahlenverhältnis Kation zu Anion	Verhältnisformel
K^{+}	O^{2-}	2:1	K_2O
Al^{3+}	S^{2-}	2:3	Al_2S_3
Mg^{2+}	Br^{-}	1:2	$MgBr_2$
Sr^{2+}	O^{2-}	1:1	SrO

Tab. 11: Beispiele für Verhältnisformeln

Die Verhältnisformel kann auch mit folgender Regel gefunden werden:
1. Ladungsverhältnis der Ionen aufstellen
2. Kehrwert bilden
3. Verhältnisformel aufstellen
4. kürzen, falls notwendig bzw. möglich

Beispiel

	Calciumoxid	Aluminiumoxid
	Ionen: Ca^{2+}; O^{2-}	Ionen: Al^{3+}; O^{2-}
1. Ladungsverhältnis:	2:2	3:2
2. Kehrwert:	2:2	2:3
3. Verhältnisformel:	Ca_2O_2	Al_2O_3
4. Kürzen	CaO	nicht nötig

2.3 Benennung von Salzen

Salze werden sehr strukturiert benannt, indem an den Namen des Kations ohne „-Ion" der Namen des Anions ohne „-Ion" angehängt wird.

Beispiel
Kochsalz ist ein Trivialname, es besteht aus Natrium-Ionen und Chlorid-Ionen, folglich heißt das Salz korrekt Natriumchlorid. Soda ist der alte Name für ein Salz, das aus Natrium-Ionen und Carbonat-Ionen besteht, folglich lautet der chemische Name Natriumcarbonat.

Diese Benennung gilt, wenn es nur eine Möglichkeit gibt, die Verhältnisformel aufzustellen. Dazu muss man aber die Namen der Ionen kennen. Bei Atom-Ionen reicht es, die Namen der Atomarten zu wissen. Die Kationen heißen wie die Metall-Atome, z. B. Ba^{2+} ist das Barium-Ion. Die Anionen benennt man nach dem Wortstamm des Elementsymbols und hängt die Endung -id an.

Nichtmetall	Atom-Anionen	
Chlor	Chlorid-Ion	Cl^-
Fluor	Fluorid-Ion	F^-
Iod	Iodid-Ion	I^-
Brom	Bromid-Ion	Br^-
Sauerstoff („Oxygenium")	Oxid-Ion	O^{2-}
Schwefel („Sulfur")	Sulfid-Ion	S^{2-}
Stickstoff („Nitrogenium")	Nitrid-Ion	N^{3-}

Tab. 12: Benennung von Atom-Anionen

Auch Moleküle können Ionen bilden. Wie dies genau funktioniert, ist hier noch nicht relevant. Molekül-Ionen haben Eigennamen, die man kennen muss:

Molekül-Ion	
Sulfat-Ion	SO_4^{2-}
Sulfit-Ion	SO_3^{2-}
Carbonat-Ion	CO_3^{2-}
Hydrogencarbonat -Ion	HCO_3^-
Nitrat-Ion	NO_3^-

Molekül-Ion	
Nitrit-Ion	NO_2^-
Phosphat-Ion	PO_4^{3-}
Ammonium-Ion	NH_4^+
Hydroxid-Ion	OH^-

Tab. 13: Benennung der Molekül-Ionen

Von manchen Elementen gib es mehrere, unterschiedliche Kationen.

Metall	Kationen	
Blei	Pb^{2+}	Pb^{4+}
Zinn	Sn^{2+}	Sn^{4+}
Eisen	Fe^{2+}	Fe^{3+}
Kupfer	Cu^+	Cu^{2+}
Chrom	Cr^{3+}	Cr^{6+}
Kobalt	Co^{3+}	Co^{4+}

Tab. 14: Beispiele für Metalle mit mehreren Kationen

Bei Salzen mit diesen Kationen ist die Benennung nur eindeutig, wenn die Ladung des Kations mit angegeben wird. Man notiert diese Ladung als römische Zahl in Klammern hinter den Namen.

Beispiel

Es gib zwei Bleioxide, PbO und PbO_2. Bleioxid ist nicht eindeutig, deshalb lauten die Namen Blei(II)-oxid für PbO und Blei(IV)-oxid für PbO_2.

Salznamen werden aus dem Namen des Kations (ohne „-Ion“) und dem Namen des Anions (ohne „-Ion“) gebildet.
Gibt es mehrere Kationen einer Atomart, dann muss im Salznamen die Ladung des Kations als römische Zahl in Klammern angegeben werden.

2.4 Eigenschaften von Salzen und Salzlösungen

Alle Salze haben typische Eigenschaften, sie

- sind spröde,
- sind bei Raumtemperatur fest, haben relative hohe Schmelztemperaturen,
- bilden Kristalle,
- leiten je nach Aggregatzustand den elektrischen Strom.

Diese Eigenschaften lassen sich mit mithilfe des Ionengitters erklären.

Sprödigkeit

Porzellan gehört zu den Salzen. Eine Porzellantasse zerspringt in viele Scherben, wenn sie auf einen harten Boden fällt, eine Blechtasse hingegen nicht. Im Gegensatz zu Metallen lassen sich Salze nicht verformen, sie **brechen**. Diese Stoffeigenschaft nennt man spröde. Bei dem Sturz der Tasse wirkt eine Kraft auf das Ionengitter, dabei werden ganze Schichten von Ionen verschoben. Dadurch liegen plötzlich Kationen neben Kationen und Anionen neben Anionen. Diese gleich geladenen Ionen stoßen sich ab und der Kristall bricht an dieser Stelle.

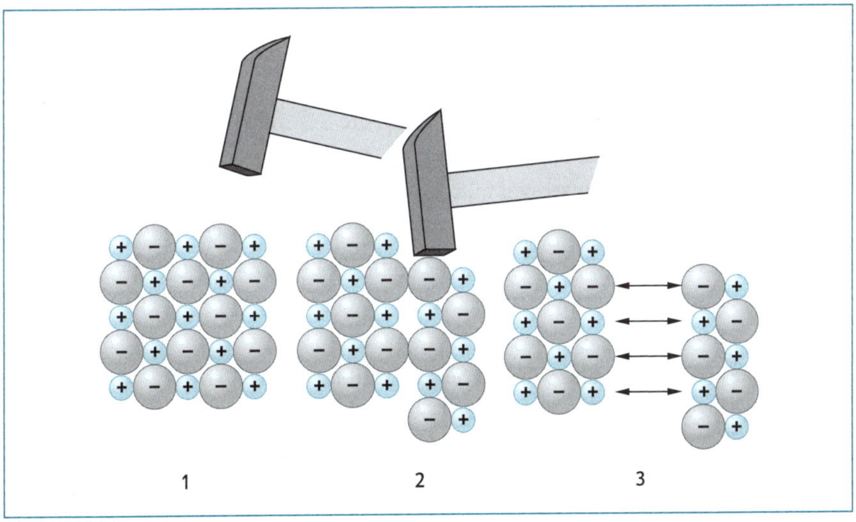

Abb. 48: Salze brechen bei Verformung, weil kurzzeitig gleich geladene Ionen nebeneinander liegen.

Hohe Schmelztemperaturen

Wenn ein Stoff schmilzt, vergrößern sich die Teilchenabstände und die Teilchen sind nicht mehr so geordnet wie bei geringerem Teilchenabstand. Bei molekularen Stoffen bleiben die Moleküle unverändert, egal ob der Stoff fest, flüssig oder gasförmig ist. Salze kennt man eigentlich nur als Feststoffe. Wenn Salze schmelzen, wird das Ionengitter zerstört, folglich muss die Ionenbindung auch gespalten werden. Dafür wird sehr viel Energie benötigt und deshalb haben Salze im Vergleich zu molekularen Stoffen hohe Schmelztemperaturen.

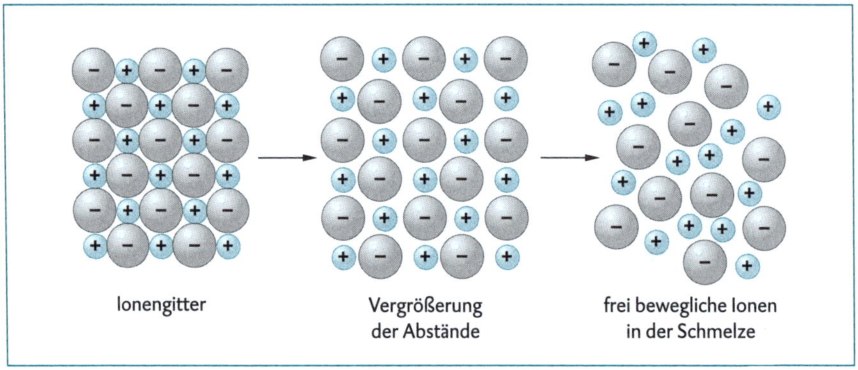

Abb. 49: Beim Schmelzen werden die Ionenbindungen gelöst und das Ionengitter zerstört.

Je stärker die Ionenbindung, desto höher ist die Schmelztemperatur. Zwischen kleinen Ionen und Ionen mit einer großen Ionenladung wirken die stärksten Anziehungskräfte (als Faustregel gilt: je weiter oben ein Element im PSE steht, desto kleiner sind dessen Ionen; mehr dazu ab S. 158 ff.). Deshalb haben Salze wie Aluminiumoxid Al_2O_3 oder Magnesiumoxid MgO sehr hohe Schmelztemperaturen.

Salze haben in der Regel **hohe Schmelztemperaturen.**
Salze aus kleinen Ionen und/oder mehrfach geladenen Ionen haben die höchsten Schmelztemperaturen.

Kristallbildung aus Salzlösungen

In einer Salzlösung sind die Ionen nicht mehr regelmäßig angeordnet, sondern jedes einzelne Ion ist von mehreren Wasser-Teilchen umgeben. Dieser Zustand wird mit der Abkürzung (aq) (sprich: aquatisiert) hinter der Verhältnisformel gekennzeichnet, z. B. mit **NaCl (aq)** für eine Kochsalz-Lösung.

Salzkristalle entstehen aus Salzlösungen. Wenn das Wasser der Salzlösung langsam verdunstet, können sich die Ionen zu einem Ionengitter und damit zu

einem Kristall zusammenlagern. Wenn diese Kristallisation sehr langsam abläuft, können große und schöne Kristalle entstehen.
Salzkristalle haben glatte Flächen und Kanten. Der Grund dafür ist der gleichmäßige Aufbau des Ionengitters. Kristalle können verschiedene geometrische Formen haben. Die Form der Kristalle hängt von den Ionen und dem Ionengitter ab.

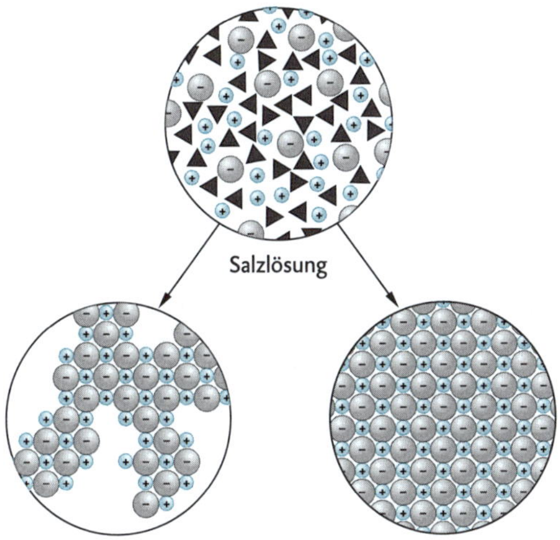

Abb. 50: Je langsamer das Salz auskristallisiert, desto größer und gleichmäßiger wird der Kristall.

Elektrische Leitfähigkeit

Salze zeigen bezüglich der elektrischen Leitfähigkeit ein interessantes Verhalten: Als Feststoff sind sie ein **Isolator**, leiten also keinen Strom. Als Schmelze oder wässrige Lösung **leiten** sie den elektrischen Strom hervorragend. Die Ursache für dieses Verhalten liegt wie immer auf der Teilchenebene. Elektrischer Strom kann nur fließen, wenn geladene Teilchen sich bewegen: Beim Metall sind es Elektronen, bei der Salzschmelze sind es Ionen. Im festen Salz werden die Ionen durch die Ionenbindung im Ionengitter fest an ihrem Platz gehalten und können sich nicht bewegen. In einer Salzschmelze hingegen können sich die Ionen bewegen (s. Abb. 49), also ist die Salzschmelze elektrisch leitfähig.
Ähnlich ist es bei einer Salzlösung: Hier sind die Ionen zwischen den Wasser-Molekülen verteilt und können sich auch frei bewegen.

Salzschmelzen und Salzlösungen sind **elektrisch leitfähig**, feste Salze nicht.

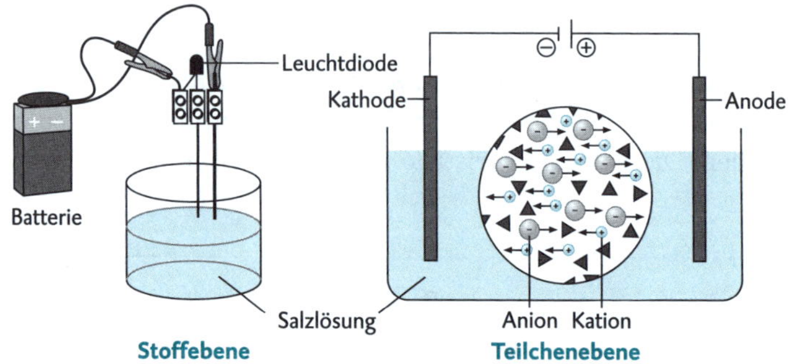

Abb. 51: Auch Salzlösungen leiten den elektrischen Strom, weil die Ionen beweglich sind.

Zusammenfassung

- Salze bestehen aus Anionen und Kationen, die im **Ionengitter** regelmäßig angeordnet sind. Die Anziehungskräfte im Ionengitter nennt man **Ionenbindung**.
- Bei Salzen wird nur eine **Verhältnisformel** angegeben. Sie bezeichnet das Zahlenverhältnis von Anionen zu Kationen im Ionengitter.
- Der Salzname wird aus dem Namen des Kations und des Anions gebildet. Ist das Salz gelöst, wird hinter den Namen bzw. die Verhältnisformel $_{(aq)}$ geschrieben.
- Salze haben **typische Eigenschaften:** Sprödigkeit, Kristallinität und hohe Schmelztemperaturen.
- Salzschmelzen und Salzlösungen sind wegen der beweglichen Ionen **elektrisch leitfähig**, feste Salze nicht.

Aufgaben

88 Kochsalz und Haushaltszucker sind weiße kristalline Stoffe. Wenn man sie in Wasser löst, entstehen klare Lösungen.
Auf der Stoffebene sind die Stoffe und Lösungen kaum zu unterscheiden, doch auf Teilchenebene unterscheiden sie sich stark. Unten sind neun Abbildungen der Teilchenebene. Ordne die vier folgenden Angaben passend zu und begründe bei den anderen, warum sie unpassend sind.

Natriumchlorid NaCl (s)	Natriumchlorid-Lösung NaCl (aq)	Zucker-Lösung $C_{12}H_{22}O_{11}$ (aq)	Zucker $C_{12}H_{22}O_{11}$ (s)

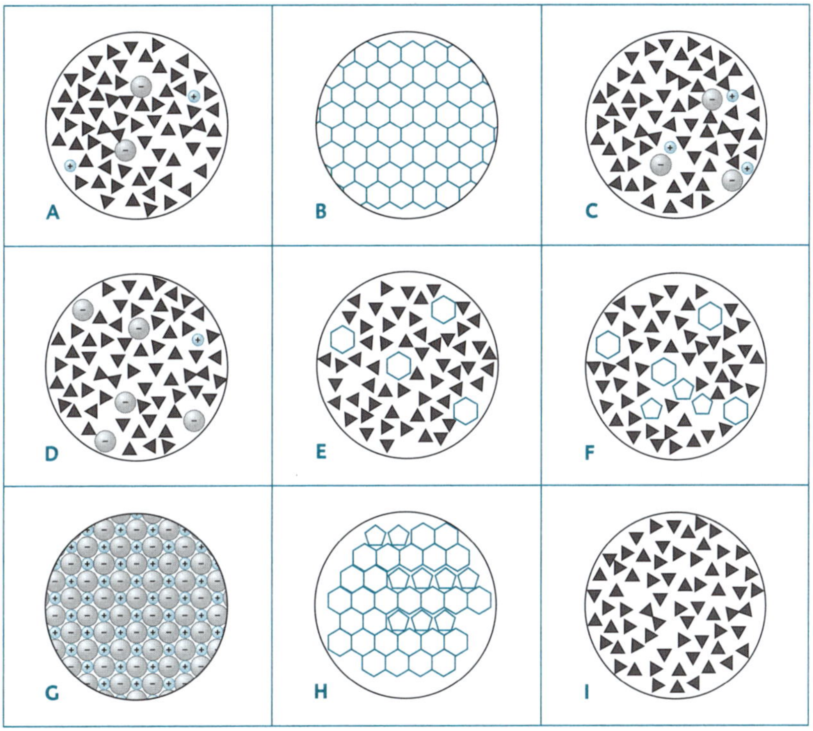

89 Ermittle aus dem Periodensystem die Ionenladungen und die Formel.

a Kaliumsulfid
b Magnesiumbromid
c Bariumphosphid
d Aluminiumiodid
e Kaliumoxid
f Blei(IV)-nitrid
g Eisen(III)-chlorid
h Kobalt(II)-iodid

90 Claire, Alex, Zeynep und Max bereiten sich gemeinsam auf die Chemie-Schulaufgabe vor. Sie üben zum Thema Salze und Ionen, indem sie in Gedanken Barium-Salze (Barium-Ion: Ba^{2+}) bilden. Alle vier schreiben Aus-

sagen über die Ionen eines Barium-Salzes, die ihrer Meinung nach richtig sind, auf Zettel.
Entscheide bei jeder Aussage, ob sie richtig oder falsch ist. Begründe deine Entscheidungen.

Claire: *Nimmt man 20 Nitrid-Ionen (N^{3-}) und 30 Barium-Ionen, so erhält man ein Salz.*

Alex: *Sulfid-Ionen (S^{2-}) und Barium-Ionen können zusammen ein Salz bilden.*

Zeynep: *Aus Barium-Ionen und Iodid-Ionen (I^{-}) bilden sich Salze, wenn man beide in gleicher Anzahl nimmt.*

Max: *Barium-Ionen bilden zusammen mit Lithium-Ionen (Li^{+}) Salze.*

91 In nebenstehender Abbildung ist die Temperatur angegeben, bei der das Salz schmilzt. Ordne den Salzen 1 bis 4 die richtigen Salze zu: Magnesiumoxid MgO; Natriumchlorid NaCl; Kaliumiodid KI; Aluminiumoxid Al_2O_3.

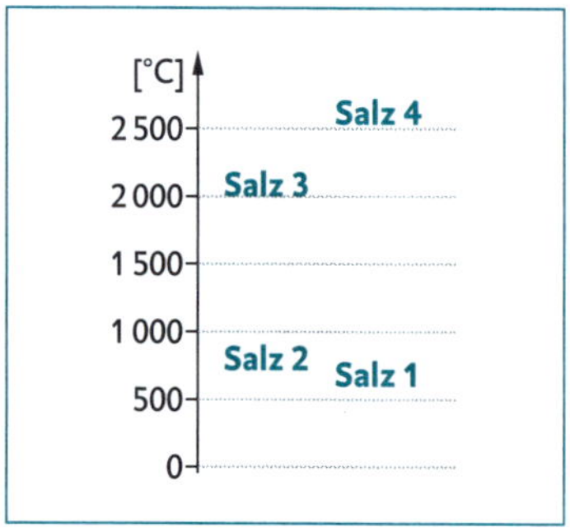

92 **a** Betrachte den Versuchsaufbau. Welche der folgenden Stoffe oder Stoffgemische kann sich als Flüssigkeit im Gefäß befinden, damit die LED leuchtet? Kreuze an und begründe kurz.

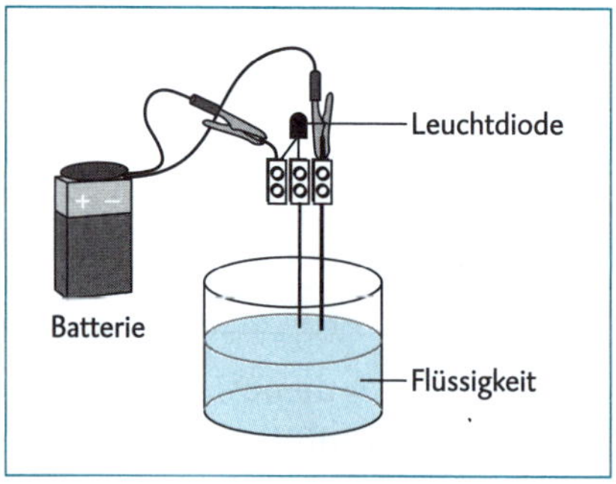

- ☐ Destilliertes Wasser
- ☐ Kochsalz-Lösung
- ☐ Zucker-Lösung
- ☐ NaCl (aq)
- ☐ NaCl (l)

b Welche der folgenden Aussagen trifft auf diesen Versuch zu?

- ☐ Wenn die LED leuchtet, fließen Elektronen durch die Flüssigkeit.
- ☐ Nur wenn sich in der Flüssigkeit Ionen befinden, leuchtet die LED.
- ☐ Es dürfen sich ausschließlich Anionen in der Flüssigkeit befinden, sonst leuchtet die LED nicht.
- ☐ Nur wenn sich ausschließlich Kationen in der Flüssigkeit befinden, leuchtet die LED.
- ☐ Die LED leuchtet, wenn die Kationen zum Minuspol und die Anionen zum Pluspol wandern.
- ☐ Es ist egal, welches Salz man in der Flüssigkeit löst, damit die LED leuchtet.

93 Salz 1 ist gut wasserlöslich, Salz 2 ist schwer löslich, von dem Salz löst sich nur sehr wenig. Von beiden Salzen gibt man nun je 2 g in 200 mL Wasser, Salz 1 in Becherglas 1 und Salz 2 in Becherglas 2. Nach 5 min misst man die Leitfähigkeit in beiden Flüssigkeiten. Welches der folgenden Diagramme zeigt das Versuchsergebnis? Begründe deine Auswahl.

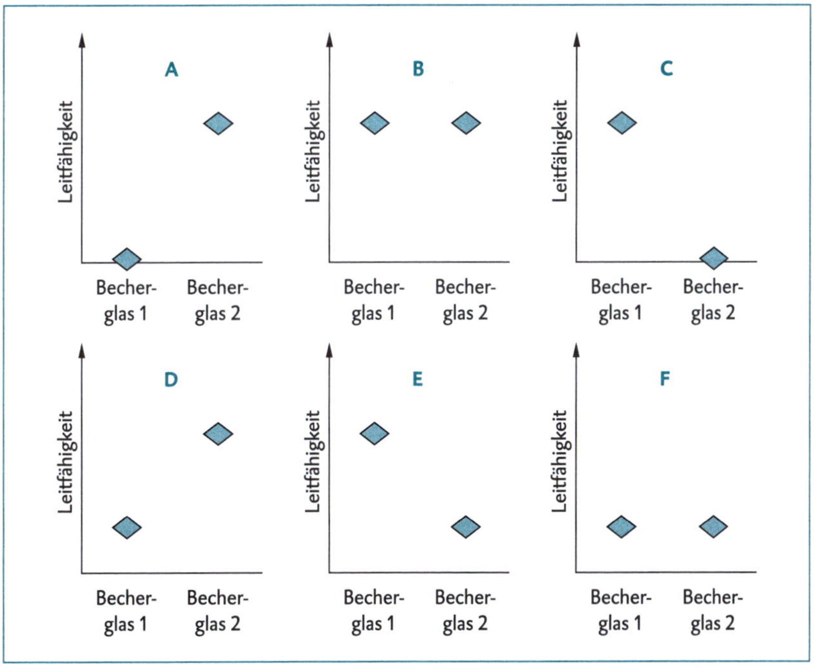

94 Natriumfluorid schmilzt bei 993 °C. Magnesiumoxid hingegen hat eine Schmelztemperatur von 2 800 °C. Begründe diesen Unterschied.

95 Kreuze in der Tabelle für jedes Salz die richtigen Ionenarten und die Verhältnisformel an.

	Mögliche Ionenarten und ihr Verhältnis			Verhältnisformel		
Natriumbromid	$2\ Na^+ + Br^{2-}$	$Na^+ + Br^-$	$Na^{2+} + 2\ Br^-$	Na_2Br	$NaBr_2$	$NaBr$
Aluminiumoxid	$2\ Al^{3+} + 3\ O^{2-}$	$3\ Al^{2+} + 2\ O^{3-}$	$2\ Al^+ + O^{2-}$	Al_2O	Al_2O_3	Al_3O_2
Eisen(III)-bromid	$3\ Fe^+ + Br^{3-}$	$Fe^{3+} + 3\ Br^-$	$2\ Fe^{3+} + 6\ Br^-$	$FeBr_3$	Fe_2Br_6	Fe_3Br
Kaliumsulfid	$K^+ + S^-$	$K^{2+} + S^-$	$2\ K^+ + S^{2-}$	K_2S	KS_2	KS
Magnesiumfluorid	$Mg^+ + F^-$	$Mg^{2+} + 2\ F^-$	$Mg^{3+} + 3\ F^-$	MgF_3	MgF	MgF_2
Calciumoxid	$2\ Ca^{3+} + 3\ O^{2-}$	$Ca^{3+} + O^{3-}$	$Ca^{2+} + O^{2-}$	CaO	Ca_2O_3	CaO_2

96 Betrachte die beiden Bildpaare.

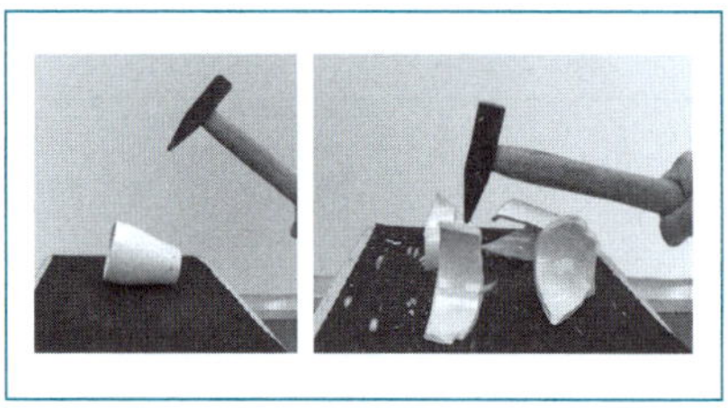

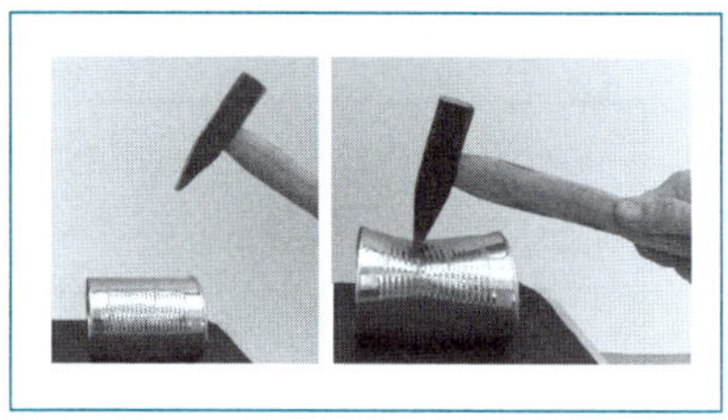

a Formuliere die Beobachtung für jeden Versuch.

b Deute die Beobachtung bei der Porzellantasse u. a. mithilfe einer Skizze auf Teilchenebene.

c Wie muss die Metalldose auf Teilcheneben aufgebaut sein? Stelle eine Hypothese auf und verdeutliche diese mit einer Skizze.

97 Ein Salz hat die allgemeine Formel AB_2, wobei A das Kation und B das Anion darstellt. Diskutiere mögliche Ladungen von A und B.

98 Ebru und Svetlana haben gerade die Leitfähigkeit einer Salzschmelze gemessen. Jetzt wollen sie eine Erklärung für dieses Phänomen aufschreiben. Ebru macht folgenden Vorschlag: *„Beim Schmelzen von Natriumchlorid entstehen Ionen, sodass die elektrische Leitfähigkeit des Feststoffes ansteigt."* Svetlana ist damit nicht zufrieden und verbessert Ebrus Aussage. Formuliere Svetlanas Erklärung.

99 Der „Salar de Uyuni", der größte Salzsee der Welt, befindet sich im bolivianischen Westen auf einer Höhe von ca. 3 670 m. Auf einer Fläche von

12 000 km² befinden sich 10 Mrd. Tonnen Salz, die jedoch kaum abgebaut werden. Der Tourismus ist der wichtigste Wirtschaftszweig dieser Gegend.
Dieser Salzsee ist durch die Abtrennung eines Meerwasserbeckens und die anschließende Verdunstung des Wassers entstanden. Daher ist das „weiße Gold“ dieser Gegend ein Gemisch aus mehreren Salzen.
In folgender Tabelle sind mögliche Salze aufgeführt. Die Tabelle ist jedoch unvollständig. Ergänze die fehlenden Kategorien.

Anion / Kation	Verhältnisformel	Name
		Natriumsulfit
	K_3N	
		Magnesiumphosphat
	$Al_2(CO_3)_3$	
NO_2^- / Ca^{2+}		

100 Folgender Versuch wird durchgeführt: Man tropft eine Salz-Lösung zu destilliertem bzw. entionisiertem Wasser und misst gleichzeitig die Leitfähigkeit. Dieser Versuch wird dreimal durchgeführt, mit drei Lösungen gleicher Konzentration, mit

- Natriumchlorid-Lösung,
- Magnesiumchlorid-Lösung und
- Aluminiumchlorid-Lösung.

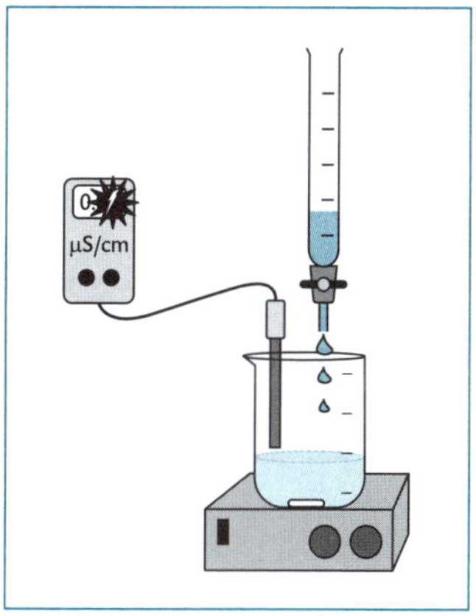

Man erhält diese drei Kurven.

Ordne den drei Graphen A, B und C die Salzlösungen zu und begründe deine Antwort.

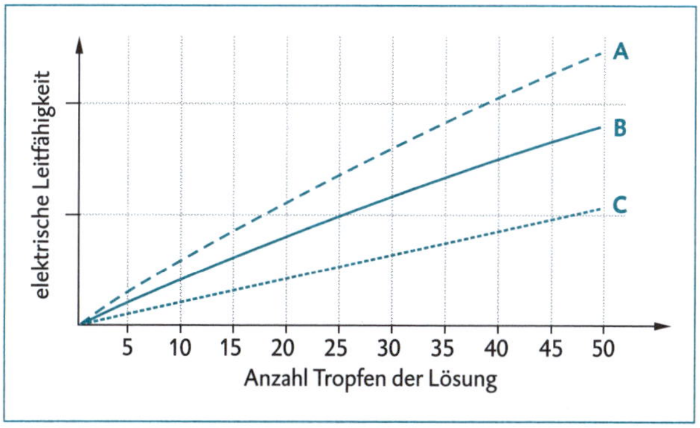

101 Kreuze an, welche der folgenden Aussagen richtig bzw. falsch sind, und stelle die falschen Aussagen richtig.

		richtig	falsch
a	Kationen sind negativ geladene Ionen.	☐	☐
b	Kationen ziehen sich gegenseitig an, Anionen stoßen sich gegenseitig ab.	☐	☐
c	Ein Ionengitter ist aus Kationen und Anionen aufgebaut.	☐	☐
d	Im Ionengitter wirkt die Elektronenbindung.	☐	☐
e	Salzkristalle sind elektrisch leitfähig.	☐	☐
f	Salzlösungen sind elektrisch leitfähig.	☐	☐
g	Salzschmelzen sind elektrisch leitfähig.	☐	☐
h	Je höher geladen die Ionen, desto höher ist die Schmelztemperatur des Salzes.	☐	☐
i	Je kleiner die Ionen, desto niedriger ist die Schmelztemperatur des Salzes.	☐	☐
j	Wenn Salze schmelzen, werden das Ionengitter und die Ionen zerstört.	☐	☐

102 Viele Salze haben Trivialnamen, weil sie im Alltag eine große Bedeutung haben. In der folgenden Tabelle sind einige typische Vertreter aufgeführt. Ergänze die Lücken in der Tabelle.

Trivialname	Verwendung	Salzname	Anion	Kation	Verhältnisformel
Gips	Baumaterial	Calciumsulfat			
Kalkstein	Baumaterial	Calciumcarbonat			
Natron	Backpulver	Natriumhydrogencarbonat	HCO_3^-		
Salpeter	Dünger	Kaliumnitrat			
Pökelsalz	Konservierungsmittel	Kaliumnitrit			
Salmiak	Geschmacksstoff	Ammoniumchlorid			
Ätznatron	Rohrreiniger	Natriumhydroxid			

103 Zur Untersuchung der elektrischen Leitfähigkeit eines Salzes wurden folgende Versuche durchgeführt.

- Versuch 1: Im Reagenzglas befindet sich kristallines Salz.
- Versuch 2: Mithilfe eines Gasbrenners wird das Salz so lange erhitzt, bis es schmilzt.
- Versuch 3: Der Bunsenbrenner wird entfernt und die Salzschmelze erstarrt.
- Versuch 4: Nach einiger Zeit wird Wasser zum erstarrten Salz hinzugegeben.

Während der Versuche wird die elektrische Leitfähigkeit dauerhaft gemessen.

a Skizziere den Verlauf der elektrischen Leitfähigkeit im unten stehenden Diagramm.

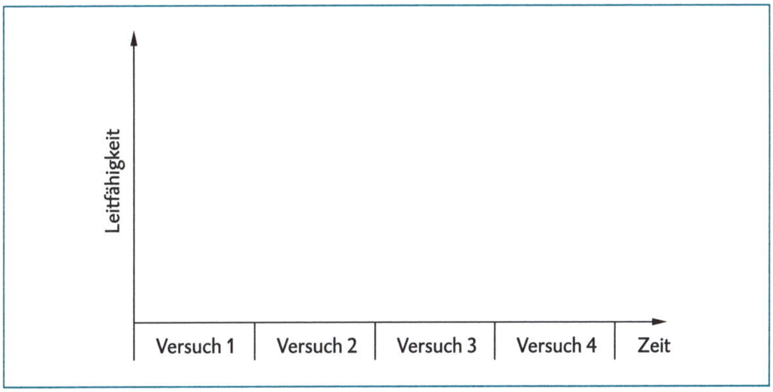

b Erkläre den Verlauf des Diagramms unter Verwendung von Fachbegriffen.

3 Ionennachweise

Nachweisreaktionen sind chemische Reaktionen, die dazu dienen, die Zusammensetzung unbekannter Stoffe zu ermitteln. Man kann mit ihnen zeigen, ob bestimmte Teilchen wie Ionen z. B. in einer Lösung vorhanden sind. Die Chemikalien für diese Nachweisreaktionen nennt man Nachweisreagenzien. Je nach Nachweisreaktion erkennt man an einer Farbänderung oder an dem Verschwinden oder Entstehen von Stoffen, ob das gesuchte Teilchen vorhanden ist oder nicht.

3.1 Fällungsreaktionen

Der Begriff Fällungsreaktion beschreibt eine chemische Reaktion, bei der beim Mischen von zwei Lösungen ein Feststoff entsteht. In der Chemie nennt man diesen **entstehenden Feststoff** „Niederschlag", der „ausfällt". Ausfallen bedeutet, dass aus der Lösung eine Suspension wird.

Beispiel

Natriumchlorid-Lösung und Silbernitrat-Lösung sind beide farblos. Mischt man die zwei Lösungen, entsteht ein weißer Feststoff. Dabei handelt es sich um Silberchlorid $AgCl_{(s)}$. Man sagt, Silberchlorid „fällt aus", bzw. es bildet sich ein weißer Niederschlag aus Silberchlorid. Die wässrige Lösung enthält gelöstes Natriumnitrat $NaNO_{3\,(aq)}$.

$$Na^+_{(aq)} + Cl^-_{(aq)} + Ag^+_{(aq)} + NO_3^-{}_{(aq)} \longrightarrow AgCl_{(s)} + Na^+_{(aq)} + NO_3^-{}_{(aq)}$$

Mit Silbernitrat-Lösung kann man Chlorid-Ionen nachweisen.

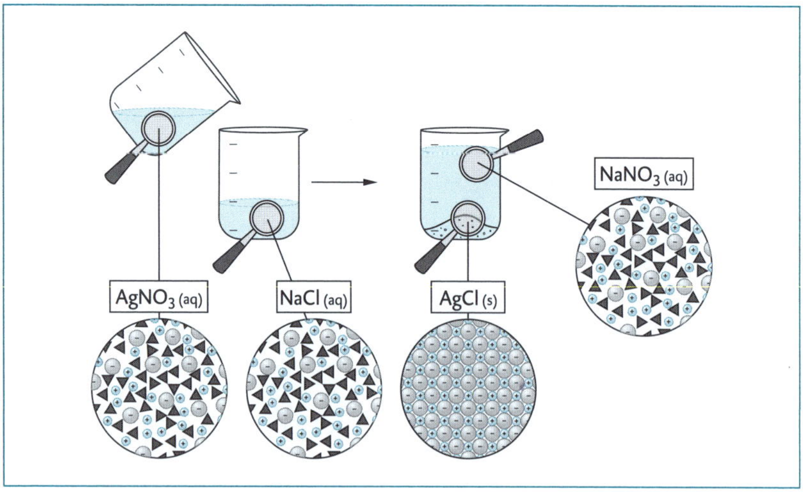

Abb. 52: Eine typische Fällungsreaktion

Fällungsreaktionen sind Nachweisreaktionen, bei denen aus Lösungen eine Suspension entsteht.

Nachzuweisendes Ion	Nachweisreagenz	Nachweisreaktion	Beobachtung	Besonderheit
Chlorid-Ion Cl^-	$AgNO_3$ (aq) Silbernitrat-Lösung	Ag^+ (aq) + Cl^- (aq) ⟶ $AgCl$ (s)	weißer Niederschlag	löst sich bei Zugabe von verdünnter Ammoniak-Lösung auf
Bromid-Ion Br^-	$AgNO_3$ (aq) Silbernitrat-Lösung	Ag^+ (aq) + Br^- (aq) ⟶ $AgBr$ (s)	weißgelber Niederschlag	löst sich bei Zugabe von konz. Ammoniak-Lösung auf
Iodid-Ion I^-	$AgNO_3$ (aq) Silbernitrat-Lösung	Ag^+ (aq) + I^- (aq) ⟶ AgI (s)	gelber Niederschlag	löst sich bei Zugabe von konz. Ammoniak-Lösung nicht auf
Sulfat-Ion SO_4^{2-}	$BaCl_2$ (aq)	Ba^{2+} (aq) + SO_4^{2-} (aq) ⟶ $BaSO_4$ (s)	weißer Niederschlag	löst sich bei Zugabe von Salzsäure nicht auf
Carbonat-Ion CO_3^{2-}	$CaCl_2$ (aq), $BaCl_2$ (aq)	Ca^{2+} (aq) + CO_3^{2-} (aq) ⟶ $CaCO_3$ (s) Ba^{2+} (aq) + CO_3^{2-} (aq) ⟶ $BaCO_3$ (s)	weißer Niederschlag	löst sich bei Zugabe von Salzsäure / Salpetersäure unter Gasbildung (CO_2) auf
Calcium-Ion Ca^{2+}	Na_2CO_3 (aq)	Ca^{2+} (aq) + CO_3^{2-} (aq) ⟶ $CaCO_3$ (s)	weißer Niederschlag	

Tab. 15: Wichtige Fällungsreaktionen

Positive und negative Blindprobe

Blindproben heißen so, weil man sie durchführt, ohne etwas nachweisen zu wollen. Man möchte damit seine Nachweisreagenzien testen. Bei der **positiven Blindprobe** gibt man zu dem Nachweisreagenz etwas von dem Stoff, der nachgewiesen werden soll. Es ist zu erwarten, dass der Test positiv ausfällt.

Beispiel — Silbernitrat-Lösung $AgNO_3$ (aq) ist ein Nachweisreagenz für Halogenid-Ionen (Cl^-, Br^- und I^-). Bei der positiven Blindprobe tropft man die Silbernitrat-Lösung zu einer Lösung, die Chlorid-Ionen enthält. Ist das Reagenz für den Nachweis geeignet, muss ein weißer Niederschlag ausfallen.

Bei der **negativen Blindprobe** prüft man, ob das Nachweisreagenz tatsächlich nichts anzeigt, wenn der gesuchte Stoff in der Probe nicht vorhanden ist.

Beispiel

Bei der negativen Blindprobe tropft man die Silbernitrat-Lösung zu reinem Wasser. Ist das Reagenz in Ordnung, darf kein Niederschlag ausfallen, d. h., die Nachweisreaktion findet nicht statt.

Blindproben werden gemacht, um die Nachweisreagenzien auf ihre Funktion zu testen.

3.2 Farbreaktionen

Manche Ionen können durch farbige Reaktionsprodukte nachgewiesen werden.

Beispiel

Eisen(III)-Ionen (Fe^{3+}) bilden mit Thiocyanat-Ionen (SCN^-) eine chemische Verbindung, die die Lösung rot färbt („Kunstblut"). Das Nachweisreagenz für Eisen(III)-Ionen ist eine wässrige Lösung von Kaliumthiocyanat KSCN (aq).

Nachzuweisendes Ion	Nachweisreagenz	Beobachtung
Kupfer(II)-Ion Cu^{2+}	NH_3 (aq)	Lösung wird dunkelblau.
Eisen(III)-Ion Fe^{3+}	KSCN (aq)	Lösung wird rot.
Ammonium-Ion NH_4^+	NaOH (aq)	Feuchtes Indikatorpapier wird blau.

Tab. 16: Beispiele wichtiger Farbnachweise

Der Kupfer(II)-Ion-Nachweis und der Eisen(III)-Ion-Nachweis finden in der Lösung statt. Anders ist es beim Nachweis vom Ammonium-Ion. Durch Zugabe von Natronlauge NaOH (aq) entsteht gasförmiges Ammoniak (NH_3), das ein feuchtes Indikatorpapier blau färbt.

Kupfer(II)-, Eisen(III)- und Ammonium-Ionen können durch **Farbreaktionen** nachgewiesen werden.

3.3 Flammenfärbung

Die farbigen Lichteffekte bei einem Feuerwerk entstehen durch Salze, wobei die Farben je nach Salz verschieden sind. Der Grund dafür liegt im Atombau der Metall-Atome (siehe S. 143 ff.) der 1. und 2. Hauptgruppe (außer Be und Mg). Sie sind in der Lage, Wärme aufzunehmen und die Energie als Licht wieder abzustrahlen. Die Farbe des ausgestrahlten Lichts ist für jede Atomart charakteristisch. Man kann mit einem Gasbrenner Salzlösungen darauf untersuchen, ob Kationen dieser Metall-Atome in der Salzlösung vorhanden sind. Mit dem glühenden Magnesiastäbchen verdampft man etwas Salzlösung neben dem Luftschlitz des Gasbrenners. Die Ionen werden in den Gasbrenner gesaugt und reagieren in der Brennerflamme zu Metall-Atomen. Diese wandeln die Brennerwärme in Licht um.

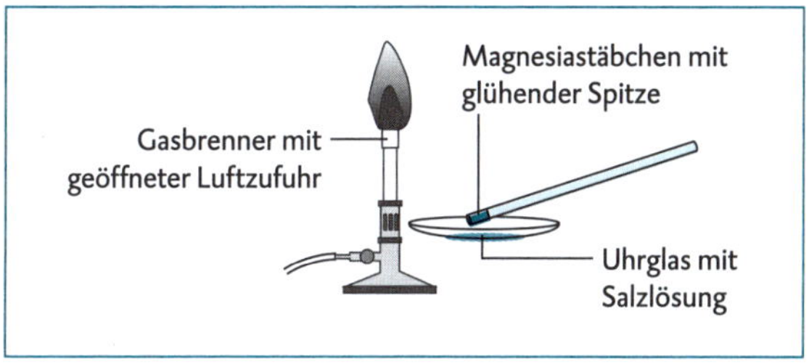

Abb. 53: Experiment zur Flammenfärbung

Beispiel

Enthält die Salzlösung Barium-Ionen, färbt sich die Brennerflamme für kurze Zeit grün.

Nachzuweisendes Ion	Flammenfarbe	Nachzuweisendes Ion	Flammenfarbe
Lithium-Ion	rot	Calcium-Ion	orange
Natrium-Ion	gelb	Strontium-Ion	rot
Kalium-Ion	blass lila	Barium-Ion	grün

Tab. 17: Wichtige Flammenfärbungen

Ionen der 1. und 2. Hauptgruppe können durch **Flammenfärbung** nachgewiesen werden.

Zusammenfassung

- Bei **Fällungsreaktionen** werden bestimmte Ionen dadurch nachgewiesen, dass sie mit dem Nachweisreagenz einen schwer löslichen Feststoff bilden.
- **Blindproben** dienen zur Überprüfung des Nachweisreagenz.
- Bei **Farbreaktionen** wird ein Ion durch ein farbiges Reaktionsprodukt nachgewiesen.
- Der Nachweis von Metall-Ionen der 1. und 2. Hauptgruppe geschieht durch die **Flammenfärbung**.

Aufgaben

104 Im linken Becherglas befindet sich eine Lösung von Natriumchlorid, im rechten Becherglas ist Silbernitrat-Lösung enthalten. Aus Gründen der Übersichtlichkeit sind hier die Wasser-Moleküle nicht gezeichnet.

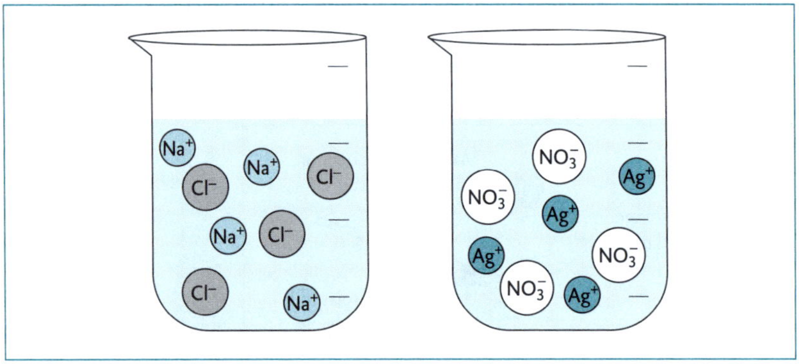

a Stelle die Reaktionsgleichung für die Reaktion auf, die beim Zusammenschütten der beiden Lösungen abläuft.

b Stelle den Inhalt eines Becherglases, nachdem die zwei Lösungen zusammengeschüttet wurden, auf Teilchenebene zeichnerisch dar (ohne Wasser-Moleküle).

105 Bevor man eine chemische Analyse durchführt, sollte man eine doppelte Blindprobe durchführen:

- Mit der positiven Blindprobe stellt man sicher, dass der gesuchte Stoff gefunden wird, wenn er vorhanden ist.
- Die negative Blindprobe gewährleistet, dass der gesuchte Stoff nicht gefunden wird, wenn er sich nicht in der Probe befindet.
- Führt man beide Blindproben durch, spricht man von der doppelten Blindprobe. Sie garantiert die Zuverlässigkeit des analytischen Verfahrens, z. B. ob das Nachweisreagenz funktioniert.

Wie führt man eine Blindprobe durch? Beschreibe das Vorgehen bei einer positiven und einer negativen Blindprobe am Beispiel des Nachweises von Sulfat-Ionen mit Bariumchlorid-Lösung.

106 In der folgenden Tabelle ist eine Übersicht von Nachweisreaktionen aufgeführt. Dabei sollen immer zwei Lösungen (Lösung Spalte, Lösung Zeile) tropfenweise zusammengegeben werden.

a Notiere in den Tabellenfeldern die Beobachtung, die du erwartest, z. B. grüner Niederschlag.

b Ergänze die Verhältnisformel von dem Stoff, der diese Beobachtung verursacht hat.

	$AgNO_3$ (aq)	$FeCl_3$ (aq)	$CaCl_2$ (aq)	$BaCl_2$ (aq)	$BaCl_2$ (aq) + Salzsäure
KNO_3					
KCl (aq)					
KBr (aq)					
KI (aq)					
KSCN (aq)					
K_2SO_4 (aq)					
K_2CO_3 (aq)					

107 Bei den folgenden Reaktionen zwischen den gelösten Salzen könnte es sich um Fällungsreaktionen handeln. Stelle die Reaktionsgleichungen mit Phasensymbolen auf. Markiere den möglicherweise entstehenden Feststoff.

a Silbernitrat und Lithiumbromid
b Magnesiumchlorid und Silbernitrat
c Calciumiodid und Kaliumcarbonat
d Lithiumsulfat und Natriumchlorid
e Natriumsulfat und Bariumbromid

108 Die hier gezeigten Nachweisreaktionen sind lückenhaft. Vervollständige die Ionengleichungen mithilfe der angegebenen Informationen.

a Fe^{3+} (aq) + _____ ⟶ ___________
Lösung färbt sich rot

b Ba^{2+} (aq) + _____ ⟶ ___________
Weißer Niederschlag, keine Veränderung bei Zugabe von Salzsäure

c Ag^{+} (aq) + _____ ⟶ ___________
Gelber Niederschlag

d Ca^{2+} (aq) + _____ ⟶ ___________
Weißer Niederschlag, löst sich mit Salzsäure auf

e Cl^{-} (aq) + _____ ⟶ ___________
Weißer Niederschlag

109 Will ein Glasbläser ein Glasrohr biegen, so erhitzt er das Glasrohr in der rauschenden, nicht leuchtenden Flamme des Gasbrenners. Dabei wird die Flamme gelb. Normales Glas wird aus den Salzen Siliciumdioxid SiO_2, Natriumoxid Na_2O und Calciumoxid CaO hergestellt.
Welche dieser Bestandteile sind für die gelbe Flammenfärbung verantwortlich?

110 Um eine verdünnte Silbernitratlösung herzustellen, soll man festes Silbernitrat mit destilliertem oder entionisiertem Wasser lösen, nicht mit Leitungswasser.
Warum ist das so? Formuliere eine Begründung.

111 Auf einem Tisch stehen zwei Flaschen, in denen Salze enthalten sind. Sie sind äußerlich nicht zu unterscheiden, sie enthalten beide ein weißes Pulver. Außerdem liegen zwei Etiketten bei den Flaschen, die leider nicht zugeordnet sind.
Für die Untersuchung der beiden Stoffe stehen drei Lösungen zur Verfügung. Wie könnte man vorgehen, um zweifelsfrei die beiden Etiketten auf die richtige Flasche kleben zu können?

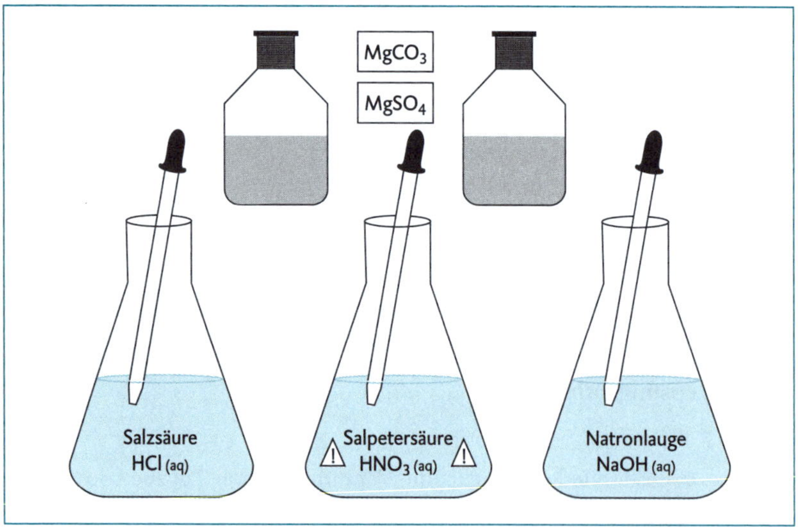

Beschreibe dein Vorgehen, um die Etiketten eindeutig zuzuordnen.

112 Eine Lösung von Natriumcarbonat, eine Natriumchlorid-Lösung und eine Bariumchlorid-Lösung werden mit Silbernitrat-Lösung versetzt. Damit es bei Natriumcarbonat zu keiner falsch positiven Reaktion kommt, werden die Lösungen angesäuert.

a Nenne die Methoden und Reagenzien, wie in einer Bariumchlorid-Lösung sowohl Barium-Ionen als auch Chlorid-Ionen und in einer Natriumchlorid-Lösung Natrium-Ionen und auch Chlorid-Ionen nachgewiesen werden können.

b Beschreibe die Beobachtung bei Zugabe von Silbernitrat und erkläre diese.

c Die saure Lösung zum Ansäuern muss gut gewählt werden, denn nicht jede ist geeignet zum Ansäuern. Zur Verfügung stehen Salzsäure HCl (aq), Salpetersäure HNO_3 (aq) und Schwefelsäure H_2SO_4 (aq). Begründe, welche dieser sauren Lösungen nicht geeignet ist.
Hinweis: In Salzsäure befinden sich Chlorid-Ionen, in Salpetersäure befinden sich Nitrat-Ionen und in Schwefelsäure befinden sich Sulfat-Ionen.

113 Gerät ein Schiff in Seenot, ruft es über Funk andere Schiffe zu Hilfe. Damit die Hilfe das sinkende Schiff auch findet, kann der Skipper eine rote Seenotfackel abbrennen oder eine rote Leuchtkugel abschießen, die am Fallschirm langsam absinkt.
Nenne Salze, die in der Fackel oder Leuchtkugel verwendet werden können, und begründe deine Antwort.

114 Deine Eltern haben für das Silvesterfeuerwerk Raketen gekauft. Auf der Verpackung sind die Raketen beschrieben und auf den Raketen findest du Inhaltsangaben. Ordne den Raketen die richtige Beschreibung zu.

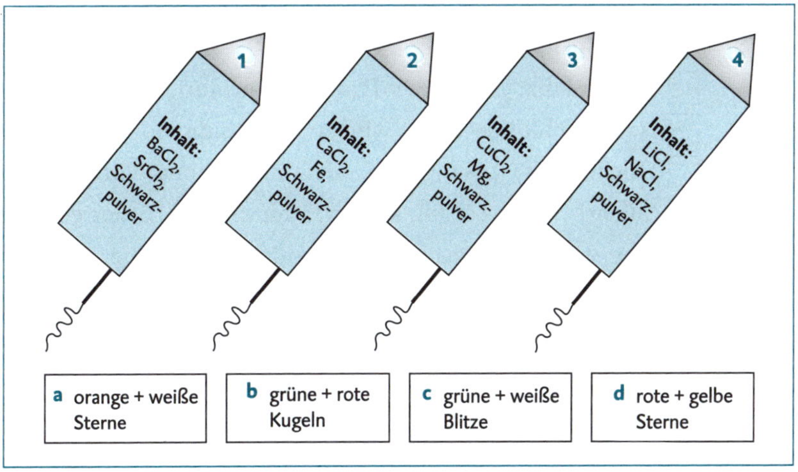

115 Kreuze an, welche der folgenden Aussagen richtig bzw. falsch sind, und stelle die falschen Aussagen richtig.

		richtig	falsch
a	Bei einer Fällungsreaktion entsteht ein Feststoff.	☐	☐
b	Bei der positiven Blindprobe testet man, ob das gesuchte Ion überhaupt mit dem Nachweisreagenz nachgewiesen werden kann.	☐	☐
c	Um Ammonium-Ionen nachzuweisen, gibt man Salzsäure dazu, das gasförmige Ammoniak färbt dann feuchtes Indikatorpapier blau.	☐	☐
d	Kupfer(III)-Ionen kann man mit ammoniakalischer Lösung durch eine Rotfärbung nachweisen.	☐	☐
e	Eisen(III)-Ionen bilden mit Thiocyanat-Ionen einen gelben Stoff.	☐	☐
f	Gibt man eine Kochsalz-Lösung zu einer Silbernitrat-Lösung, so entsteht ein gelber Feststoff.	☐	☐
g	Gibt man Magnesiumchlorid-Lösung zu Natriumsulfat-Lösung, so passiert gar nichts.	☐	☐
h	Gibt man Calciumchlorid-Lösung zu Natriumsulfat-Lösung, so passiert gar nichts.	☐	☐
i	Gibt man Calciumchlorid-Lösung zu Natriumcarbonat-Lösung, so färbt sich die Lösung rot.	☐	☐

116 Betrachte diese fünf Experimente.

a Kreuze die Vorgänge an, bei denen eine Reaktion stattfindet, und formuliere eine Beobachtung.

- ☐ Kaliumsulfat-Lösung wird mit Bariumchlorid-Lösung versetzt.
- ☐ Natriumchlorid-Lösung wird zu Magnesiumiodid-Lösung gegeben.
- ☐ Calciumiodid-Lösung wird auf Kaliumcarbonat-Lösung getropft.
- ☐ Silber(I)-nitrat-Lösung wird in Lithiumiodid-Lösung geschüttet.
- ☐ Magnesiumchlorid-Lösung wird mit Silber(I)-nitrat-Lösung versetzt.

b Stelle für die Vorgänge, bei denen eine Reaktion stattfindet, jeweils die Reaktionsgleichungen mit Phasensymbolen auf. Verwende dazu für Salzlösungen die Ionenschreibweise und für schwer lösliche Salze die Verhältnisformelschreibweise.

Atombau und Periodensystem

Das Atomium ist das Wahrzeichen Brüssels und stellt die Anordnung von Eisen-Atomen in 165-milliardenfacher Vergrößerung dar.

1 Das Kern-Hülle-Modell

Für sehr lange Zeit wurde geglaubt, dass Materie aus den vier „Elementen" Feuer, Wasser, Luft und Erde besteht. In der Mitte des 19. Jahrhunderts formulierte JOHN DALTON die moderne Atomhypothese: Elemente bestehen aus für das jeweilige Element charakteristischen, sehr kleinen, in sich gleichen und unteilbaren Teilchen, den Atomen – für damals eine revolutionäre Vorstellung. Heute wissen wir, dass Atome wirklich sehr kleine Teilchen mit einem Durchmesser zwischen 0,0000001 und 0,000004 mm sind. Wegen dieser geringen Größe kann man Atome nicht mit bloßem Auge oder einem Lichtmikroskop beobachten. Mithilfe von Berechnungen und Versuchen erstellten Wissenschaftler*innen verschiedene Hypothesen zum Bau der Atome.

1.1 RUTHERFORD'scher Streuversuch

Ausgehend von vorherigen Vorstellungen über den Aufbau von Atomen vermutete der Physiker JOSEPH THOMSON im Jahr 1903, dass Atome aus einer positiv geladenen, kugelförmigen Grundmaterie bestehen, die fast die ganze Masse des Atoms ausmacht. In dieser Grundmaterie sind negativ geladene Elektronen wie Rosinen in einem Teig unregelmäßig eingebettet. Wegen dieser Vorstellung hieß dieses Modell **„Rosinenkuchenmodell"**. Nur acht Jahre später wurde es widerlegt.

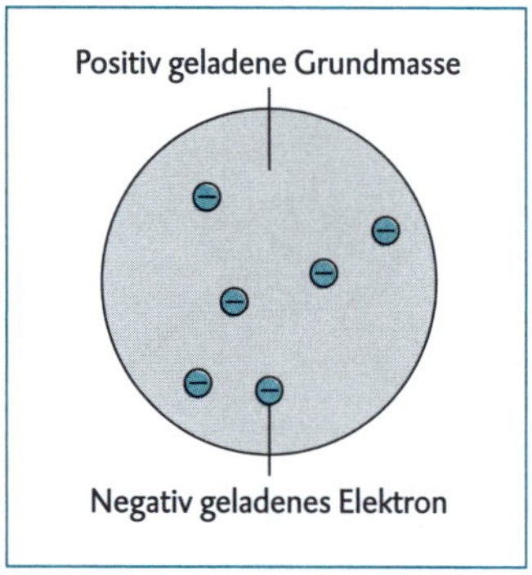

Abb. 54: Das „Rosinenkuchenmodell"

Der Physiker **ERNEST RUTHERFORD** (1871–1937) erforschte ebenfalls den Atomaufbau. Im Jahr 1911 führte er einen Versuch durch, der erstmalig einen Einblick erlaubte, wie positive und negative Ladungen im Atom verteilt sind. Er beschoss eine dünne Goldfolie mit positiv geladenen α-Teilchen, einer Sorte radioaktiver Strahlung. Elemente, die unter Abgabe von Strahlung zu anderen Elementen zerfallen, nennt man radioaktiv. Zur Erzeugung dieser α-Teilchen nutzte RUTHERFORD das radioaktive Element Radium. Um die Richtung der α-Teilchen zu kontrollieren, umgab er das Radium mit einem Bleiblock, der nur eine kleine Öffnung hatte, aus der die α-Teilchen austreten konnten. Diese α-Teilchen trafen nun auf die dünne Goldfolie (0,0005 mm Dicke), die nur aus 2 000 Schichten Gold-Atomen bestand. Um das Ergebnis des Beschusses beobachten zu können, umgab er die Goldfolie mit einem Schirm, auf dem jedes auftreffende α-Teilchen einen leuchtenden Punkt hinterließ.

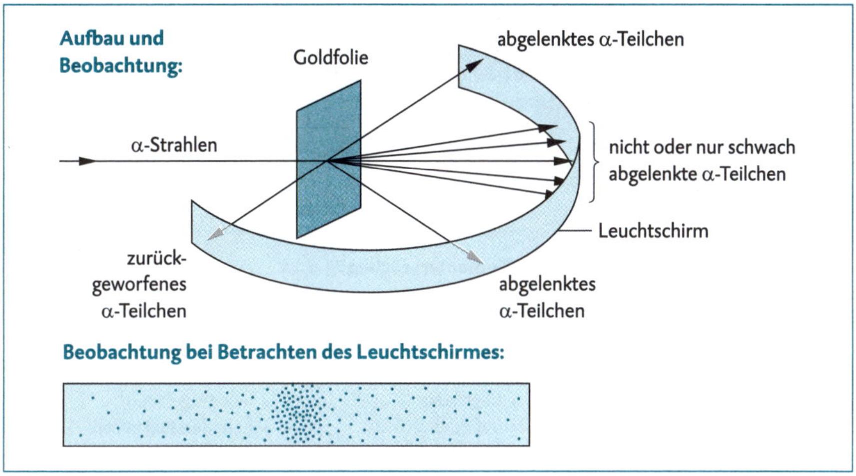

Abb. 55: Versuchsaufbau des Experiments RUTHERFORD'scher Streuversuch und Beobachtung

Beim Betrachten des Leuchtschirms konnte er Folgendes beobachten:

- Fast alle α-Teilchen drangen ohne Ablenkung durch die Goldfolie hindurch.
- Wenige α-Teilchen wurden seitlich abgelenkt.
- Ganz selten wurden α-Teilchen von der Goldfolie zurückgeworfen.

RUTHERFORD kam zu folgendem Schluss: Die Teilchen, die ohne Ablenkung durch die Goldfolie hindurchgetreten waren, mussten durch einen Teil des Atoms gelangt sein, der keine positive Ladung und keine Masse enthält. Die Ablenkung der α-Teilchen erklärte er damit, dass wohl ein sehr kleines, positives und massereiches Zentrum existiert, das die positiv geladenen α-Teilchen abstößt und auf eine neue Flugbahn bringt. α-Teilchen, die nur leicht abgelenkt wurden, streiften dieses Zentrum, zurückgeworfene α-Teilchen trafen dieses Zentrum voll. Mit diesen Erkenntnissen formulierte RUTHERFORD seine Hypothese vom Bau eines Atoms:

Nach dem **Kern-Hülle-Modell** von ERNEST RUTHERFORD bestehen Atome aus einem winzigen, positiv geladenen **Atomkern**, in dem fast die gesamte Atommasse konzentriert ist, und einer riesigen, nahezu massefreien und negativ geladenen **Atomhülle**.

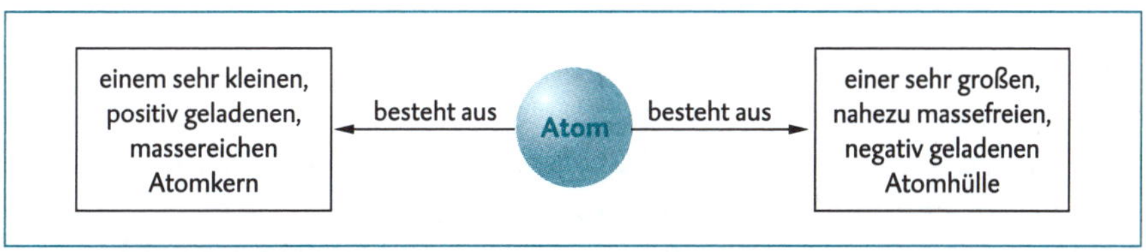

Abb. 56: Bestandteile eines Atoms

1.2 Die Bausteine der Atome

Doch was steckt nun hinter der negativen Ladung der Atomhülle und der positiven Ladung des Atomkerns?

Die Bausteine der Atome werden als Elementarteilchen bezeichnet. Bei den Elementarteilchen unterscheidet man Protonen, Neutronen und Elektronen.

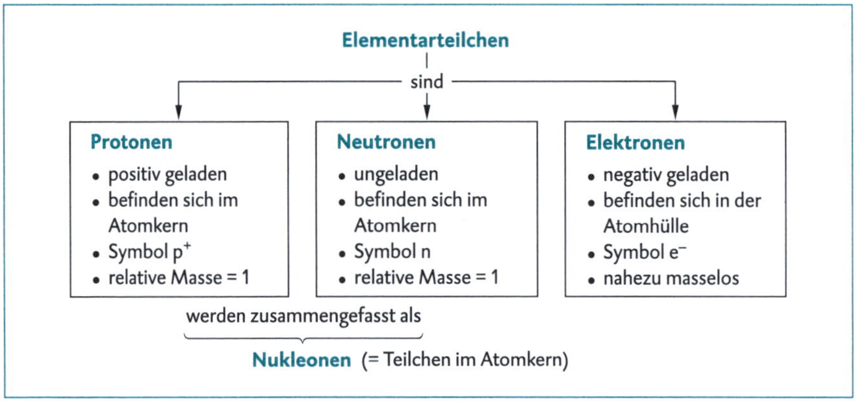

Abb. 57: Übersicht über die verschiedenen Elementarteilchen

Bereits DALTON nahm an, dass jedes Element aus für das Element charakteristischen kleinen Teilchen aufgebaut ist. Das heißt, die Art der Teilchen ist für jedes Element anders. Diese „Atomsorten" besitzen zwar alle den gleichen Grundaufbau, weisen aber eine unterschiedliche Anzahl an Elementarteilchen im Atomkern und der Atomhülle auf. Die Anzahl der Elementarteilchen lässt sich für jede Atomsorte aus dem Periodensystem der Elemente (= PSE) ablesen.

Im Periodensystem der Elemente ist jede Atomsorte durch ein **Elementsymbol** wiedergegeben. Links oben vom Elementsymbol steht die **Nukleonenzahl (Anzahl der Protonen + Neutronen im Kern)** oder Massezahl, unten steht die **Protonenzahl** oder Kernladungszahl. Mit diesen Angaben lässt sich die Anzahl an Neutronen, Protonen und Elektronen eines Atoms ganz leicht bestimmen: Ein Atom ist grundsätzlich ungeladen, das heißt die Anzahl der Protonen muss gleich der Anzahl der Elektronen sein.

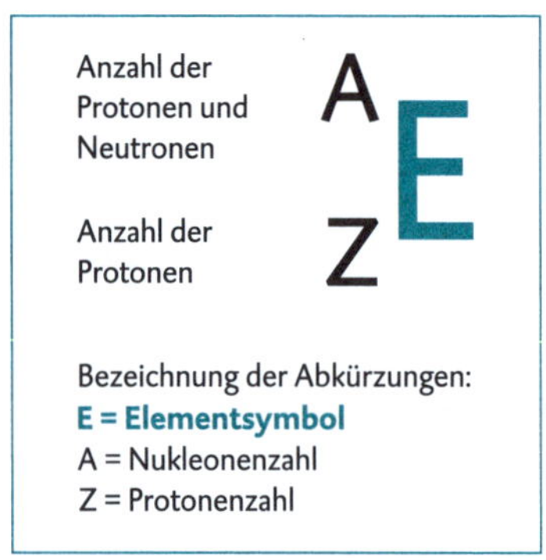

Abb. 58: Schematische Darstellung eines beliebigen Elements aus dem PSE

Die Neutronenzahl ist die Differenz aus Nukleonenzahl und Protonenzahl.

Nukleonenzahl (= Massenzahl) = Anzahl der Protonen + Anzahl der Neutronen
Protonenzahl (= Kernladungszahl) = Anzahl der Protonen
Anzahl der Neutronen = Nukleonenzahl – Protonenzahl
Anzahl der Elektronen im ungeladenen Atom = Anzahl der Protonen

Beispiel

$^{11}_{5}B$

Folgende Informationen können sofort abgelesen werden:
Elementsymbol B: Bor
Protonenzahl: 5
Nukleonenzahl: 11

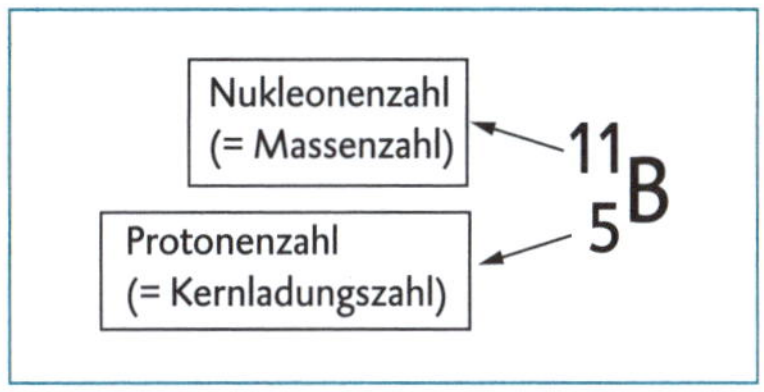

Abb. 59: Darstellung des Elements Bor im PSE

Folgende Informationen kann man sich erschließen:
Neutronenzahl: Nukleonenzahl – Protonenzahl = 11 – 5 = 6
Elektronenzahl: Bor ist ungeladenes Atom
⇒ Anzahl der Protonen = Anzahl der Elektronen = 5

1.3 Isotope

Bei Atomen des gleichen Elements wurden unterschiedliche Massen festgestellt. Da sich die Protonenzahl von Atomen desselben Elements nie unterscheidet und die Masse der Elektronen vernachlässigbar ist, muss die Änderung der Nukleonenzahl (= Massezahl) auf einer unterschiedlichen Anzahl an Neutronen im Atomkern beruhen.

Die Atome des gleichen Elements, die sich in der Anzahl der Neutronen unterscheiden, bezeichnet man als **Isotope** (gr.: *isos* = gleich, *topos* = Platz ⇒ am gleichen Platz im PSE stehend). Von 22 Elementen des PSE ist jeweils nur ein einziges **Isotop** bekannt. Sie werden deshalb **Reinelemente** genannt. Dazu zählen z. B. Be, F, Al, P und Bi.

Isotope eines Elements besitzen aufgrund ihrer gleichen Elektronen- und Protonenzahl die gleichen chemischen Eigenschaften.

Beispiel

Element	Isotope	Vorkommen in der Natur [%]
Wasserstoff	^{1}H ^{2}H (Deuterium) ^{3}H (Tritium)	99,98 0,02 0,000000000000001
Kohlenstoff	^{12}C ^{13}C ^{14}C	98,89 1,11 0,000000002

Zusammenfassung

- Atome bestehen nach dem **Kern-Hülle-Modell** von ERNEST RUTHERFORD aus einem sehr kleinen, positiv geladenen Atomkern, in dem die Atommasse konzentriert ist, und aus einer sehr großen, negativ geladenen und nahezu massefreien Atomhülle.
- Atome sind aus **Elementarteilchen** aufgebaut. Der Atomkern besteht aus positiv geladenen Protonen und ungeladenen Neutronen, die Atomhülle besteht aus negativ geladenen Elektronen.
- Die unterschiedlichen Atome unterscheiden sich in der Anzahl der Elementarteilchen. Die Anzahl an Protonen, Neutronen und Elektronen lassen sich anhand der Nukleonenzahl und Protonenzahl bestimmen.
- **Isotope** eines Elements besitzen aufgrund ihrer gleichen Elektronen- und Protonenzahl gleiche chemische Eigenschaften und gleiches Reaktionsverhalten. Isotope eines Elements besitzen aber eine unterschiedliche Anzahl an Neutronen. Deshalb unterscheiden sich Isotope eines Elements in der Nukleonenzahl.

Aufgaben **117** Um den Atombau genauer zu untersuchen, beschossen ERNEST RUTHERFORD und seine Mitarbeiter eine sehr dünne, nur etwa 1 000 Atome dicke Goldfolie mit sogenannten α-Teilchen.

a Beschrifte die Darstellung des Versuchsaufbaus mit den folgenden Begriffen: Goldfolie, α-Strahlungsquelle, Fotoschirm.

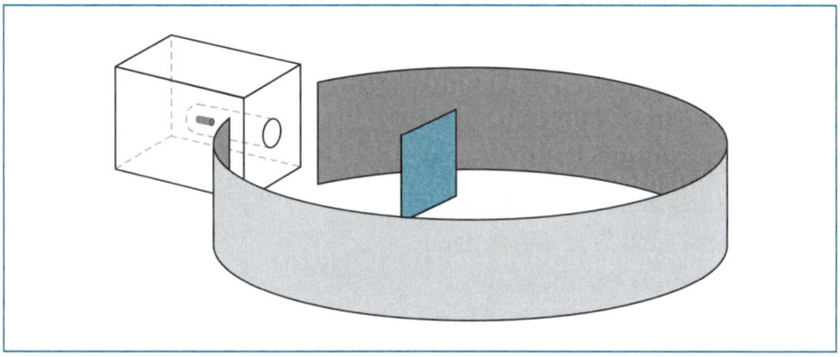

b Die folgenden Abbildungen zeigen mögliche Einschlagsbilder der positiv geladenen Teilchen. Bestimme das Einschlagsbild, das den Aufnahmen RUTHERFORDS und seiner Mitarbeiter entspricht, und das Einschlagsbild, das nach dem DALTON-Atommodell zu erwarten wäre. Begründe für beide Fälle ausführlich.

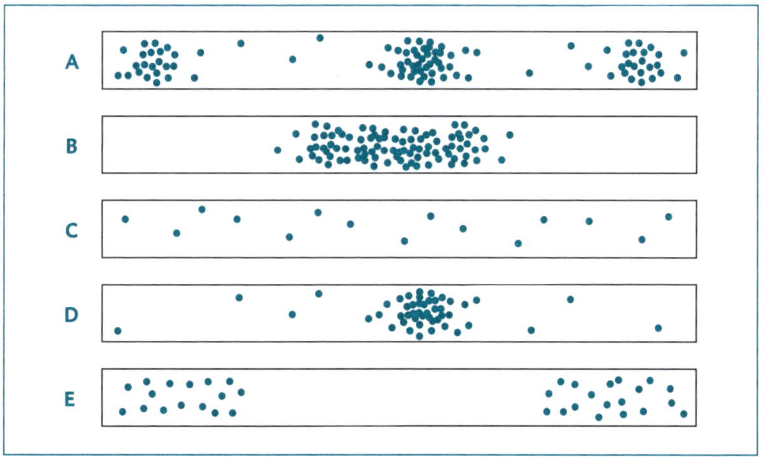

c Ordne den Beobachtungen (links) die richtige Schlussfolgerung (rechts) zu, indem du die passenden Abschnitte miteinander verbindest.

Eines von etwa 10 000 α-Teilchen wird reflektiert.	Atome besitzen einen Kern, der fast die ganze Masse enthält.
Fast alle α-Teilchen durchdringen die Gold-Atome ungehindert.	Die Atomkerne sind positiv geladen.
Gelegentlich werden α-Teilchen auf ihrer Flugbahn abgelenkt.	Der Atomkern ist 10 000-mal kleiner als das Atom selbst.
	Atome bestehen im Wesentlichen aus nichts.

d Beschreibe mithilfe der Abbildung den Aufbau der Goldfolie im Detail. Verwende dazu folgende Fachbegriffe: Atome, Atomkern, Atomhülle, Elektronen, sehr groß, sehr klein, negativ, Neutronen, positiv, Protonen.

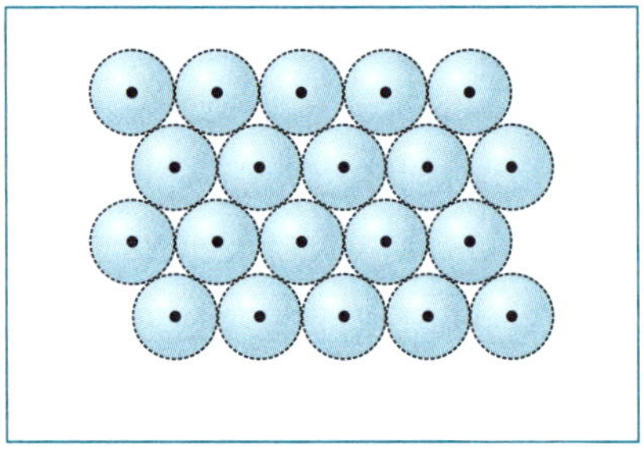

118 Um die Atomsorten eindeutig unterscheiden zu können wird jedem Element im PSE ein Symbol zugeordnet, welches von hoch- und tiefgestellten Zahlen begleitet wird.

a Benenne an folgendem Beispiel die hoch- und tiefgestellten Zahlen mit den entsprechenden Fachbegriffen und erkläre kurz die Bedeutung.

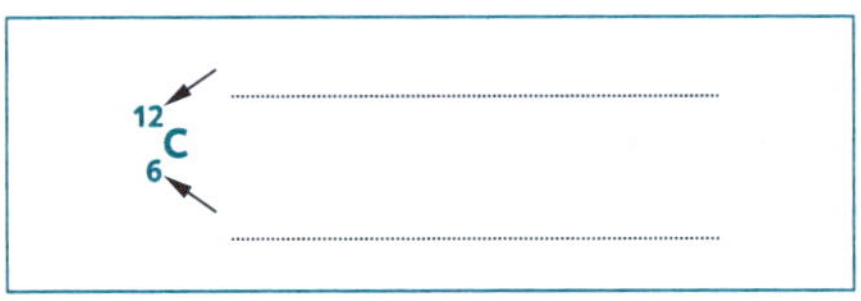

b Zähle auf, welche Informationen aus diesen Darstellungen zu entnehmen sind.

1: $^{16}_{8}O$; 2: $^{35}_{17}Cl$; 3: $^{69}_{31}Ga$; 4: $^{197}_{79}Au$;

119 Kreuze an, welche Aussagen über den Atombau des Elements $^{14}_{7}N$ zutreffen.

- ☐ Das Element hat 7 Protonen.
- ☐ Das Element hat 7 Elektronen.
- ☐ Die Kernladungszahl des Elements ist 7.
- ☐ Die Nukleonenzahl des Elements ist 7.
- ☐ Das Element hat 12 Neutronen.

120 Setze folgende Begriffe in das darunterstehende Strukturdiagramm ein: Nukleonen, Protonen, Elektronen, Elementarteilchen, Atomkern, Atomhülle, Neutronen.

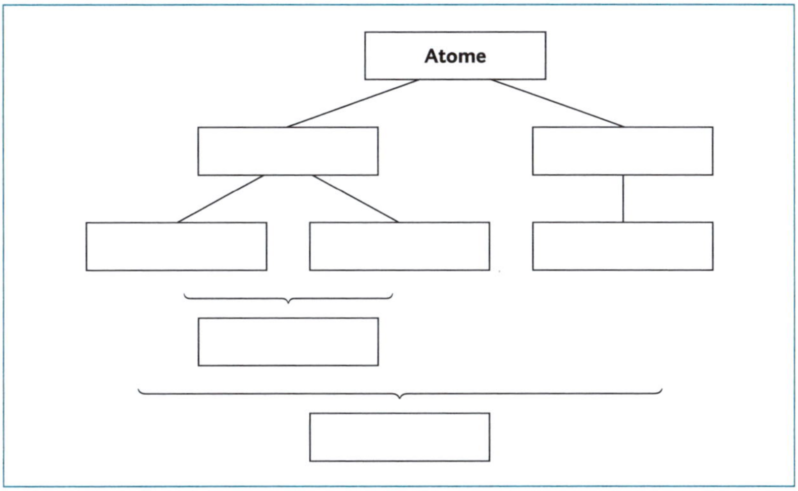

121 Ergänze mithilfe des Periodensystems folgende Tabelle.

Elementsymbol	Anzahl der Protonen	Anzahl der Elektronen	Anzahl der Neutronen
		13	
	34		45
F			
		14	14
			0
Rb			
		12	
	53		74

122 Von einem Element sind drei Isotope bekannt.

a Definiere den Begriff Isotop.

b Ein Isotop besitzt die Protonenzahl 8 und die Nukleonenzahl 18. Ermittle die Anzahl der Protonen, Neutronen und Elektronen.

c Gib die Protonenzahl und die Nukleonenzahl eines weiteren Isotops dieses Elements an.

2 Das Energiestufenmodell

Nach dem Kern-Hülle-Modell besteht ein Atom aus einem positiv geladenen Atomkern und einer Atomhülle, in der sich Elektronen befinden. Da der Atomkern und die Atomhülle entgegengesetzt geladen sind, werden die Elektronen der Atomhülle vom positiv geladenen Atomkern angezogen.

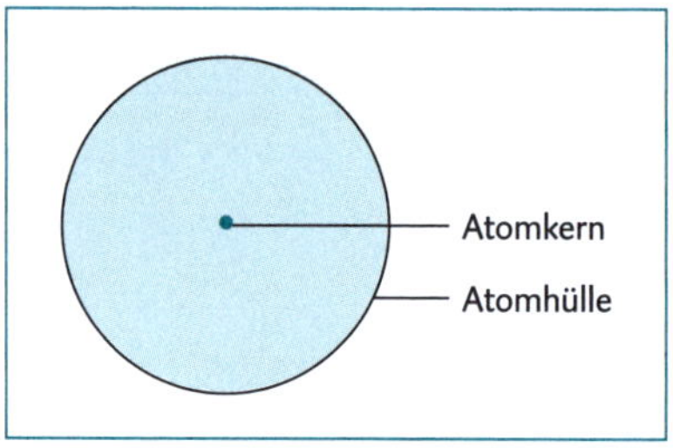

Abb. 60: Der Atombau als Schema

2.1 Ionisierungsenergie

Ein Natrium-Atom besitzt im Atomkern elf Protonen. Somit enthält die Atomhülle elf Elektronen. Diese Elektronen können durch gezielte Hinzugabe von Energie aus der Atomhülle entfernt werden. Diese Energie, die zur vollständigen Entfernung eines Elektrons aus der Atomhülle benötigt wird, nennt man **Ionisierungsenergie**.
Folgendes Diagramm zeigt die Ionisierungsenergien der elf Elektronen des Natrium-Atoms, wenn diese nacheinander entfernt werden.

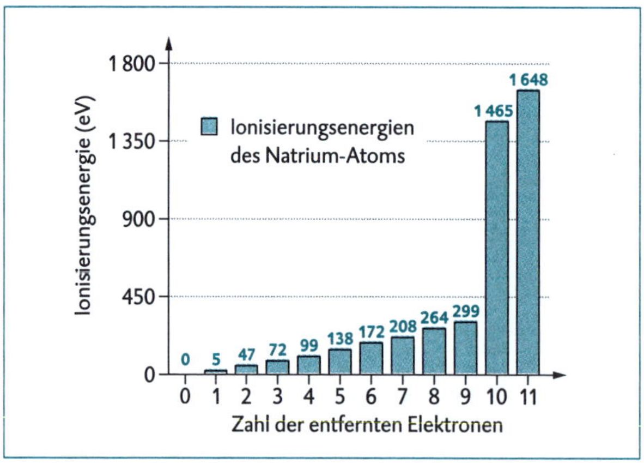

Abb. 61: Ionisierungsenergien des Natrium-Atoms

Man kann nun beobachten, dass die elf Elektronen des Natrium-Atoms unterschiedlich hohe Ionisierungsenergien besitzen: Zur vollständigen Entfernung der Elektronen 10 und 11 aus der Atomhülle muss deutlich mehr Energie aufgewendet werden als für die der anderen Elektronen.
Wie lassen sich diese beiden hohen Ionisierungsenergien erklären?

Jedes Elektron besitzt eine potenzielle Energie, das bedeutet, je weiter ein Elektron vom Atomkern entfernt liegt, desto höher ist seine potenzielle Energie. Der Zusammenhang zwischen potenzieller Energie und Ionisierungsenergie ist folgender: Je weiter ein Elektron vom Atomkern entfernt ist, also je höher die potenzielle Energie dieses Elektrons ist, desto schwächer ist die Anziehungskraft des positiv geladenen Atomkerns auf das Elektron. Durch die geringere Anziehungskraft des Atomkerns auf das Elektron kann es leichter, also mit weniger Energieaufwand, aus der Atomhülle entfernt werden. Das weiter entfernte Elektron besitzt also eine niedrigere Ionisierungsenergie.

Ionisierungsenergie = Energie, die notwendig ist, um ein Elektron aus der Atomhülle vollständig zu entfernen

Elektronen liegen **nahe** am Atomkern:

- **starke** Anziehung vom Kern
- **hohe** Energiezufuhr für Entfernung aus Atomhülle nötig
  ⇒ **hohe** Ionisierungsenergie
- **geringe** potenzielle Energie

Elektronen sind **weiter** vom Kern entfernt:

- **schwächere** Anziehung vom Kern
- **geringere** Energiezufuhr für Entfernung aus Atomhülle nötig
  ⇒ **niedrigere** Ionisierungsenergie
- **hohe** potenzielle Energie

Doch welche neuen Erkenntnisse lassen sich aus den oben beschriebenen Beobachtungen ableiten?

2.2 Das Energiestufenmodell von Bohr

Der dänische Physiker Niels Bohr entwickelte die Vorstellung von Rutherford über den Aufbau der Atome weiter, indem er die Anordnung der Elektronen in der Atomhülle untersuchte.
Hält man ein Lithium-Salz (z. B. Lithiumchlorid) in die Flamme eines Bunsenbrenners, so färbt sich die Flamme karminrot. Diese Flammenfarbe wird durch das Lithium-Salz, genauer gesagt durch „angeregte Lithium-Atome“, hervorgerufen:

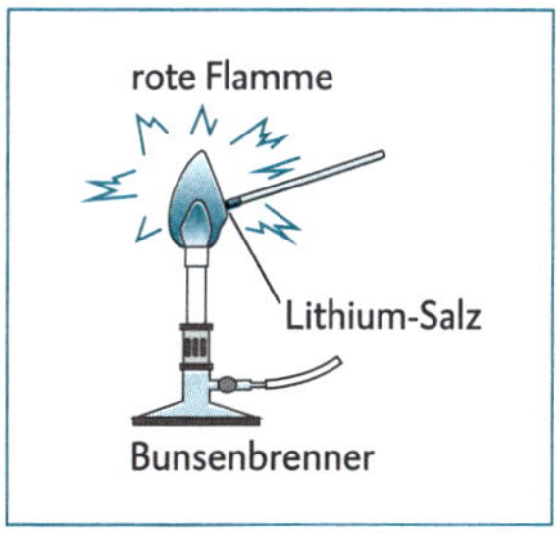

Abb. 62: Flammenfärbung

Die Elektronen eines Lithium-Atoms nehmen Energie in Form von Wärme auf. Dadurch gehen die Elektronen in einen energiereicheren, angeregten Zustand über. Da dieser energiereichere Zustand aber sehr instabil ist, kehren die Elektronen unter Abgabe von Energie, hier in Form von Licht, in den Ausgangszustand zurück. Diese emittierte (= ausgesendete) Farbe entspricht einem ganz bestimmten Energiebetrag. Elektronen können also nur zwischen diesen bestimmten Energiestufen durch Aufnahme oder Abgabe von Energie hin- und herwechseln.

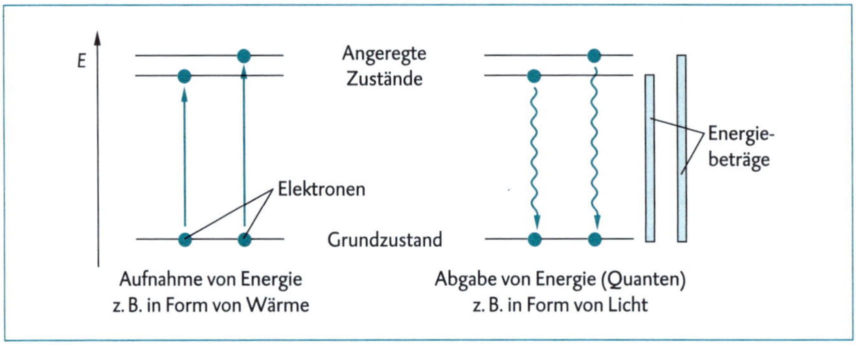

Abb. 63: Darstellung von Elektronenübergängen

Mithilfe dieses Experimentes entwickelte sich folgende Vorstellung über die Anordnung der Elektronen in der Atomhülle: Die Elektronen in der Atomhülle befinden sich auf definierten Energiestufen, die um den Atomkern angeordnet sind. Je weiter eine Energiestufe vom Atomkern entfernt ist, desto energiereicher ist diese Energiestufe und desto höher ist die potenzielle Energie der Elektronen, die sich auf dieser Energiestufe befinden.

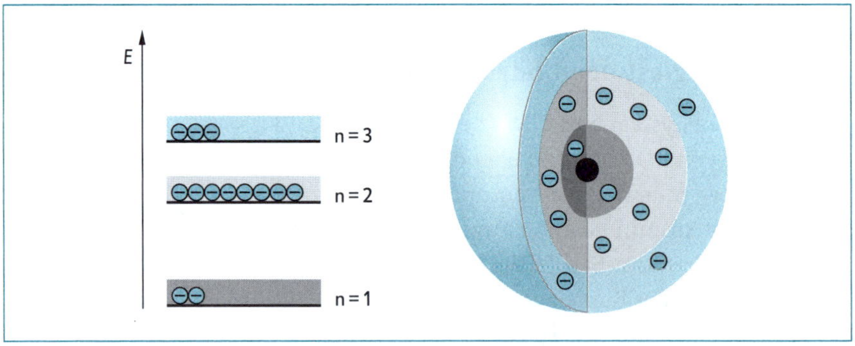

Abb. 64: Anordnung der Energiestufen um den Atomkern eines Aluminium-Atoms

Jede Energiestufe wird durch die sogenannte **Hauptquantenzahl n** (ablesbar im PSE) gekennzeichnet. Die Hauptquantenzahl n der energieärmsten Energiestufe, die dem Atomkern am nächsten ist, erhält den Wert 1, die nächsthöhere Energiestufe den Wert 2 usw.

Doch wie sind die Elektronen nun auf den Energiestufen angeordnet?

In der Energiestufe mit der Hauptquantenzahl n = 1 können sich maximal 2 Elektronen befinden. In der Energiestufe mit der Hauptquantenzahl n = 2 können sich maximal 8 Elektronen befinden; in der folgenden Energiestufe (n = 3) maximal 18 Elektronen.

Die maximale **Anzahl an Elektronen** auf einer Energiestufe mit der Hauptquantenzahl n beträgt **$2n^2$**.

Regeln zur Besetzung der einzelnen Energiestufen mit Elektronen (Aufbauregel)

1. Beginne bei der Besetzung der Energiestufen immer bei der Energiestufe n = 1, also bei der energieärmsten Stufe.
2. Besetze immer zunächst die energieärmere Energiestufe mit der maximalen Anzahl an Elektronen ($2n^2$), bevor die nächste, energiereichere Energiestufe mit Elektronen besetzt wird.

Beispiel

$^{23}_{11}$Na: Das Natrium-Atom besitzt 11 Protonen im Kern und somit auch 11 Elektronen in der Atomhülle.
Nach der Aufbauregel wird die Energiestufe n = 1 zuerst mit zwei Elektronen voll besetzt. Anschließend erfolgt die Besetzung der Energiestufe n = 2 mit maximal 8 Elektronen. Das verbleibende Elektron wird auf der Energiestufe n = 3 angeordnet.

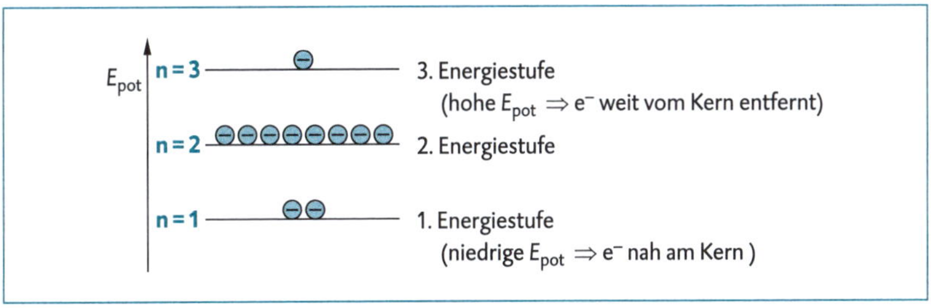

Abb. 65: Energiestufenmodell des Natrium-Atoms

Nun kommen wir noch einmal zurück zum einführenden Experiment, der Verbrennung von Lithium-Salzen. Mithilfe des Energiestufenmodells lässt sich die Beobachtung dieses Experiments, die karminrote Flammenfärbung, eindeutig erklären.

Im Grundzustand sind die drei Elektronen des Lithium-Atoms auf zwei Energiestufen verteilt:

$n = 1 \Rightarrow 2\ e^-$

$n = 2 \Rightarrow 1\ e^-$

andere Schreibweise: $1^2 2^1$

Durch das Erhitzen des Stoffes in der Gasbrennerflamme wird dem System Energie zugeführt.

Dabei wird das Elektron der zweiten (und höchsten) Energiestufe, das sog. Valenzelektron, energetisch auf die dritte Energiestufe angehoben.

Das energetisch angehobene Elektron fällt in den stabilen Grundzustand zurück. Dabei wird Energie in Form von Licht in einer bestimmten Wellenlänge abgegeben.

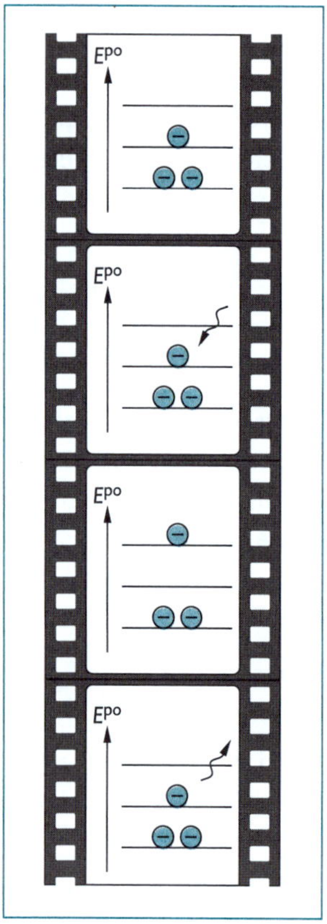

Abb. 66: Filmleiste zur Erklärung des Experimentes der Flammenfärbung

2.3 Elektronenkonfiguration und Valenzelektronen

Die Verteilung der Elektronen auf die verschiedenen Energiestufen nennt man **Elektronenkonfiguration**. Dabei wird die Zahl der Energiestufe (n) in Zusammenhang mit einer hochgestellten Zahl dargestellt, die die Anzahl der Elektronen auf der jeweiligen Energiestufe angibt.

Beispiel

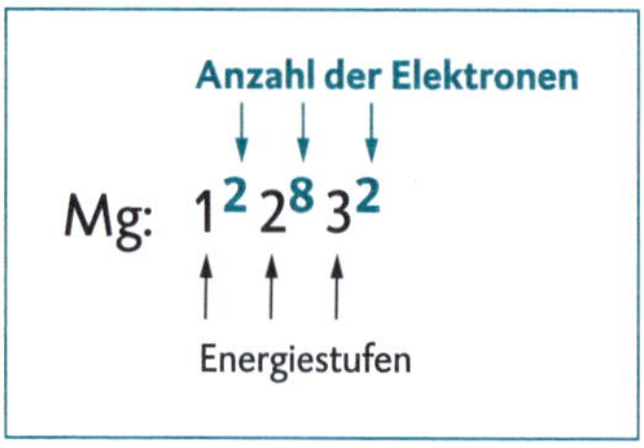

Abb. 67: Darstellung der Elektronenkonfiguration des Magnesium-Atoms in der Kurzschreibweise

Aus der Elektronenkonfiguration kann nicht nur die Anzahl der besetzten Energiestufen und die Anzahl der Elektronen darauf abgelesen werden, sondern auch die Anzahl der **Valenzelektronen** für das entsprechende Atom.

Als **Valenzelektronen (Außenelektronen)** werden die Elektronen der höchsten, also energiereichsten Energiestufe bezeichnet. Diese Valenzelektronen sind besonders entscheidend für das **Reaktionsverhalten** der Atome.

Beispiel

Die Elektronenkonfiguration des Magnesium-Atoms ist $1^2\ 2^8\ 3^2$.
Auf der höchstbesetzten Energiestufe (n = 3) befinden sich 2 Elektronen.
Das Magnesium-Atom hat also zwei **Valenzelektronen**.

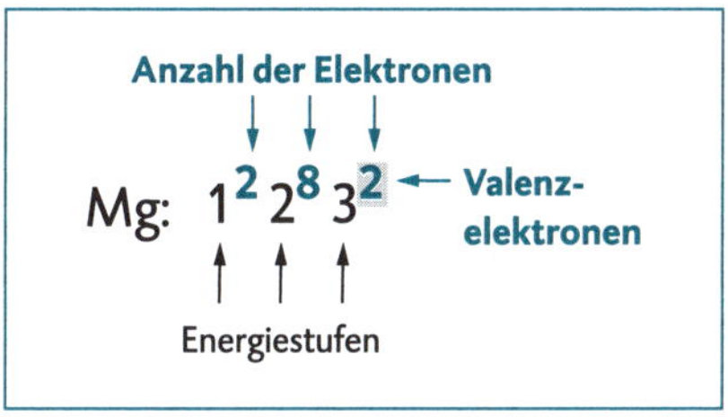

Abb. 68: Darstellung der Elektronenkonfiguration des Magnesium-Atoms in der Kurzschreibweise

Die Anzahl der Valenzelektronen, die ein Atom besitzt, kann dem Periodensystem der Elemente entnommen werden. Die römische Ziffer über den Elementsymbolen gibt die Anzahl der Valenzelektronen an.

Anzahl der Valenzelektronen	I	II	III	IV	V	VI	VII	VIII
	H							He
	Li	Be	B	C	N	O	F	Ne
	Na	Mg	Al	Si	P	S	Cl	Ar

Tab. 18: Ausschnitt aus dem Periodensystem der Elemente

2.4 Edelgaszustand und Atom-Ionen

Der Edelgaszustand

Die Atome der Edelgase Helium, Neon, Argon, Krypton, Xenon und Radon reagieren sehr selten mit anderen Atomen, sie sind reaktionsträge. Alle Edelgase mit Ausnahme von Helium (2 Valenzelektronen) besitzen 8 Valenzelektronen. Die Besetzung der höchsten Energiestufe mit der maximalen Anzahl an Elektronen stellt einen stabilen, also energiearmen Zustand dar.

> Die Elektronenkonfiguration der Edelgase mit der maximalen Anzahl an Valenzelektronen wird als Edelgaszustand oder **Edelgaskonfiguration** bezeichnet.

Die Atom-Ionen

Grundsätzlich kennen wir zwei Arten von Teilchen:

1. **Atome**, bei denen die Anzahl der Protonen gleich der Anzahl der Elektronen ist.
2. **Ionen**, also geladene Teilchen, bei denen die Anzahl der Protonen ungleich der Anzahl der Elektronen ist.

Doch wie unterschieden sich nun die Atome und die dazugehörigen Atom-Ionen voneinander?

Beispiel

Das Natrium-Atom besitzt die Elektronenkonfiguration $1^2 2^8 3^1$. Das Natrium-Ion hingegen besitzt eine positive Ladung (Na^+), das bedeutet, im Atomkern befindet sich ein Proton mehr, als sich Elektronen in der Atomhülle befinden. Ein Natrium-Ion besitzt also ein Elektron weniger als das Natrium-Atom. Das Natrium-Ion wird somit mit folgender Elektronenkonfiguration dargestellt: $1^2 2^8 3^0$.

Betrachten wir noch zwei weitere Beispiele.

1. Calcium-Atom (Ca): $1^2 2^8 3^8 4^2$
   Calcium-Ion (Ca^{2+}): $1^2 2^8 3^8 4^0$
   Das Calcium-Ion besitzt also zwei Elektronen weniger als das Calcium-Atom.
2. Schwefel-Atom (S): $1^2 2^8 3^6$
   Sulfid-Ion (S^{2-}): $1^2 2^8 3^8$
   Das Sulfid-Ion besitzt zwei Elektronen mehr als das Schwefel-Atom.

Was haben alle diese Atom-Ionen nun gemeinsam? Sie besitzen alle eine mit Elektronen voll besetzte höchste Energiestufe und somit acht Valenzelektronen. Acht Valenzelektronen werden als **Elektronenoktett** bezeichnet.
Alle Atome der Edelgase sowie alle Atom-Ionen besitzen also ein Elektronenoktett.
Eine Ausnahme bilden Helium-Atome, Lithium-Ionen (Li^+) und Beryllium-Ionen (Be^{2+}), die mit nur zwei Valenzelektronen eine voll besetzte, höchste Energiestufe ($1^2 2^0$) haben. In diesem Fall spricht man von einem **Elektronendublett**.

Zusammenfassung

- Die Elektronen eines Atoms können mithilfe von Energie einzeln entfernt werden. Dabei wird für jedes Elektron eines Atoms eine charakteristische Energie benötigt. Diese nennt man **Ionisierungsenergie** (= Energie, die notwendig ist, um ein Elektron aus der Atomhülle zu entfernen).
- Nach dem **Energiestufenmodell** befinden sich die Elektronen eines Atoms in der Atomhülle auf festgelegten Energiestufen.
- Die **Elektronenkonfiguration** gibt die Verteilung der Elektronen auf die verschiedenen Energiestufen wieder.
- Als **Valenzelektronen** werden die Elektronen der jeweils höchst besetzten Energiestufe eines Atoms bezeichnet. Sie bestimmen das chemische Reaktionsverhalten eines Atoms.

Aufgaben **123** In folgender Grafik sind die ersten drei Ionisierungsenergien für ein Natrium-Atom und ein Magnesium-Atom gezeigt.

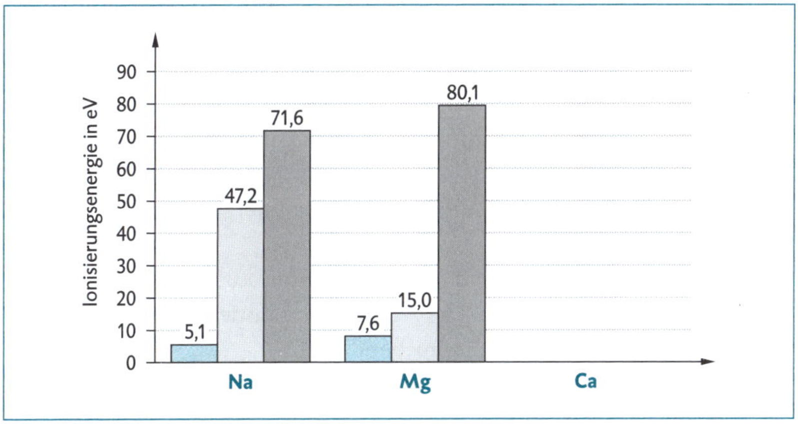

a Definiere den Begriff Ionisierungsenergie.

b Erläutere den unterschiedlichen Verlauf der Ionisierungsenergien eines Natrium-Atoms und eines Magnesium-Atoms.

c Der Teil des Balkendiagramms für die ersten drei Ionisierungsenergien des Calcium-Atoms ist leider verloren gegangen. Vervollständige das Diagramm, indem du die Balken für die ersten drei Ionisierungsenergien in das Diagramm einzeichnest, und begründe deine Antwort. Die Angabe von Tendenzen genügt, da die genauen Werte hier unbekannt sind.

124 Um ein unbekanntes Atom X zu identifizieren, hat man bei dem Atom nacheinander alle Elektronen entfernt und dabei für jedes Elektron die spezifische Ionisierungsenergie gemessen. Diese Daten sind in folgendem Diagramm zusammengefasst.

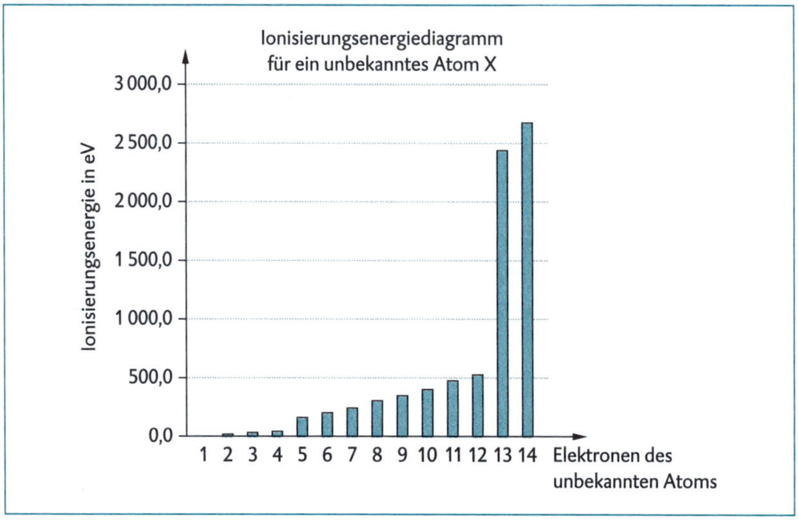

a Leite aus dem Diagramm ab, um welches Element es sich bei dem unbekannten Atom handelt, und begründe deine Antwort.

b Gib für das unbekannte Atom die Anzahl an Protonen, Elektronen und Neutronen an.

c Zeichne ein vollständig beschriftetes Energiestufendiagramm für das Atom X.

d Formuliere ausgehend von dem Energiestufendiagramm die Elektronenkonfiguration für das Atom X und notiere die Anzahl der Valenzelektronen für das entsprechende Atom.

125 Rechts ist eine schematische, zweidimensionale Abbildung eines Sauerstoff-Atoms mit der relativen Verteilung der Elektronen um den Atomkern zu sehen.

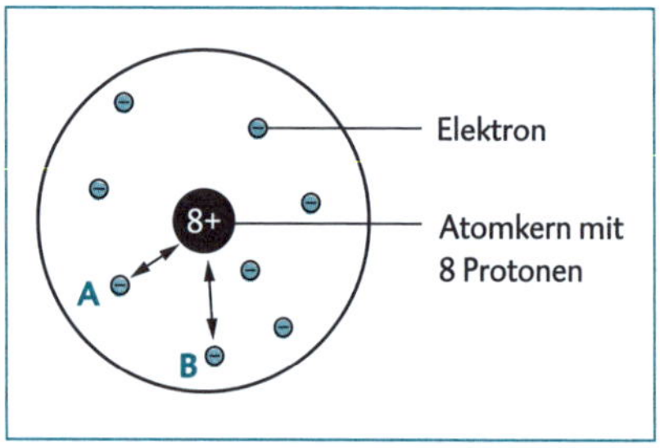

a Entscheide, für welches Elektron (A oder B) mehr Ionisierungsenergie aufgewendet werden muss, um es aus der Atomhülle zu entfernen, und begründe deine Antwort ausführlich.

b Formuliere aus den Satzbausteinen korrekte Sätze, indem du aus jeder Spalte einen Satzbaustein verwendest und diese in derselben Farbe verbindest.

Je	höher	die Energiestufe ist, die ein Elektron besetzt,	desto	höher	ist die Energiestufe, die das Elektron besetzt.
	niedriger	die Ionisierungsenergie für ein Elektron ist,		niedriger	ist die Ionisierungsenergie für dieses Elektron.
	stärker	der Abstand zwischen Kern und Elektron ist,		stärker	ist der Abstand zwischen Kern und Elektron.
	schwächer	die Anziehungskraft zwischen Elektron und Kern ist,		schwächer	ist die Anziehungskraft zwischen diesem Elektron und Kern.
	größer			größer	
	kleiner			kleiner	

126 Nachfolgend sind einige Energiestufenmodelle abgebildet.

a Entscheide mithilfe eines Periodensystems, zu welchen Atomsorten die folgenden Energiestufenmodelle gehören.
Schreibe das entsprechende Formelzeichen in den durchgezogenen Kreis (◯).

b Definiere den Begriff Valenzelektronen.

c Gib für jedes Modell die Anzahl an Valenzelektronen an und notiere die entsprechende Zahl in dem gestrichelten Kreis (◯).

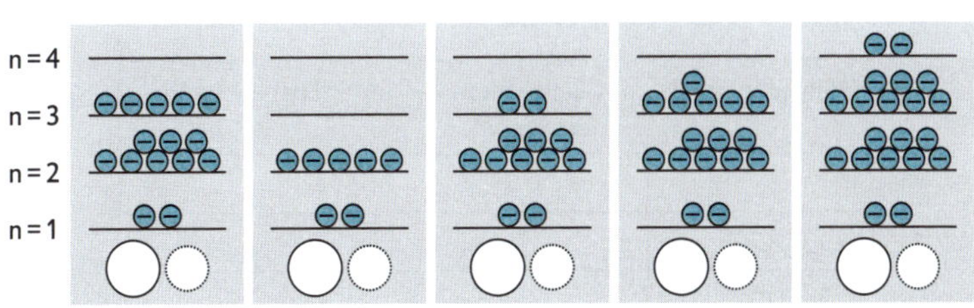

Fortsetzung siehe folgende Seite

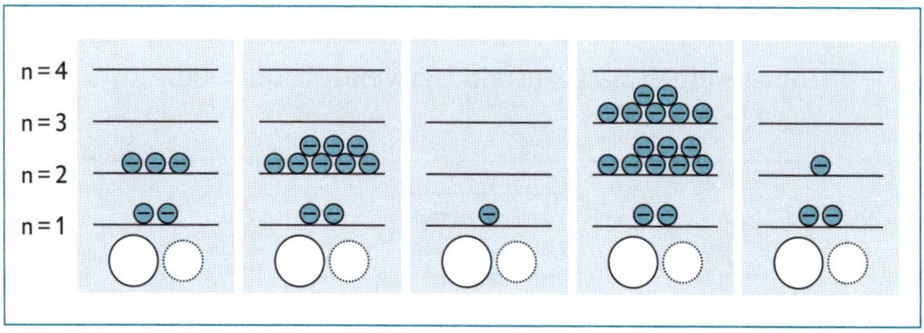

127 Ergänze die Energiestufendiagramme für folgende Atomsorten, indem du die Anzahl der Elektronen in die jeweilige Energiestufe schreibst.

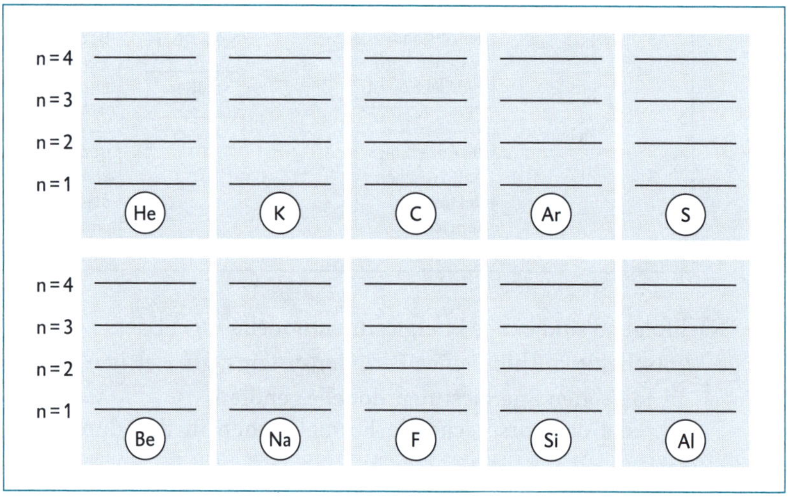

128 Neben der Darstellung der Verteilung der Elektronen mithilfe eines Energiestufenmodells kann die Anordnung der Elektronen auf die verschiedenen Energiestufen auch mithilfe der Elektronenkonfiguration erfolgen.

a Ergänze folgende Tabelle.

Elementsymbol	Elektronenkonfiguration
	$1^2\,2^6$
Ca	
Cl	

Elementsymbol	Elektronenkonfiguration
	$1^2\,2^8\,3^3$
	$1^2\,2^8\,3^5$
He	

b Doch hier sind leider ein paar Fehler passiert. Kreuze die fehlerhaften Darstellungen an und verbessere sie.

- ☐ K: $1^2 2^8 3^1$ __________
- ☐ Be: $1^2 2^2$ __________
- ☐ F: $1^2 2^7$ __________
- ☐ Si: $1^2 2^8 3^3$ __________
- ☐ Na: $1^2 2^1$ __________

c Aus der Darstellung mithilfe der Elektronenkonfiguration kann man viele Informationen entnehmen. Kreuze die Informationen an, die man direkt aus der Elektronenkonfiguration ablesen kann.

- ☐ Anzahl der Valenzelektronen
- ☐ Reaktivität
- ☐ Anzahl der besetzten Energiestufen
- ☐ Anzahl der Elektronen
- ☐ Größe des Atoms
- ☐ Anzahl der Neutronen

129 Gib ohne Zuhilfenahme des Periodensystems die Anzahl der Valenzelektronen (VE) folgender Elemente an. Erläutere dein Vorgehen kurz.

$^{7}_{3}\text{Li}$ $^{32}_{16}\text{S}$ $^{11}_{5}\text{B}$

130 Atom-Ionen unterscheiden sich in der Anzahl der Elektronen in der Atomhülle von den dazugehörigen Atomen. Betrachte folgende Aussagen und entscheide, ob sie richtig (r) oder falsch (f) sind. Verbessere falsche Aussagen, indem du die falschen Passagen unterstreichst und diese dann verbesserst. Achte darauf, dass die Verbesserung mithilfe einer Verneinung nicht zielführend ist.

		richtig	falsch
a	Alle Ionen sind geladen.	☐	☐
b	Kationen sind negativ geladen.	☐	☐
c	Ein Elektronendublett oder ein Elektronenoktett kennzeichnen Atom-Ionen und die Atome der Edelgase.	☐	☐
d	Die Anzahl an Protonen und Neutronen sind bei Atomen und den dazugehörigen Atom-Ionen unterschiedlich.	☐	☐
e	Alle Atom-Ionen besitzen 8 Valenzelektronen.	☐	☐
f	Anionen besitzen mehr Elektronen in der Atomhülle als die dazugehörigen Atome.	☐	☐

131 Ermittle die Anzahl an Protonen, Neutronen und Elektronen für folgende Atome bzw. Atom-Ionen.

a $^{3}_{1}H$

b $^{56}_{26}Fe$

c F^{-} $\left(^{19}_{9}F\right)$

d Mg^{2+} $\left(^{24}_{12}Mg\right)$

e Li^{+} $\left(^{7}_{3}Li\right)$

132 **a** Formuliere das Energiestufenmodell für folgende Atom-Ionen.

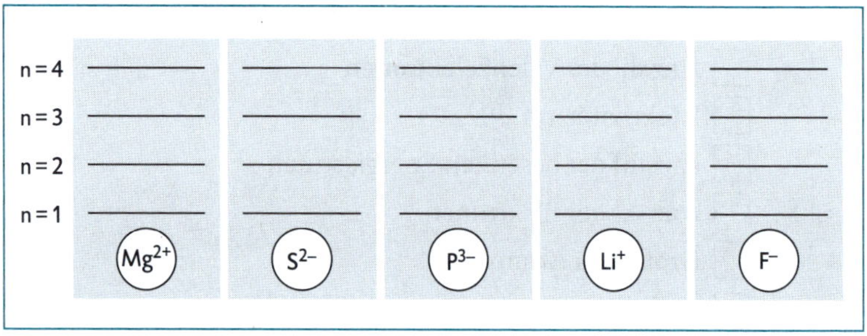

b Beschreibe eine wesentliche Gemeinsamkeit, die alle 5 Energiestufenmodelle aufweisen.

133 Folgende Ionen sind gegeben: K^{+}, Ne^{2+}, Mg^{3+}, P^{5+}, N^{-}-, O^{2-}, Cl^{3-}

a Gib an, welche Ionen tatsächlich existieren.

b Erkläre, weshalb die von dir nicht aufgezählten Ionen nicht existieren.

3 Das gekürzte Periodensystem der Elemente

Im Periodensystem der Elemente sind alle bekannten Elemente nach ihrem Atombau und ihren chemischen Eigenschaften angeordnet. Die Abkürzung dafür lautet PSE (= **P**eriodensystem der **E**lemente).

3.1 Die Ordnungsprinzipien des Periodensystems der Elemente

Im PSE sind alle Elemente nach steigender Ordnungszahl angeordnet. Die Ordnungszahl haben wir bereits als Protonen- oder Kernladungszahl kennengelernt. Das bedeutet also, dass die Elemente im PSE nach steigender Protonenzahl im Atomkern angeordnet sind.

Die Elemente werden in **Gruppen** und **Perioden** eingeteilt. Alle Elemente, die sich in derselben Gruppe befinden, besitzen dieselbe Anzahl an Valenzelektronen in der jeweiligen höchsten Energiestufe. Alle Elemente einer Gruppe zeigen also ähnliche chemische Eigenschaften. Die Elemente, die in einer Periode zusammengefasst sind, haben die Gemeinsamkeit, dass sich die Valenzelektronen auf derselben Energiestufe befinden. Sie unterscheiden sich aber in der Anzahl der Valenzelektronen.

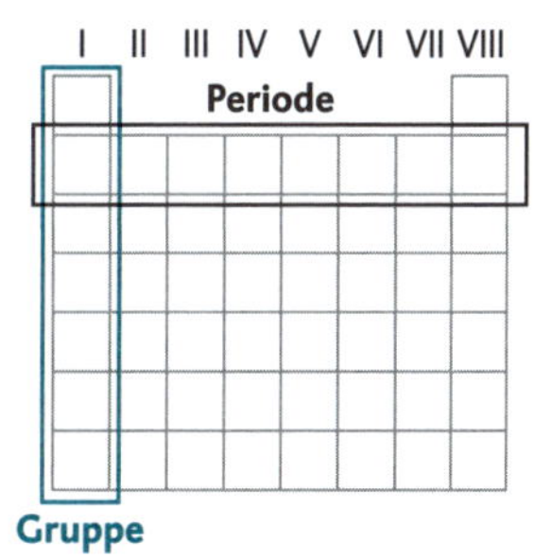

Abb. 69: Schematische Darstellung des gekürzten PSE mit Gruppen und Perioden

Die Gruppen im Periodensystem kann man in **acht Hauptgruppen** und **zehn Nebengruppen** unterteilen.
Eine Abbildung, die nur die acht Hauptgruppen des Periodensystems enthält, wird als **gekürztes Periodensystem der Elemente** bezeichnet, da nicht alle Elemente des Periodensystems dargestellt sind.

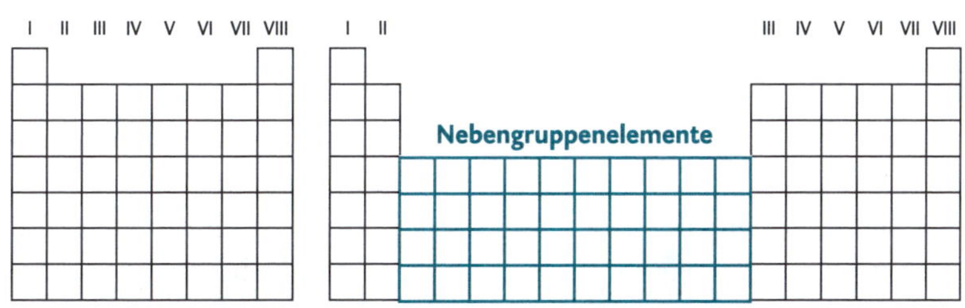

Abb. 70: Schematische Darstellung des gekürzten PSE (links) und des vollständigen PSE (rechts)

Die Hauptgruppen

Die Hauptgruppen werden von links nach rechts mit römischen Ziffern von I–VIII durchnummeriert und, wie in der folgenden Tabelle dargestellt, benannt.

Hauptgruppe	Name	Elemente
I	Wasserstoff und Alkalimetalle	H, Li, Na, K, Rb, Cs, Fr
II	Erdalkalimetalle	Be, Mg, Ca, Sr, Ba, Ra
III	Borgruppe	B, Al, Ga, In, Tl
IV	Kohlenstoffgruppe	C, Si, Ge, Sn, Pb
V	Stickstoffgruppe	N, P, As, Sb, Bi
VI	Sauerstoffgruppe	O, S, Se, Te, Po
VII	Halogene	F, Cl, Br, I, At
VIII	Edelgase	He, Ne, Ar, Kr, Xe, Rn

Tab. 19: Überblick über die Benennung der acht Hauptgruppen

Beispiel

Alle Elemente, die zur Hauptgruppe der Erdalkalimetalle gehören, besitzen **2 Valenzelektronen**. Deshalb erhielt diese Hauptgruppe die römische Ziffer II. Die Elektronenkonfigurationen der Elemente der 2. Hauptgruppe verdeutlichen, dass jeweils die höchstbesetzte Energiestufe zwei Valenzelektronen enthält.

Be: $1^2\ \mathbf{2^2}$

Mg: $1^2\ 2^8\ \mathbf{3^2}$

Ca: $1^2\ 2^8\ 3^8\ \mathbf{4^2}$

Sr: $1^2\ 2^8\ 3^{18}\ 4^8\ \mathbf{5^2}$

Ba: $1^2\ 2^8\ 3^{18}\ 4^{18}\ 5^8\ \mathbf{6^2}$

Ra: $1^2\ 2^8\ 3^{18}\ 4^{32}\ 5^{18}\ 6^8\ \mathbf{7^2}$

Abb. 71: Elektronenkonfigurationen der Elemente der Erdalkalimetalle

Die Nebengruppen

Alle Elemente, die im gekürzten Periodensystem nicht zu sehen sind, gehören zu den sog. **Nebengruppen**. Bei diesen Elementen erfolgt die Besetzung innerer Energiestufen mit Elektronen.

Beispiel

Nach dem Element Calcium, das in der 2. Hauptgruppe steht und die Ordnungszahl 20 besitzt, folgt im gekürzten Periodensystem in der 3. Hauptgruppe das Element Gallium mit der Ordnungszahl 31. Elemente der Ordnungszahl 21 (Scandium) bis 30 (Zink) sind Nebengruppenelemente. Die hinzukommenden Elektronen befinden sich in der 3. Energiestufe.

Zur Veranschaulichung ist die Elektronenkonfiguration dieser Nebengruppenelemente im Folgenden angegeben.

Hauptgruppenelement:	Calcium (Ca):	$1^2 2^8 3^8 4^2$
Nebengruppenelement:	Scandium (Sc):	$1^2 2^8 3^9 4^2$
	Titan (Ti).	$1^2 2^8 3^{10} 4^2$
	Vanadium (V):	$1^2 2^8 3^{11} 4^2$
	Chrom (Cr):	$1^2 2^8 3^{13} 4^1$
	Mangan (Mn):	$1^2 2^8 3^{13} 4^2$
	Eisen (Fe):	$1^2 2^8 3^{14} 4^2$
	Cobalt (Co):	$1^2 2^8 3^{15} 4^2$
	Nickel (Ni):	$1^2 2^8 3^{16} 4^2$
	Kupfer (Cu):	$1^2 2^8 3^{18} 4^1$
	Zink (Zn):	$1^2 2^8 3^{18} 4^2$
Hauptgruppenelement:	Gallium (Ga):	$1^2 2^8 3^{18} 4^3$

Abb. 72: Elektronenkonfigurationen der Nebengruppenelemente der 3. Energiestufe

Die Perioden

Alle Elemente, die eine unterschiedliche Anzahl an Valenzelektronen auf derselben Energiestufe besitzen, werden in einer Periode zusammengefasst. Das PSE besteht aus sieben Perioden, die im Gegensatz zu den Gruppen, die mit römischen Ziffern nummeriert werden, mit arabischen Ziffern gekennzeichnet werden. Die arabische Ziffer der Periode entspricht der Anzahl an besetzten Energiestufen.

Beispiel

In der zweiten Periode sind die Valenzelektronen dieser Elemente auf der 2. Energiestufe (n = 2) angeordnet.

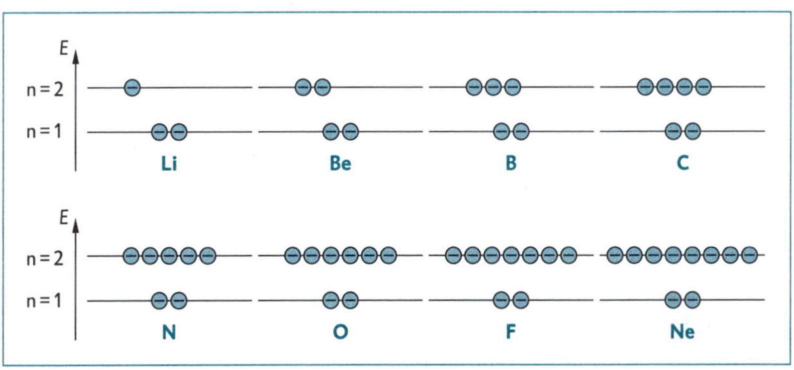

Abb. 73: Elektronenkonfiguration der Elemente der 2. Periode mit den besetzten Energiestufen

3.2 Informationen, die aus dem PSE entnommen werden können

Innerhalb der Gruppen und Perioden des PSE lassen sich folgende Größen und Eigenschaften vergleichen:

- Zahl der Valenzelektronen,
- Atomradius,
- Ionisierungsenergie,
- Elektronenaffinität,
- Ionenradius.

Grundsätzlich unterteilt man die Elemente im PSE in drei Bereiche: die Metalle, die Halbmetalle und die Nichtmetalle.

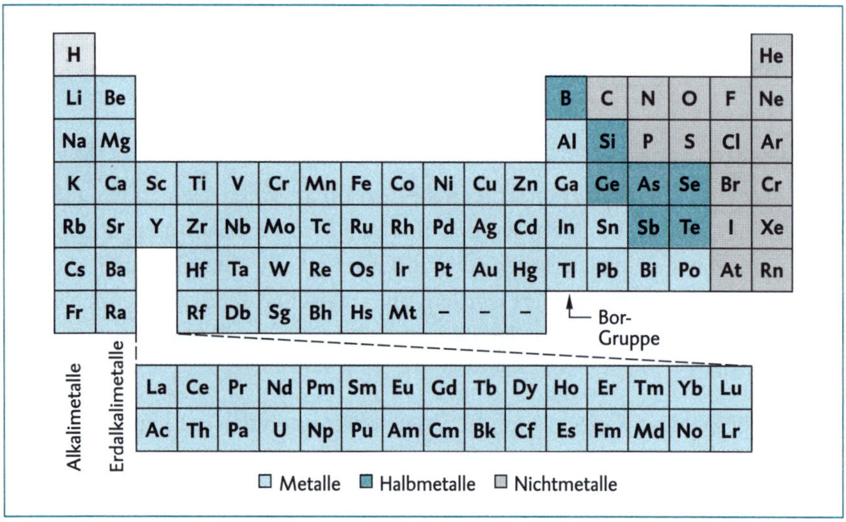

Abb. 74: PSE mit den drei Bereichen: Metalle, Halbmetalle und Nichtmetalle

Im Periodensystem stehen alle **Metalle** links unterhalb der Diagonalen, die man von Bor über Silicium, Arsen, Tellur bis zum Astat im PSE ziehen kann. Auch alle Nebengruppenelemente sind Metalle. Metallatome sind durch eine Metallbindung miteinander verbunden. Aufgrund dieses Bindungstyps besitzen alle Metalle folgende Eigenschaften: gute elektrische Leitfähigkeit und gute Wärmeleitfähigkeit, einen metallischen Glanz und Verformbarkeit.
Zu den **Halbmetallen** werden die Elemente Bor, Silicium, Germanium, Arsen, Selen, Antimon, Tellur und Astat gezählt. Mit ihren Eigenschaften liegen die Halbmetalle zwischen denen der Metalle und Nichtmetalle. Halbmetalle werden vor allem in der Halbleitertechnik eingesetzt.
Die **Nichtmetalle** findet man im PSE rechts oberhalb der Diagonalen, die man von Bor über Silicium, Arsen, Tellur bis zum Astat im PSE ziehen kann.

Wasserstoff gehört ebenfalls zu den Nichtmetallen. Diese besitzen keine einheitlichen Eigenschaften wie die Metalle; trotzdem kann man Folgendes festhalten: Nichtmetalle sind elektrische Nichtleiter und haben eine schlechte Wärmeleitfähigkeit. Außer dem Element Iod besitzen die Nichtmetalle keinen metallischen Glanz. Es gibt Nichtmetalle, die bei Normalbedingungen gasförmig, flüssig oder fest sind.

Tendenzen in einer Hauptgruppe

Der **Atomradius** nimmt innerhalb jeder Hauptgruppe von oben nach unten zu. Der Grund dafür ist die steigende Zahl der besetzten Energiestufen. Von oben nach unten erhöht sich diese jeweils um eine Energiestufe, sodass die Valenzelektronen immer weiter vom Atomkern entfernt liegen und somit der Radius des Atoms steigt. Dasselbe gilt – innerhalb der Hauptgruppe – für den **Ionenradius**.

Beispiel

Atomradien der Alkalimetalle: Die Atomradien sind in Pikometer [pm] angegeben. Ein Pikometer sind 0,000 000 000 001 Meter.

Elementsymbol	Li	Na	K	Rb	Cs
Atomradius [pm]	167	190	243	265	298

Tab. 20: Atomradien der Alkalimetalle

Betrachtet man die **Reaktivität** der Hauptgruppenelemente, so muss man zwischen den Metallen und den Nichtmetallen unterscheiden. Entscheidend für die Reaktivität und somit für das chemische Verhalten eines Stoffes sind die Valenzelektronen der entsprechenden Atome.

Erinnern wir uns noch einmal an die Unterschiede zwischen den Atomen und den dazugehörigen Atom-Ionen. Die Atom-Ionen unterscheiden sich von den Atomen in der Anzahl der Valenzelektronen, da die Atom-Ionen immer eine voll besetzte höchste Energiestufe besitzen, also ein Elektronenoktett.

Damit aus Metall-Atomen **Metall-Ionen** entstehen, müssen also demnach bei Reaktionen Elektronen entfernt werden. Die Entfernung von Elektronen hängt von der Anziehung der Elektronen vom positiven Atomkern ab. Liegen die Valenzelektronen weit vom Atomkern entfernt, so werden sie weniger stark vom Atomkern angezogen und sie können leichter aus der Atomhülle entfernt werden (kleinere Ionisierungsenergie). Je niedriger die **Ionisierungsenergie** ist, desto reaktiver sind die Metall-Atome. Daher steigt die Reaktivität der Metall-Atome in einer Hauptgruppe von oben nach unten.

Nichtmetall-Atome müssen, um zu **Nichtmetall-Ionen** zu werden und ein Elektronenoktett zu haben, Elektronen aufnehmen. Das bedeutet, dass Atome, deren Valenzelektronen sehr nah am Kern liegen, leichter Elektronen aufnehmen.

Die Anziehungskraft des positiv geladenen Atomkerns wirkt auf solche Elektronen deutlich stärker. Somit sinkt die Reaktivität der Nichtmetall-Atome in der Hauptgruppe von oben nach unten.
Ein Indikator für die **Reaktivität** der Nichtmetall-Atome ist die Elektronenaffinität: Sie wird als Energiedifferenz zwischen dem neutralen Atom und dem daraus gebildeten Anion definiert und ist ein Maß dafür, wie stark ein Elektron, das aufgenommen wird, von dem Atom gebunden werden kann. Die **Elektronenaffinität** nimmt innerhalb jeder Hauptgruppe von oben nach unten ab, da der Atomradius von oben nach unten größer wird. Durch die Zunahme des Atomradius verringert sich die Anziehungskraft des Kerns auf die Valenzelektronen und die Aufnahme eines Elektrons wird erschwert. Dadurch sinkt die Elektronenaffinität.

Tendenzen in einer Periode

Der **Atomradius** nimmt innerhalb jeder Periode von links nach rechts ab, da sowohl die Kernladungszahl als auch die Zahl der Elektronen eines jeden Elements zunimmt. Die Zunahme der Elektronen findet innerhalb einer Periode nur auf derselben Energiestufe statt, deshalb wächst die elektrostatische Wechselwirkung zwischen dem immer positiver werdenden Atomkern und der wachsenden Anzahl an negativ geladenen Valenzelektronen. Die Folge ist, dass der Atomradius sich innerhalb einer Periode etwas verkleinert, weil sich die Elektronenhülle leicht zusammenzieht (kontrahiert).

Beispiel

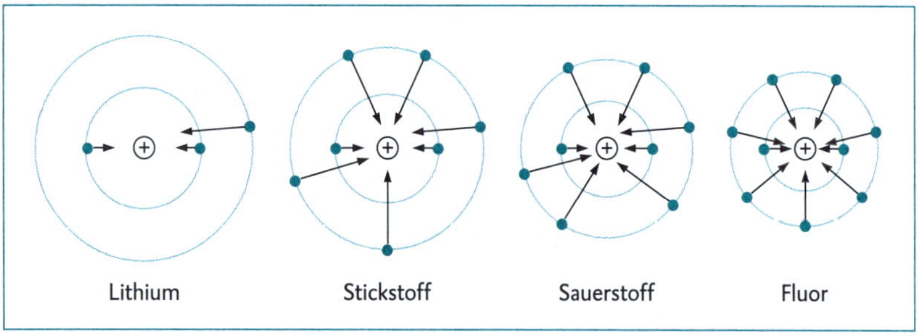

Abb. 75: Abnahme des Atomradius am Beispiel von Lithium, Stickstoff, Sauerstoff und Fluor

Die **Ionisierungsenergie** nimmt tendenziell innerhalb jeder Periode von links nach rechts zu, da die Anziehungskraft des Kerns auf die Valenzelektronen wächst. Dadurch sind die Valenzelektronen fester auf dieser Energiestufe verankert und man benötigt mehr Energie, um ein Valenzelektron zu entfernen. Somit sinkt auch die Reaktivität der Metalle von links nach rechts in Bezug auf die Abgabe von Elektronen.

Die **Elektronenaffinität** nimmt tendenziell innerhalb jeder Periode von links nach rechts zu, da die Anziehungskraft des Kerns auf die Valenzelektronen wächst. Dies erleichtert die Aufnahme eines weiteren Elektrons. Somit steigt die Reaktivität der Nichtmetall-Atome innerhalb einer Periode von links nach rechts in Bezug auf die Aufnahme von Elektronen.

In folgender **Übersicht** ist das gekürzte PSE dargestellt, in dem alle Trends und Tendenzen, die aus dem Periodensystem entnommen werden können, auf einem Blick abgelesen werden können.

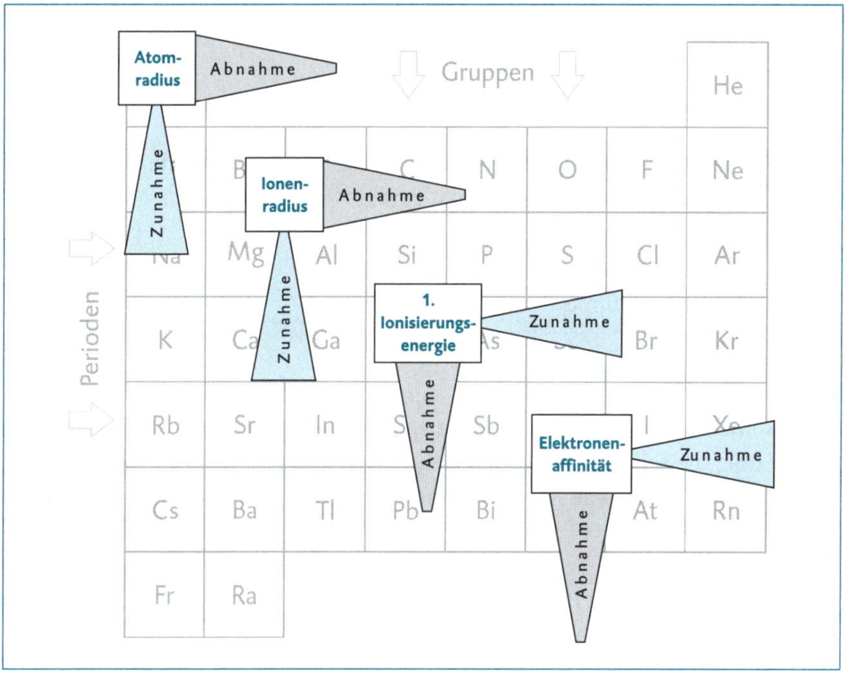

Abb. 76: Übersicht über die Tendenzen in den Gruppen und den Perioden des PSE

Bei der Reaktivität der Elemente des PSE gelten folgende Trends:

Metall-Atome:

- **Reaktivität** abhängig von **Ionisierungsenergie: steigt** innerhalb einer Hauptgruppe von oben nach unten und **sinkt** innerhalb der Periode von links nach rechts
  Grund: Je geringer die Ionisierungsenergie, desto höher die Reaktivität
- Reaktivstes Metall-Atom (ausgeschlossen radioaktive Metall-Atome): **Cäsium-Atom**

Nichtmetall-Atome:

- **Reaktivität** abhängig von der **Elektronenaffinität: sinkt** innerhalb einer Gruppe von oben nach unten und **steigt** innerhalb der Periode von links nach rechts
- Reaktivstes Nichtmetall-Atom: **Fluor-Atom**

Zusammenfassung

- Die Elemente des Periodensystems werden in **Metalle, Halbmetalle** und **Nichtmetalle** eingeteilt.
- Die Reaktivität der Metall-Atome steigt mit sinkender Ionisierungsenergie, die Reaktivität der Nicht-Metall-Atome steigt mit steigender Elektronenaffinität.
- Die Elemente des Periodensystems werden in Gruppen und Perioden zusammengefasst. Die Elemente einer **Gruppe** besitzen die gleiche Anzahl an Valenzelektronen. Ihre chemischen Eigenschaften sind ähnlich. Bei den Elementen einer **Periode** werden die Valenzelektronen auf derselben Energiestufe angeordnet. Die Elemente einer Periode haben unterschiedliche chemische Eigenschaften.

Aufgaben

134 Gib an, wie viele Valenzelektronen Elemente besitzen, die zu folgenden Hauptgruppen zusammengefasst sind:

a Halogene
b Alkalimetalle
c Stickstoffgruppe
d Edelgase
e Erdalkalimetalle

135 Kennzeichne bei den angegebenen Elementen diejenigen mit derselben Farbe, die sehr ähnliche chemische Eigenschaften besitzen. Begründe die Zuordnung für jede Farbe mit einem passenden Fachbegriff.

☐ Li	☐ Si	☐ Br	☐ Mg	☐ Ne	☐ K
☐ Ar	☐ Cs	☐ Ca	☐ Kr	☐ C	☐ O
☐ Pb	☐ F	☐ I	☐ Te	☐ S	☐ Ba

136 Ergänze folgende Aussagen:

a Die Elemente im Periodensystem sind nach … geordnet.
b Die Ionisierungsenergie ist die Energie, die …
c Unter dem Begriff Edelgaskonfiguration versteht man …
d Die Elemente des Periodensystems werden eingeteilt in …
e Die Elemente einer Hautgruppe sind gekennzeichnet durch …

137 Ermittle mithilfe des Periodensystems jeweils das Element, auf das folgende Aussage zutrifft:

a Das reaktivste Nichtmetall
b Das reaktivste, nicht radioaktive Metall

c Das Element, dessen Atome den kleinsten Atomradius besitzen
d Das Element, dessen Atome ein Elektronendublett besitzen
e Das Element der 5. Periode, das in der Natur nur aus zweiatomigen Molekülen besteht
f Das Ion, das 13 Protonen, 14 Neutronen und 10 Elektronen besitzt

138 Die Abbildung zeigt den Radius eines Natrium-Atoms und eines Natrium-Ions im Vergleich. Erkläre die Unterschiede der beiden Radien.

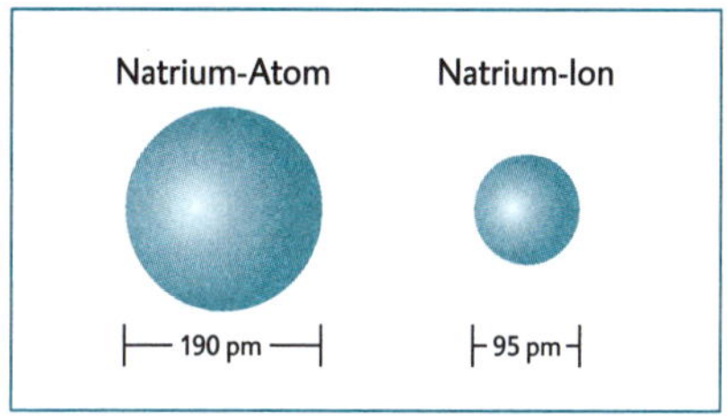

139 Entscheide, ob folgende Aussagen über das Element Chlor richtig oder falsch sind, und verbessere gegebenenfalls falsche Antworten in der Zeile darunter.

		richtig	falsch
a	Chlor ist ein Nichtmetall.	☐	☐
b	Das Element Chlor steht in der VII. Hauptgruppe, der Gruppe der Edelgase.	☐	☐
c	Das Chlor-Atom besitzt 17 Protonen im Atomkern.	☐	☐
d	Das Chlor-Atom hat 18 Neutronen in der Atomhülle.	☐	☐
e	Das Chlor-Atom erreicht durch die Abgabe von einem Elektron das Elektronenoktett.	☐	☐
f	Durch eine chemische Reaktion kann aus einem Chlor-Atom das Chlorid-Ion, ein Anion, werden.	☐	☐
g	Das Chlor-Atom besitzt 17 Elektronen in der Atomhülle.	☐	☐
h	Chlorid-Ionen sind zweifach negativ geladen.	☐	☐
i	Das Chlor-Atom besitzt 8 Valenzelektronen.	☐	☐

140 Von folgenden Elementen ist der Wert der Elektronenaffinität gegeben.

Lithium:	−0,62 eV	Fluor:	−3,40 eV
Sauerstoff:	−1,46 eV	Kohlenstoff:	−1,26 eV

a Beschreibe mithilfe der Informationen aus dem Periodensystem zwei Gemeinsamkeiten der Elemente.
b Ordne den Betrag der Elektronenaffinitäten in absteigender Reihenfolge und erläutere deine Reihenfolge.

141 Ein Chemiker führt in seinem Labor eine Versuchsreihe zur Reaktivität von Alkalimetallen mit Wasser durch. Dabei gibt er kleine Stücke der Alkalimetalle Lithium, Natrium und Kalium in eine runde, mit Wasser gefüllte Glaswanne (pneumatische Wanne). Seine Beobachtungen notiert er in Form einer Tabelle.

Edukte	Beobachtung
Lithium + Wasser	Das Lithiumstück löst sich mit einem Zischen und unter Gasentwicklung auf.
Natrium + Wasser	Das Natriumstück formt sich zu einer Kugel, die über die Wasseroberfläche flitzt, und löst sich mit einem Zischen und unter Gasentwicklung auf.
Kalium + Wasser	Das Kaliumstück beginnt auf der Wasseroberfläche zu brennen, flitzt mit lautem Zischen über die Wasseroberfläche und löst sich unter Gasentwicklung auf.

a Skizziere mit den Informationen aus dem Text eine Versuchsanordnung.

b Mit dem entstandenen Gas wird eine Knallgasprobe durchgeführt, die positiv verläuft. Gib an, welches Gas bei der Reaktion von Alkalimetallen mit Wasser entsteht.

c Vergleiche die drei Versuche in ihrer Heftigkeit der Reaktion und erkläre die Beobachtungen.

d Würde man die Versuchsreihe nun fortsetzen, so würden die Reaktionen Rubidium/Wasser und Caesium/Wasser folgen. Formuliere eine begründete Hypothese über die Heftigkeit der beiden Reaktionen im Vergleich zu den anderen Reaktionen von Alkalimetallen und Wasser.

142 Folgende Aussagen sind gegeben. Kreuze an, ob sie zutreffend (richtig) oder nicht zutreffend (falsch) sind.

		richtig	falsch
a	Nach dem Energiestufenmodell sind die Elektronen bestimmten Energiestufen zugeordnet.	☐	☐
b	Ein Anion hat mehr Protonen als Elektronen.	☐	☐
c	Ein Kation hat mehr Protonen als Elektronen.	☐	☐
d	Ein Kation ist ein negativ geladenes Atom.	☐	☐
e	Aus der römischen Ziffer der Hauptgruppe kann man auf die Anzahl der Valenzelektronen der Elemente schließen, die sich in dieser Hauptgruppe befinden.	☐	☐
f	Stickstoff, Sauerstoff, Neon, Brom und Natrium sind Nichtmetalle.	☐	☐

143 DIMITRI MENDELEJEW ordnete die in der Mitte des 19. Jahrhunderts bekannten Elemente nach steigender Protonenzahl. Daraus ergab sich das Periodensystem der Elemente, wie wir es heute kennen.
Es wird berichtet, dass MENDELEJEW seine Arbeit durch einen kurzen Schlaf unterbrach und dann Folgendes sagte: „Im Traum sah ich eine Tabelle, in der die Elemente in der richtigen Reihenfolge angeordnet waren. Als ich aufwachte, hielt ich sie sofort auf einem Blatt Papier fest."
Einige Stellen im Periodensystem von MENDELEJEW blieben unbesetzt, da diese Elemente zur damaligen Zeit noch nicht entdeckt waren.
MENDELEJEW konnte aber über die fehlenden Elemente präzise Aussagen über ihre chemischen Eigenschaften angeben. So nannte er ein unbekanntes Element Eka-Silicium und ordnete ihm folgende Eigenschaften zu:

Eigenschaften des Eka-Siliciums	Werte
Nukleonenzahl	72
Farbe	dunkelgrau
Dichte	$5{,}5\,\frac{g}{cm^3}$
Siedetemperatur	60–100 °C

a Ermittle aus den Informationen des Textes mithilfe des Periodensystems, welchen Namen das Element trägt, das MENDELEJEW vorausgesagt hat.

b Zähle Gemeinsamkeiten und Unterschiede auf, die du über das Silicium und das „Eka-Silicium" dem Periodensystem entnehmen kannst.

144 Vergleiche die Größe nachfolgend dargestellter Paare und begründe deine Ergebnisse anhand von Beispiel a und b.

a Br/Br^-

b K/K^+

c O/O^{2-}

d O^{2-}/F^-

Redoxreaktionen

Batterien und Akkus sind für unseren Alltag unverzichtbar geworden. Beim Laden und Entladen finden Reaktionen statt, bei denen Elektronen übertragen werden: Redoxreaktionen.

1 Entladen und Laden von Ionen

Ionen sind geladene Teilchen. Bei diesen unterscheidet sich die Zahl der Elektronen in der Atomhülle von der Zahl der Protonen im Atomkern.

1.1 Salzbildung aus den Elementen – Laden von Ionen

Speisesalz bezeichnet im Alltag Natriumchlorid und ist nicht nur bei der Ernährung von Bedeutung (siehe S. 108 ff.). Es wird vor allem aus dem Meer oder aus Bergwerken gewonnen und für den Verzehr aufbereitet. Salze für chemische Zwecke werden im Labor aus den Elementen hergestellt.
Bei der Synthese von Natriumchlorid aus den Elementen benötigt man als Edukte Natrium und Chlor. Das bedeutet, Metall-Atome (Na) und Nichtmetall-Moleküle (Cl_2) reagieren miteinander zu einem Salz. Diese Art von Reaktion nennt man auch **Salzbildungsreaktion**.

Beispiel

In einem Experiment zur Salzbildung wird ein Stück Natrium-Metall in einem Reagenzglas, das an der Seite ein kleines Loch besitzt, bis zum Glühen erhitzt. Das glühende Metall wird in einen Standzylinder gegeben, der mit Chlorgas gefüllt ist. Durch das Loch im Reagenzglas kann das Chlorgas zum glühenden Natriumstück gelangen. Die Reaktion setzt sofort unter Lichterscheinung ein. Das bedeutet, das glühende Natriumstück reagiert mit dem Chlorgas unter Bildung einer hellgelben Flamme und es entsteht ein weißer, kristalliner Feststoff an der Reagenzglaswand.

Salze bestehen aus Ionen. Bei diesen ist die Anzahl der Elektronen nicht gleich der Anzahl der Protonen. Bei der Reaktion muss sich also die Anzahl der Elektronen verändert haben.
Wenn man diese Ionen genauer betrachtet, entstehen bei der Salzbildung sogenannte **Kationen** (= positiv geladene Teilchen) und **Anionen** (= negativ geladene Teilchen).

Kationenbildung

Metall-Atome sind **Elektronendonatoren**, das bedeutet, sie können Valenzelektronen abgeben. Dieser Vorgang heißt **Oxidation**. Dabei werden sie zu Kationen und erreichen die **Edelgaskonfiguration**.

> Eine Elektronenabgabe bezeichnet man als **Oxidation**.

Beispiel

Das Natrium-Atom gibt das einzige Valenzelektron ab. Dabei entsteht ein einfach positiv geladenes Kation.

$$Na \longrightarrow Na^{+} + e^{-}$$

Natrium-Atom ⟶ Natrium-Kation + Elektron

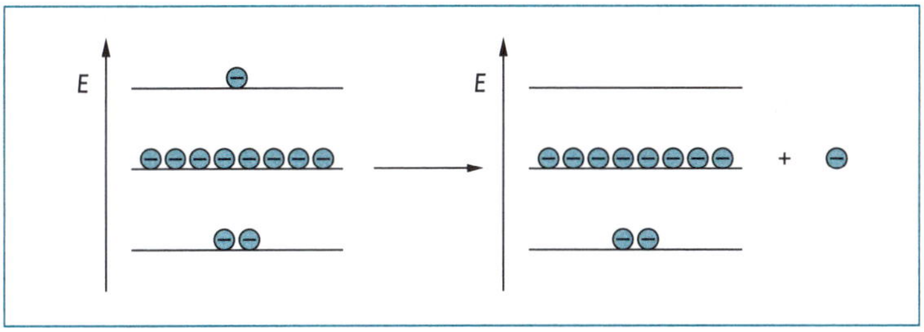

Abb. 77: Darstellung der Oxidation des Natrium-Atoms mithilfe des Energiestufenmodells

Bei der Oxidation ändert sich nicht nur die Ladung der Teilchen, sondern auch die Größe. Metall-Atome verkleinern durch die Abgabe von Elektronen ihren Teilchenradius deutlich, da bei der Bildung des Kations eine Energiestufe wegfällt und somit beim Kation fehlt (siehe S. 142 ff.).

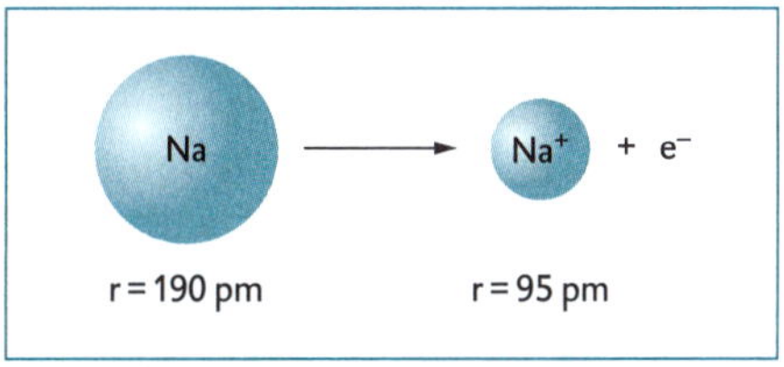

Abb. 78: Änderung des Atomradius bei der Oxidation eines Natrium-Atoms

Anionenbildung

Nichtmetall-Atome sind **Elektronenakzeptoren**. Das bedeutet, sie können Elektronen aufnehmen. Sie werden so zu Anionen und erreichen die **Edelgaskonfiguration**. Diesen Vorgang bezeichnet man als **Reduktion**.

> Eine Elektronenaufnahme bezeichnet man als **Reduktion**.

Beispiel

Ein Chlor-Atom nimmt ein Elektron auf. Dabei entsteht ein einfach negativ geladenes Anion.

$$Cl + e^{-} \longrightarrow Cl^{-}$$

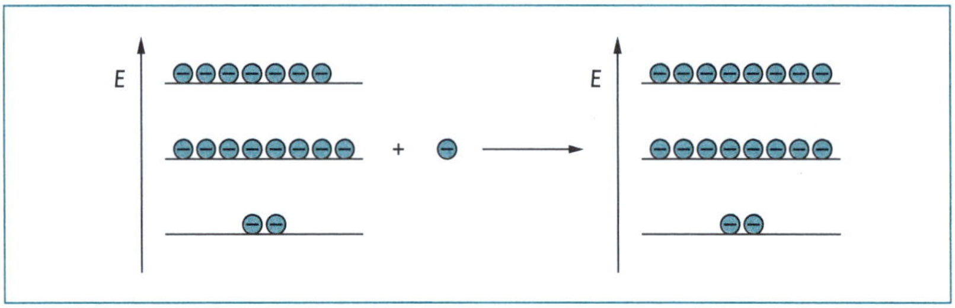

Abb. 79: Darstellung der Reduktion des Chlor-Atoms mithilfe des Energiestufenmodells

Da Chlorgas aus Chlor-Molekülen und ein Chlor-Molekül aus zwei Chlor-Atomen besteht, werden insgesamt zwei Elektronen aufgenommen und es entstehen zwei Anionen.

$$Cl_2 + 2\,e^- \longrightarrow 2\,Cl^-$$

Chlor-Molekül + 2 Elektronen ⟶ 2 Chlorid-Anionen

Bei der Reduktion bleibt der Teilchenradius annähend gleich, da die Elektronen in eine bereits vorhandene Energiestufe aufgenommen werden.

> Da eine Elektronenaufnahme (Reduktion) nicht ohne eine vorherige Elektronenabgabe (Oxidation) stattfinden kann, laufen Oxidation und Reduktion immer gemeinsam in einer **Redoxreaktion** (oder **Elektronenübertragungsreaktion**) ab.

Dabei werden die Elektronen, die bei der Oxidationsreaktion vom Metall-Atom abgegeben wurden, auf das Nichtmetall-Atom bzw. -Molekül übertragen und aufgenommen.
Der gesamte Vorgang wird in einer Redoxgleichung ausgedrückt, in der die Einzelreaktionen (Reduktion und Oxidation) zunächst eigenständig betrachtet und am Ende in einer Gesamtgleichung zusammengefasst werden.

Beispiel

Elektronenübergang

Reduktion: $Cl_2 + \mathbf{2\,e^-} \longrightarrow 2\,Cl^-$

Oxidation: $2\,Na \longrightarrow 2\,Na^+ + \mathbf{2\,e^-}$

Redox.: $Cl_2 + 2\,Na \longrightarrow \underbrace{2\,Na^+ + 2\,Cl^-}_{2\,NaCl}$

(Verhältnisformel von Natriumchlorid)

Salzbildungsreaktionen sind exotherme Reaktionen, da bei der Anordnung der Anionen und Kationen zu einem Ionengitter Energie **(Gitterenergie)** frei wird, die als **Triebkraft für die Salzbildungsreaktion** wirkt.

So wird's gemacht: Das Aufstellen einer Redoxgleichung – Salzbildungsreaktion

	So wird's gemacht:	Beispiel:
1.	Wortgleichung aufschreiben	Natrium + Chlor ⟶ Natriumchlorid
2.	Formulierung der Reduktion: Nichtmetall-Atom bzw. -Molekül nimmt Elektronen auf, um Edelgaszustand zu erreichen. Vorsicht bei zweiatomigen Molekülen!	$Cl_2 + 2\,e^- \longrightarrow 2\,Cl^-$
3.	Formulierung der Oxidation: Metall-Atom gibt Elektronen ab, um Edelgaszustand zu erreichen	$Na \longrightarrow Na^+ + e^-$
4.	Teilgleichungen untereinanderschreiben und Elektronenanzahl ausgleichen	$Cl_2 + 2\,e^- \longrightarrow 2\,Cl^-$ $Na \longrightarrow Na^+ + e^- \mid \cdot 2$
5.	Teilgleichungen zur Gesamtgleichung zusammenfassen, d. h. „addieren" und Elektronen „kürzen"	$Cl_2 + \cancel{2\,e^-} \longrightarrow 2\,Cl^-$ $2\,Na \longrightarrow 2\,Na^+ + \cancel{2\,e^-}$ ――――― $Cl_2 + 2\,Na \longrightarrow 2\,Cl^- + 2\,Na^+$

1.2 Elektrolyse – Entladen von Ionen

Der Vorgang der Salzbildung ist ein freiwillig ablaufender Prozess. Durch Anlegen einer genügend großen Spannung kann man den Prozess der Salzbildung unter Zuführung von Energie auch umdrehen. Diesen Vorgang nennt man **Elektrolyse**. Auf diese Weise wird z. B. aus einer Natriumchlorid-Schmelze elementares Natrium und Chlorgas gewonnen. Bei der Elektrolyse findet die Oxidation nicht wie bei der Salzbildung am Metall-Atom statt, sondern am Nichtmetall-Ion. Das bedeutet, dem Nichtmetall-Ion werden ein oder mehrere Elektronen entzogen und es wird zu einem Nichtmetall-Atom bzw. -Molekül. Das Metall-Ion wird bei der Elektrolyse reduziert, das bedeutet, das Metall-Ion nimmt ein oder mehrere Elektronen auf.

Bei einer **Elektrolyse** werden Stoffe durch Einwirkung elektrischer Energie zersetzt. Dabei findet eine Umkehrung der Salzbildungsreaktion statt, wobei aus Anionen und Kationen ungeladene Stoffe (Atome/Moleküle) werden. Die Elektrolyse kann nur in **Schmelzen oder Lösungen** (Ionen als Ladungsträger) und **unter Energieaufwand** stattfinden.

Elektrolysen ohne Beteiligung von Metallen, bei denen nur molekulare Stoffe bzw. deren Ionen geladen und entladen werden, sind auch möglich, werden hier aber nicht weiter thematisiert.

Beispiel

Elektrolyse einer Natriumchlorid-Schmelze

Beim Anlegen einer Gleichspannung an der Natriumchlorid-Schmelze wandern die Kationen zur **Kathode** (negativ geladene Elektrode) und die Anionen zu **Anode** (positiv geladene Elektrode).

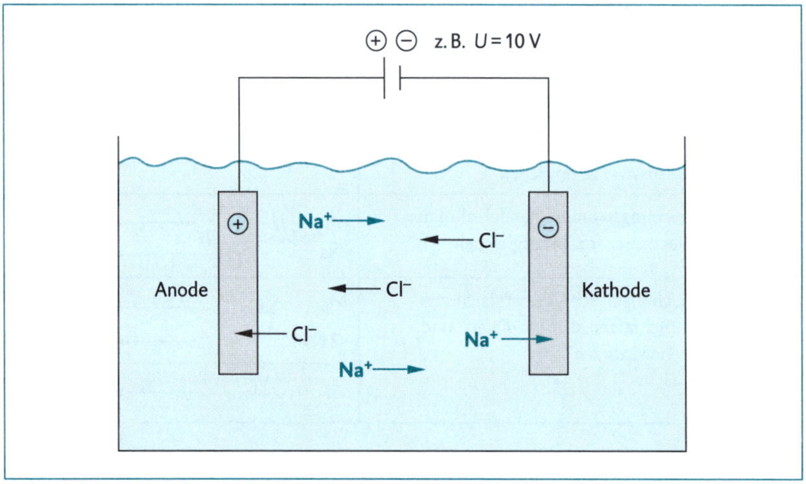

Abb. 80: Skizze einer Natriumchlorid-Elektrolyse

Sind die Na^+-Ionen und Cl^--Ionen an den Elektroden angekommen, so geben die Anionen Elektronen ab, während die Kationen Elektronen aufnehmen. An der Kathode findet somit die **Reduktion**, an der Anode die **Oxidation** statt.

In einer Reaktionsgleichung lässt sich dieser Vorgang wie folgt darstellen:

Elektronenübergang

Reduktion:	$2\,Na^+ + \mathbf{2\,e^-}$	$\longrightarrow$	$2\,Na$
Oxidation:	$2\,Cl^-$	$\longrightarrow$	$Cl_2 + \mathbf{2\,e^-}$
Redox.:	$2\,Na^+ + 2\,Cl^-$	$\longrightarrow$	$2\,Na + Cl_2$

Aus den Ionen werden somit Atome und Moleküle. Dies entspricht der Umkehrung der Bildung des Salzes Natriumchlorid aus den Elementen.

Das Prinzip des Aufstellens einer Elektrolysegleichung entspricht dem Prinzip des Aufstellens einer Redoxgleichung für eine Salzbildungsreaktion.

So wird's gemacht: Das Aufstellen einer Redoxgleichung – Elektrolyse

	So wird's gemacht:	Beispiel:
1.	Wortgleichung aufschreiben	Natrium-Ionen + Chlorid-Ionen ⟶ Natrium + Chlor
2.	Formulierung der Reduktion: Metall-Ion nimmt Elektron(en) auf und wird zu einem Metall-Atom	$Na^+ + e^- \longrightarrow Na$
3.	Formulierung der Oxidation: Nichtmetall-Ion gibt Elektron(en) ab und wird zu einem Nichtmetall-Atom / Molekül. Vorsicht bei zweiatomigen Molekülen!	$2\,Cl^- \longrightarrow Cl_2 + 2\,e^-$
4.	Teilgleichungen untereinanderschreiben und Elektronenanzahl ausgleichen	$Na^+ + e^- \longrightarrow Na \quad \mid \cdot 2$ $2\,Cl^- \longrightarrow Cl_2 + 2\,e^-$
5.	Teilgleichungen zur Gesamtgleichung zusammenfassen, d. h. „addieren" und Elektronen „kürzen"	$2\,Na^+ + \cancel{2\,e^-} \longrightarrow 2\,Na$ $2\,Cl^- \longrightarrow Cl_2 + \cancel{2\,e^-}$ ――――――――― $2\,Na^+ + 2\,Cl^- \longrightarrow 2\,Na + Cl_2$

Zusammenfassung

- Metalle und Nichtmetalle reagieren in einer Redoxreaktion zu Salzen.
- Metall-Atome geben bei einer Oxidationsreaktion Elektronen ab **(Oxidation = Elektronenabgabe)** und werden zu Kationen.
- Nichtmetall-Atome oder Nichtmetall-Moleküle nehmen bei einer Reduktionsreaktion Elektronen auf **(Reduktion = Elektronenaufnahme)** und werden zu Anionen.
- Oxidation und Reduktion finden immer gemeinsam in einer sogenannten **Redoxreaktion** (Elektronenübertragungsreaktion) statt.
- Beim Entladen von Ionen **(Elektrolyse)** werden durch Einwirkung von elektrischer Energie Ionen zu Atomen bzw. Molekülen. Die Elektrolyse stellt eine Umkehrung der Salzbildungsreaktion dar.

Aufgaben

145 Natriumchlorid kann man im Labor herstellen, indem ein Stückchen festes Natrium im Chlorgasstrom zur Reaktion gebracht wird. Die Reaktion verläuft sehr heftig unter Auftreten einer intensiven gelben Lichterscheinung. Lässt man Natrium unter denselben Bedingungen mit Brom reagieren, beobachtet man eine sehr langsame Bildung von Natriumbromid.

a Formuliere für beide Reaktionen die Reaktionsgleichung, indem du die Teilgleichungen und die zusammenfassende Gesamtgleichung für beide Redoxreaktionen aufstellst.

b Definiere die Begriffe Reduktion und Oxidation mit je einem Wort.

c Erkläre das unterschiedliche Reaktionsverhalten von Chlor und Brom mit Natrium.

146 Das Erstellen von Redoxgleichungen erfolgt mithilfe eines ganz bestimmten Ablaufschemas. Doch leider ist beim Ablauf etwas durcheinandergeraten. Ordne die Aussagen, indem du sie in der richtigen Reihenfolge nummerierst.

Nummer	Aussage
	Formuliere die Reduktionsteilgleichung.
	Fasse die Teilgleichungen zu einer Gesamtgleichung zusammen.
	Schreibe die Wortgleichung auf.
	Formuliere die Oxidationsteilgleichung.
	Gleiche die Anzahl an abgegebenen bzw. aufgenommenen Elektronen aus.

147 Ergänze die Energiestufendiagramme für die folgenden Atome und Ionen wie im Beispiel dargestellt. Formuliere anschließend die Reaktionsgleichungen für die Bildung der Ionen. Achte darauf, dass die Anzahl der Elektronen ausgeglichen ist.

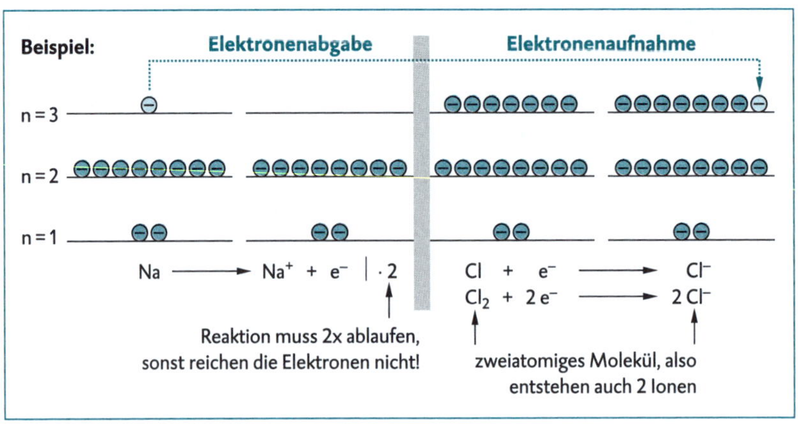

a

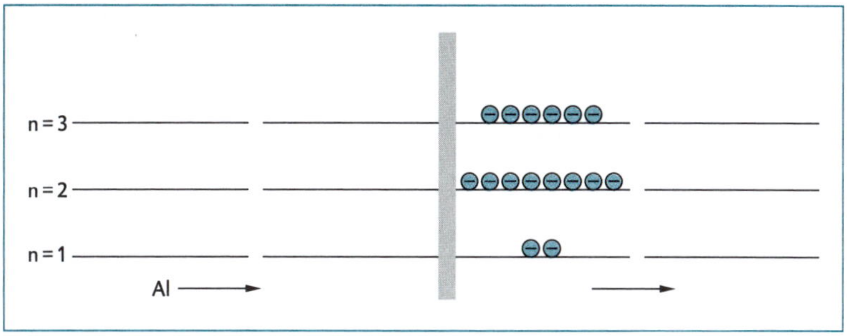

b

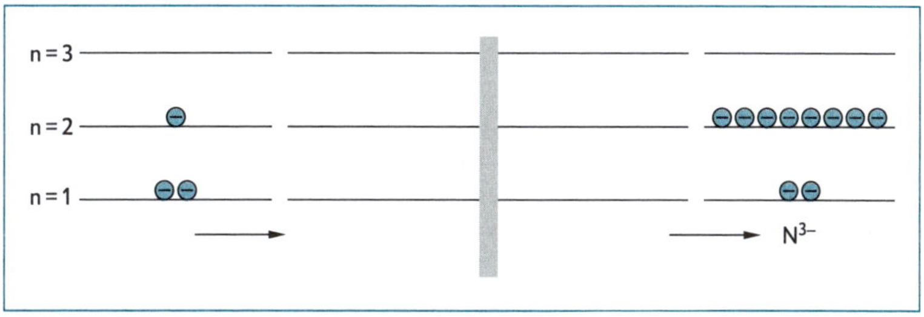

c

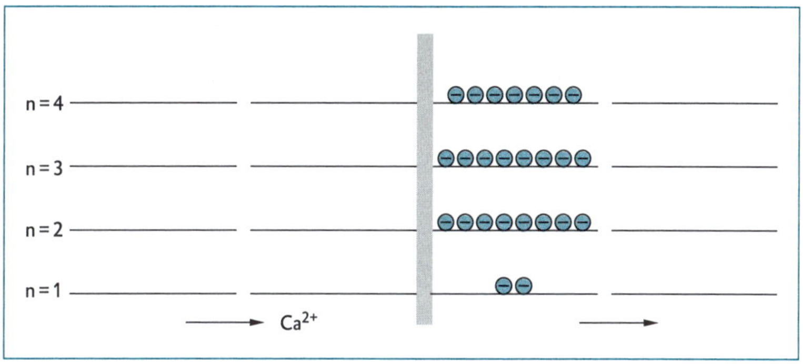

d Benenne die entstandenen Salze mit den entsprechenden Namen und notiere die entsprechende Verhältnisformel.

148 In der nachfolgenden Tabelle sind Teile von Reaktionsgleichungen gegeben.
Vervollständige die Tabelle, indem du zuerst die Reaktionsgleichungen mit der Anzahl der abgegebenen bzw. aufgenommenen Elektronen ergänzt und dann durch Ankreuzen entscheidest, ob es sich bei der Reaktion um eine Reduktion oder eine Oxidation handelt.
Ergänze anschließend noch die Anzahl der Elektronen, die pro Atom aufgenommen bzw. abgegeben werden.

Reaktionsgleichung	Oxidation	Reduktion	Anzahl aufgenommener / abgegebener e^- pro Atom
__ Mg ____ ⟶ __ Mg^{2+} ____	☐	☐	
__ O^{2-} ____ ⟶ __ O_2 ____	☐	☐	
__ Al^{3+} ____ ⟶ __ Al ____	☐	☐	
__ N_2 ____ ⟶ __ N^{3-} ____	☐	☐	
__ I^- ____ ⟶ __ I_2 ____	☐	☐	
__ Fe ____ ⟶ __ Fe^{2+} ____	☐	☐	
__ K^+ ____ ⟶ __ K ____	☐	☐	
__ S^{2-} ____ ⟶ __ S ____	☐	☐	
__ Li ____ ⟶ __ Li^+ ____	☐	☐	

149 Entscheide, ob folgende Aussagen richtig oder falsch sind, und verbessere gegebenenfalls falsche Aussagen, indem du die falschen Passagen unterstreichst und die Verbesserung notierst.

		richtig	falsch
a	Metall-Atome werden oxidiert.	☐	☐
b	Nichtmetall-Atome werden zu Kationen reduziert.	☐	☐
c	Bei einer Reduktion werden Elektronen abgegeben.	☐	☐
d	Metall-Ionen nehmen Elektronen auf, um zu Metall-Atomen zu werden.	☐	☐
e	Die Elektronen für die Reduktion stammen aus einer Oxidationsreaktion.	☐	☐
f	Die Anzahl der aufgenommenen bzw. abgegebenen Elektronen pro Atom ist abhängig von der Hauptgruppe, in der das Atom im PSE zu finden ist.	☐	☐
g	Oxidation und Reduktion finden immer gemeinsam statt.	☐	☐
h	Anionen können nur reduziert werden.	☐	☐
i	Anionen entstehen durch Elektronenabgabe.	☐	☐
j	Aus Salzen können durch Redoxreaktion Elemente gewonnen werden.	☐	☐

150 Das Laden und Entladen von Ionen sind zwei gegensätzliche Prozesse, bei denen Ionen entstehen bzw. aus Ionen Atome / Moleküle werden. Ordne folgende Aussagen dem Laden bzw. Entladen zu, indem einen Pfeil in die linke Spalte (Laden) oder in die rechte Spalte (Entladen) einträgst.

Laden	Aussage	Entladen
	Metall-Atome werden oxidiert.	
	Die Edukte der Redoxreaktion sind Ionen.	
	Durch eine Oxidation werden Anionen zu Atomen.	
	Aus Atomen werden Ionen.	
	Für den Prozess wird Energie benötigt und muss zugeführt werden.	
	Nichtmetall-Atome nehmen Elektronen auf.	
	Metall-Ionen nehmen Elektronen auf.	
	Die Elektronenabgabe dient der Bildung von Kationen.	
	Den Vorgang nennt man Elektrolyse.	
	Bei der Redoxreaktion wird Energie frei.	

151 In nachfolgenden Kästen sind Edukte aufgeführt, die miteinander sinnvoll kombiniert werden können. Formuliere die Redoxgleichungen mit den entsprechenden Teilgleichungen (Oxidation und Reduktion) für alle möglichen Kombinationsmöglichkeiten. Entscheide ebenfalls, ob es sich bei den Reaktionen um eine Salzbildung oder um eine Elektrolyse handelt.

Edukt: Nichtmetall-Atom / -Ion
O^{2-}
N_2
S
I^-

Edukt: Metall-Atom / -Ion
K
Li^+
Al^{3+}
Ca

152 Je nach Reaktionsbedingungen reagiert Magnesium an der Luft zu Magnesiumoxid und/oder zu Magnesiumnitrid. Stelle für beide Reaktionen jeweils die Teilgleichungen für die Bildung der Ionen und die Gesamtgleichung auf.

153 Ein Reagenzglas mit etwas Kalium wird erhitzt. Anschließend wird durch ein Loch Bromdampf auf das Kalium gedüst. Diese Vorgänge und die daran anschließende chemische Reaktion ist in den folgenden Standbildern eines Films auf der Teilchenebene festgehalten.

Gib zu jedem Bild der Filmleiste eine Beschreibung der Vorgänge an.

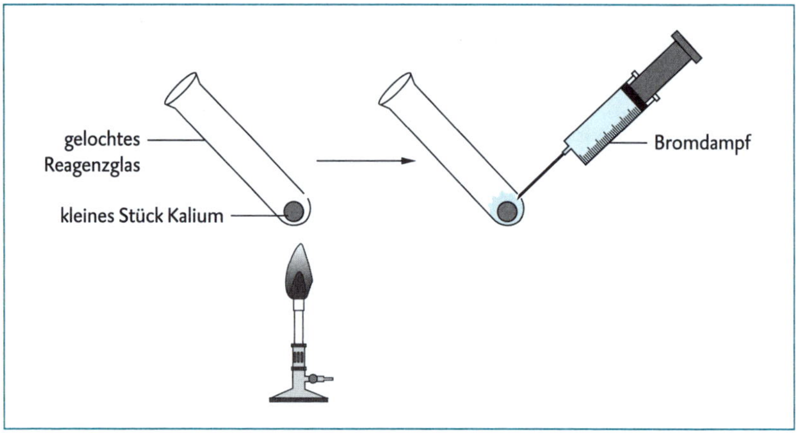

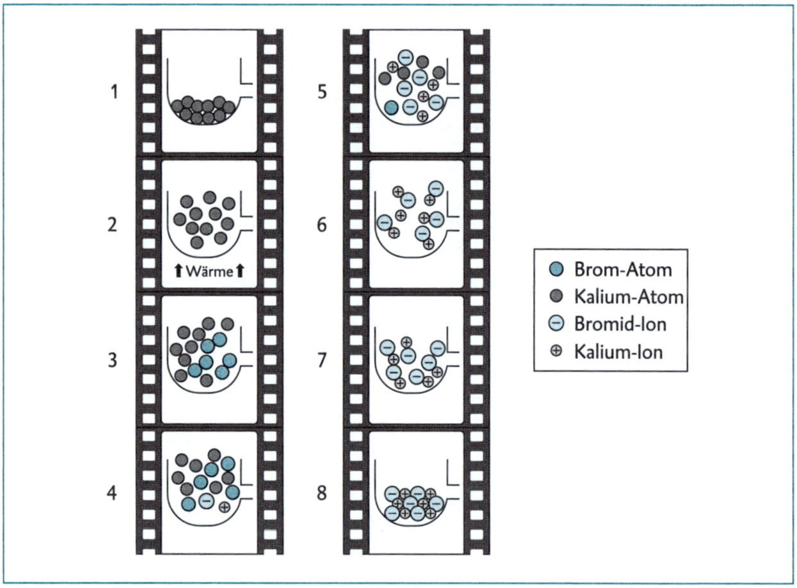

154 Erstelle jeweils die Teilgleichungen und die Gesamtgleichung

a für die Synthese des Salzes Magnesiumbromid aus den Elementen,

b für die Darstellung von Kaliumsulfid aus den Elementen,

c für die Reaktion von Aluminium mit Iod zum Salz Aluminiumiodid.

2 Technische Anwendung

Das Laden und Entladen von Ionen findet Anwendung in großtechnischen Verfahren, wie z. B. bei der Gewinnung von Metallen. Aber auch für unseren Alltag sind diese Vorgänge unverzichtbar, zum Beispiel in Batterien und Akkus.

2.1 Herstellung von Metallen

Fast alle Metalle kommen in der Natur nicht elementar vor, sondern in Form ihrer Erze, z. B. als Oxide (Aluminiumoxid, Eisenoxid). Nur Edelmetalle, wie Gold, Silber, Kupfer und Platin, liegen in elementarem Zustand vor und können somit aus der Umwelt direkt abgebaut werden.
Um die unedleren Metalle aus ihren Erzen zu gewinnen, muss man den Metall-Ionen meist unter großem Energieaufwand die fehlenden Valenzelektronen „aufzwingen“. Dafür gibt es zwei Möglichkeiten.

- **Elektrolyse** (siehe S. 171)
  Bei einer Elektrolyse wird eine chemische Verbindung mithilfe von elektrischem Strom zerlegt. Dabei werden die Ionen erst von den Polen angezogen. Am Minuspol werden die Kationen dann durch Elektronenaufnahme entladen. Am Pluspol werden die Anionen durch Elektronenabgabe entladen.

Beispiel

Aluminiumgewinnung aus Aluminiumoxid

Das Salz Aluminiumoxid wird erst geschmolzen und dann durch Elektrolyse in metallisches **Aluminium** und Sauerstoffgas zerlegt.

$$\begin{array}{lll} \text{Reduktion (Kathode):} & Al^{3+} + 3\,e^- \longrightarrow Al & | \cdot 4 \\ \text{Oxidation (Anode):} & 2\,O^{2-} \longrightarrow O_2 + 4\,e^- & | \cdot 3 \\ \hline \text{Redoxgleichung:} & 4\,Al^{3+} + 6\,O^{2-} \longrightarrow 4\,Al + 3\,O_2 & \end{array}$$

- **Chemische Umsetzung**
  Bei einer chemischen Umsetzung werden Metalloxide mithilfe von Kohlenstoff (in Form von spezieller Kohle: „Koks“) oder Wasserstoff umgesetzt.

Beispiel

Eisengewinnung im Hochofenprozess

Das Eisenerz Eisen(III)-oxid wird zusammen mit Koks in einem Hochofen zu metallischem **Eisen** und Kohlenstoffdioxid umgesetzt.

$$2\,Fe_2O_3 + 3\,C \longrightarrow 4\,Fe + 3\,CO_2$$

Beispiel

Molybdän-Gewinnung

Molybdän(VI)-oxid reagiert mit Wasserstoff zu **Molybdän** und Wasser.

$$MoO_3 + 3\,H_2 \longrightarrow Mo + 3\,H_2O$$

2.2 Elektrochemische Stromerzeugung und Energiespeicherung

Oxidations- und Reduktionsvorgänge können räumlich getrennt werden, indem jede Teilreaktion in einem eigenen Raum, einer sogenannten Halbzelle, stattfindet. Werden zwei Halbzellen miteinander elektrisch leitend verbunden, kann eine Spannung gemessen werden. Wenn der Stromkreis mit einem Verbraucher geschlossen wird und ein Austausch von Ionen möglich ist, z. B. durch eine Elektrolytmembran, so fließen die bei der Oxidation freigesetzten Elektronen durch die Leitung zur anderen Seite und das System liefert Strom.
Eines der bekanntesten Beispiele für diese Technik ist die **Batterie**. Batterien sind mittlerweile sehr klein, liefern unabhängig elektrische Energie und finden daher in fast allen Bereichen des täglichen Lebens ihre Anwendung.

Durch **räumliche Trennung** von Oxidation und Reduktion können die dabei übertragenen Elektronen in Form von elektrischem **Strom** genutzt werden.

1780 bemerkte der italienische Arzt LUIGI GALVANI, dass ein Froschbein bei Kontakt mit Kupfer und Eisen immer wieder zuckte. Er deutete dieses Phänomen als elektrische Wirkung. Aber erst 1800 erfand ALESSANDRO VOLTA mit der VOLTA'schen Säule die erste wirklich funktionsfähige Batterie.

DANIELL-Element

Im Jahr 1836 entwickelte JOHN FREDERIC DANIELL das **DANIELL-Element**, eine galvanische Zelle (Batterie). Dafür tauchte er einen Zinkstab in eine Zinksulfat-Lösung und einen Kupferstab in eine Kupfersulfat-Lösung und verband die beiden Metallstäbe miteinander elektrisch leitend.

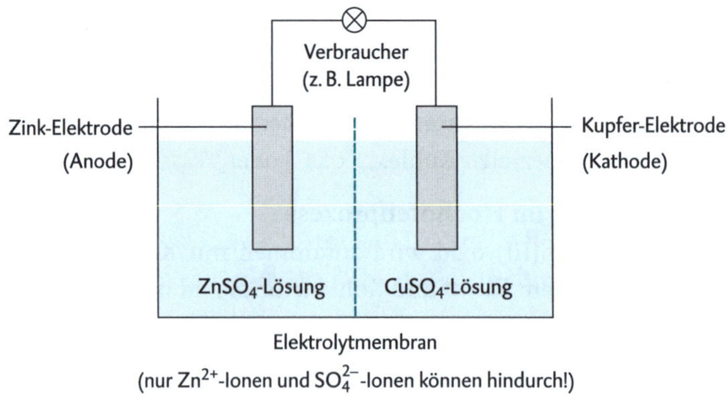

Abb. 81: Aufbau eines DANIELL-Elements

Die beiden Teilvorgänge werden durch die Elektrolytmembran räumlich voneinander getrennt, das heißt, nur bestimmte Teilchen können die Membran passieren, andere aber nicht, z. B. Elektronen. Die Elektronen müssen über den elektrischen Leiter wandern. Die beiden getrennten Teilsysteme nennt man **„Halbzellen"**. Das DANIELL-Element besteht also aus einer Kupferhalbzelle und einer Zinkhalbzelle.

Bei der Redoxreaktion geben nun Zink-Atome des Zinkstabes in der Zinkhalbzelle Elektronen ab und werden zu Zink-Ionen, die in Lösung gehen. Zink wird somit oxidiert. Diese frei gewordenen Elektronen wandern über den elektrischen Leiter zur Kupferhalbzelle. Dort findet die Reduktion statt, indem die Kupfer-Ionen die Elektronen aufnehmen und sich elementares Kupfer an der Kupferelektrode abscheidet.

Reduktion:	$Cu^{2+} + 2\,e^-$	$\longrightarrow$	Cu
Oxidation:	Zn	$\longrightarrow$	$Zn^{2+} + 2\,e^-$
Redox.:	$Cu^{2+} + Zn$	$\longrightarrow$	$Zn^{2+} + Cu$

Unter Standardbedingungen ist eine Spannung von 1,10 V messbar.

Bei allen **galvanischen Zellen,** die aus zwei Metallen bestehen, gilt:

- **Unedleres Metall:** Die Metall-Atome werden zu Metall-Ionen **oxidiert**.
- **Edleres Metall:** Die Metall-Ionen werden zu Metall-Atomen **reduziert**.

Lithium-Iod-Batterie

Eine sehr häufig verwendete Batterie ist die Lithium-Iod-Batterie. Sie besteht aus einer Lithium- und einer Iod-Halbzelle. Die Batterie wird vor allem in elektrisch betriebenen Implantaten, wie einem Herzschrittmacher, genutzt, da sie eine sehr langlebige und sichere Energiequelle ist. Ein weiterer Vorteil der Batterie ist, dass ein Auslaufen der Batterie in den Körper ausgeschlossen ist.
Diese Batterie erreicht eine Spannung von 2,8 V (Standardbedingungen).

Reaktionen in den Halbzellen:

- Die Lithium-Atome geben an der Anode Elektronen ab, d. h., Lithium-Atome werden zu Lithium-Ionen oxidiert.
- Im Gegenzug nehmen die Iod-Atome eines Iod-Moleküls Elektronen auf und werden zu Iodid-Ionen. Die Iod-Atome werden somit reduziert.

Reduktion:	$I_2 + 2\,e^-$	$\longrightarrow$	$2\,I^-$
Oxidation:	Li	$\longrightarrow$	$Li^+ + 2\,e^- \mid \cdot 2$
Redox.:	$I_2 + 2\,Li$	$\longrightarrow$	$2\,I^- + 2\,Li^+$

Die entstandenen Anionen und Kationen ordnen sich in einem Kristallgitter an, sodass das Salz Lithiumiodid, ein Feststoff, entsteht.
Da Batterien aber allgemein nur entladen werden und nach einiger Zeit keine Elektronen mehr abgegeben werden können, muss eine Batterie in regelmäßigen Abständen ausgetauscht werden.

Zink-Iod-Akkumulator

Der Zink-Iod-Akkumulator ist ein Beispiel für einen Akkumulator, kurz Akku. Der Akku ist aus zwei Halbzellen aufgebaut, die jeweils mit einer Zink-Iodid-Lösung gefüllt sind. In jeder Halbzelle dienen Grafitstäbe als Elektroden.

> **Akkumulatoren** sind wiederaufladbare mobile Stromquellen und speichern elektrische Energie in Form von innerer Energie der enthaltenen Stoffe. Die Reaktion der Entladung kann durch Zugabe von Energie (in Form von elektrischem Strom) umgekehrt werden.

Vorgänge bei der **Ladung** (dies entspricht der Elektrolyse):

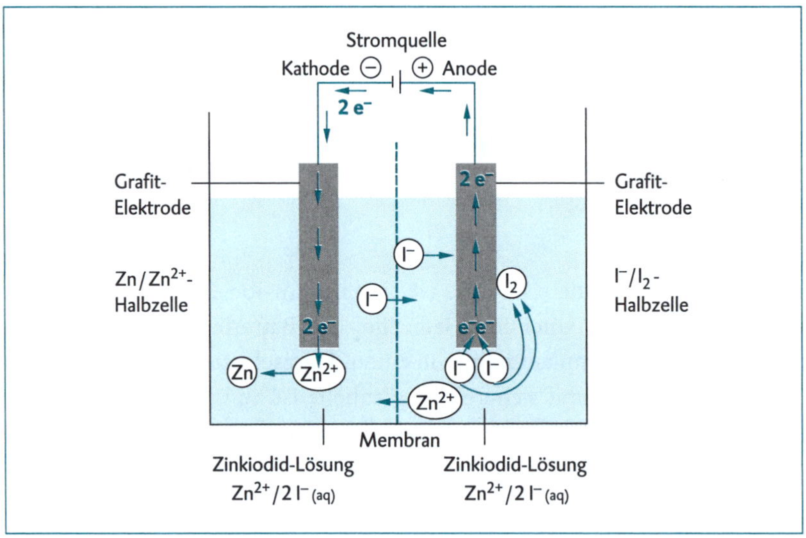

Abb. 82: Modell des Ladevorgangs eines Zink-Iod-Akkus

- Beim Laden werden **Elektronen** unter Zwang in die Zn/Zn^{2+}-Halbzelle transportiert.
- **Zink-Ionen** (Kationen, wandern zur Kathode), die sich in der Lösung frei bewegen können, wandern zur Grafitelektrode des Minuspols. Die Zink-Ionen nehmen je zwei Elektronen auf und scheiden sich als elementare

Zink-Atome an der Elektrode ab. Dieses kann durch die Entstehung eines grauen Feststoffes an der Elektrode beobachtet werden.

- Die Elektronen, die in die Zn/Zn^{2+}-Halbzelle transportiert werden, stammen aus der I^-/I_2-Halbzelle. Dazu wandern die **Iodid-Ionen** (Anionen, wandern zur Anode) aus der Lösung zur Grafit-Elektrode des Pluspols und geben dort je ein Elektron ab (siehe Abb. 82). Dabei werden sie kurzzeitig zu Iod-Atomen, die sich schnell zu Iod-Molekülen verbinden. Die Iod-Moleküle bewirken eine Braunfärbung der Lösung in der Nähe der Elektrode, die deutlich sichtbar ist.

Die Vorgänge der Ladung des Akkus in Form einer Redoxgleichung:

Reduktion (Kathode):	$Zn^{2+} + 2\,e^-$	$\longrightarrow Zn$	Minuspol
Oxidation (Anode):	$2\,I^-$	$\longrightarrow I_2 + 2\,e^-$	Pluspol
Redoxgleichung:	$Zn^{2+} + 2\,I^-$	$\longrightarrow Zn + I_2$	

Das Entladen eines Akkus liefert im Anschluss die gewünschte Energie.

Vorgänge bei der **Entladung** (entspricht galvanischem Element):

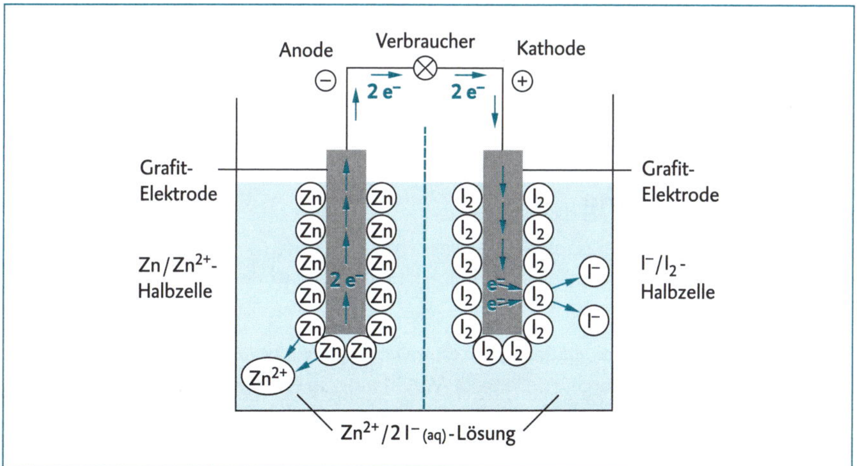

Abb. 83: Modell des Entladevorgangs eines Zink-Iod-Akkus

- Wird nun ein Verbraucher angeschlossen, so kehrt sich der Vorgang der Ladung um: In der Zn/Zn^{2+}-Halbzelle werden **Elektronen** frei und wandern freiwillig zur I^-/I_2-Halbzelle.
- Die **Zink-Atome** werden durch die Oxidation zu Zink-Ionen, die im Anschluss in Lösung gehen. Die frei werdenden Elektronen wandern über den Verbraucher zu Kathode (hier der Pluspol).

- Die **Iod-Moleküle** nehmen die Elektronen auf, sie werden reduziert. Dabei entstehen pro Iod-Molekül zwei Iodid-Ionen, die ihrerseits ebenfalls in Lösung gehen (siehe Abb. 83). Der Akku entlädt sich.

Die Vorgänge der Entladung des Akkus in Form einer Redoxgleichung:

Reduktion (Kathode):	$I_2 + 2\,e^-$	$\longrightarrow 2\,I^-$	Pluspol
Oxidation (Anode):	Zn	$\longrightarrow Zn^{2+} + 2\,e^-$	Minuspol
Redoxgleichung:	$I_2 + Zn$	$\longrightarrow 2\,I^- + Zn^{2+}$	

Beim Laden des Akkus stellt dieser den **Verbraucher** dar, d. h., der Minuspol ist der Eintrittsort der Elektronen. Beim Entladen dient der Akku als **Stromquelle**. Somit ist hier der Minuspol der Austrittsort der Elektronen. Da aber die **O**xidation immer an der **A**node stattfindet (Merke: A und O der Elektrochemie) ist der Minuspol beim Laden des Akkus die Kathode, beim Entladen die Anode.

Unter Standardbedingungen erreicht ein Zink-Iod-Akku eine Spannung von 1,83 V.

Durch das Laden eines Akkus wird elektrische Energie in innere Energie umgewandelt. Somit wird momentan verfügbare, aber nicht benötigte Energie zur späteren Nutzung gespeichert.

Zusammenfassung

- Die Darstellung von Metallen kann über eine **Elektrolyse** oder eine **chemische Umsetzung** erfolgen.
- Trennt man Oxidation und Reduktion räumlich voneinander und ermöglicht die Elektronenübertragung durch eine leitende Verbindung, so entsteht ein **Elektronenfluss**, der einen Verbraucher mit elektrischer Energie versorgen kann. Einen solchen Aufbau nennt man **galvanisches Element** oder Batterie.
- Ein galvanisches Element kann nicht wieder aufgeladen werden.
  Ein Akkumulator kann aufgeladen und entladen werden.
- Das **Entladen** eines Akkus funktioniert wie ein **galvanisches Element**.
  Das **Aufladen** eines Akkus entspricht einer **Elektrolyse**. Dabei wird durch Zufuhr von elektrischer Energie die Redoxreaktion, die beim Entladen abläuft, umgekehrt.

Aufgaben **155** Um aus Ionen wieder Atome und somit elementare Stoffe zu gewinnen, wird der Prozess der Elektrolyse angewendet. Dabei wird einer Lösung oder Schmelze, die Ionen enthält, elektrische Energie zugeführt und aus den Ionen werden Atome oder Moleküle. Nachfolgend ist eine Skizze abgebildet, die genau einen solchen Prozess zeigt. Ordne jeder Ziffer in der Grafik den richtigen der nebenstehenden Begriffe zu.
Beachte, dass es mehr Begriffe als Ziffern gibt und Begriffe übrig bleiben.

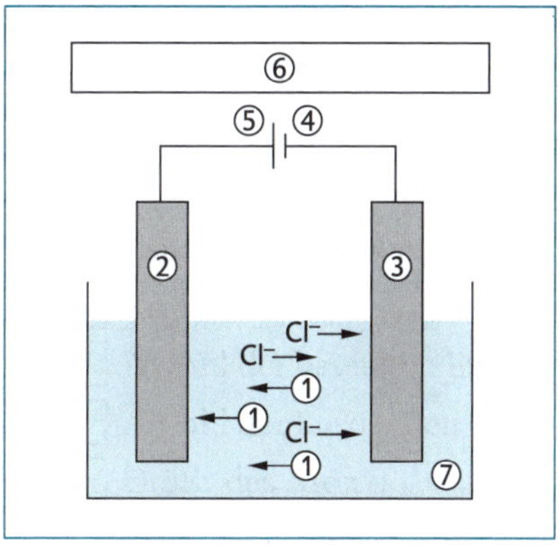

Kathode
Anode
Elektrolyse einer Natriumchlorid-Schmelze
Elektrolyse einer Natriumchlorid-Lösung
Elektrolyse einer Kupferchlorid-Lösung
Bromid-Ionen
Natrium-Ionen
Pluspol
Minuspol
Salzschmelze
Wässrige Salzlösung

156 Mit Blei(II)-chlorid wird eine Schmelzelektrolyse durchgeführt.

a Skizziere einen beschrifteten Versuchsaufbau unter Berücksichtigung beteiligter Ionen.

b Notiere die Teilgleichungen für die Abläufe an den Elektroden.

157 In folgender Abbildung hat der Fehlerteufel sein Unwesen getrieben. Es sind 7 Fehler in der Abbildung „versteckt".
Hinweise: Sollten Pfeilrichtungen falsch sein, gelten alle gleichartigen Pfeile als ein Fehler. Die Pole der Stromquelle sind korrekt angegeben!

a Finde diese Fehler und erstelle eine korrigierte Skizze.

b Stelle die Redoxgleichungen auf.

c Finde eine passende Überschrift für dieses Experiment.

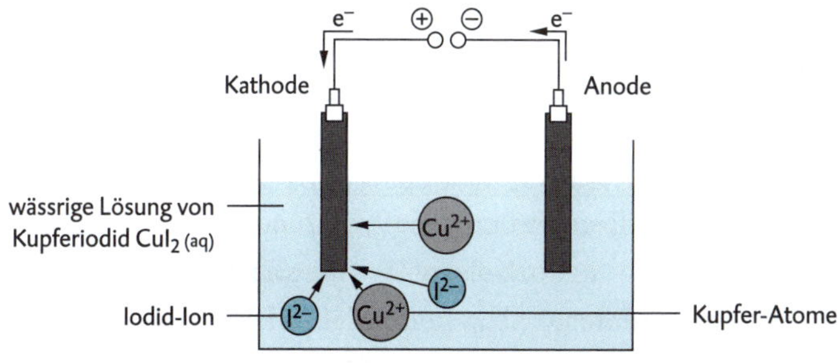

158 Deine Freundin aus der Parallelklasse zeigt dir das folgende Arbeitsblatt. Hilf ihr und ergänze fehlende Inhalte des Arbeitsauftrages.

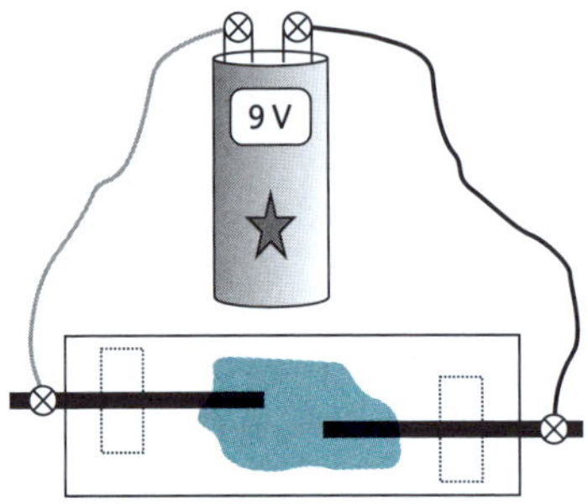

Versuch:

- Befestige 2 Bleistiftminen (= Elektroden) mit geringem Abstand mit Klebestreifen auf einem Objektträger.
- Verbinde die beiden Elektroden jeweils mit einem Pol einer 9 V Batterie.
- Gib zwischen die Elektroden einige Tropfen Zinkiodid-Lösung.
- Beobachte 5 Minuten.

Arbeitsauftrag:

- Führe das Experiment durch, beschreibe deine Beobachtung und erkläre das Phänomen mit den entsprechenden Fachbegriffen und Reaktionsgleichungen.
- Skizziere im Anschluss den Vorgang auf Teilchenebene.

Beobachtung:

An der mit dem Pluspol verbundenen Elektrode (Anode) bilden sich braune Schlieren.
An der Kathode (Minuspol) scheidet sich ein schwarzer Feststoff ab.

Erklärung:

____

____

____

Skizze:

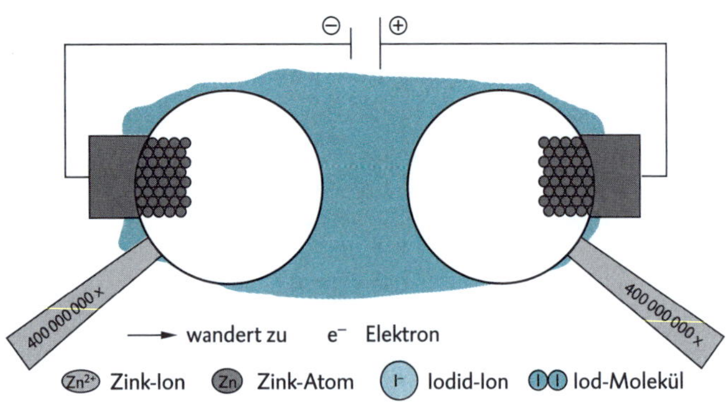

159 Natrium wird großtechnisch durch Elektrolyse einer Natriumchlorid-Schmelze in der sog. DOWNS-Zelle hergestellt.

a Leite aus der nachfolgenden Abbildung ab, welche Vorgänge jeweils an der Kathode bzw. der Anode der DOWNS-Zelle ablaufen, und ergänze in der Skizze die Namen der Stoffe, die an den beiden Auslässen entnommen werden können.

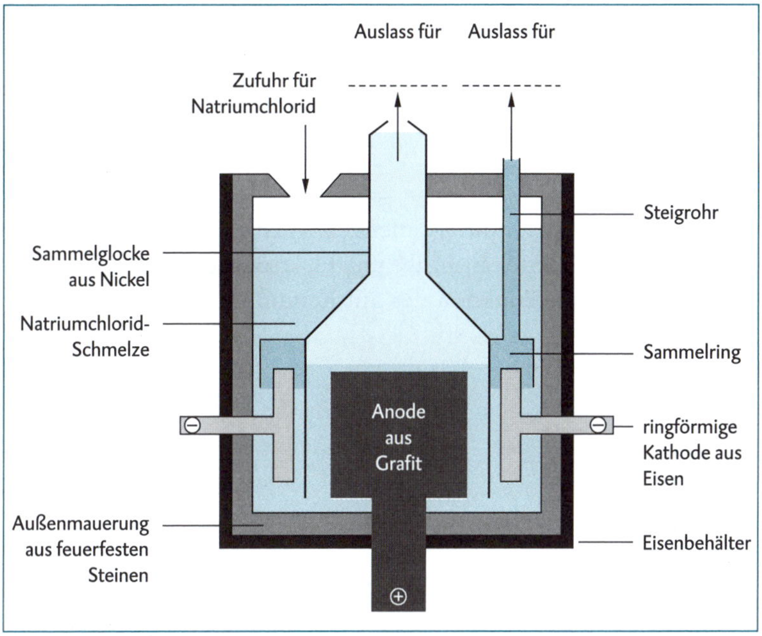

DOWNS-Zelle zur Schmelzelektrolyse von Natriumchlorid

b Formuliere die Teilgleichungen für die Kathoden- und die Anodenreaktion sowie die Gesamtgleichung für die Elektrolyse. Ordne die Begriffe Oxidation, Reduktion, Elektronenabgabe und Elektronenaufnahme den Teilgleichungen zu.

160 Im Unterricht ist folgende Versuchsanordnung aufgebaut.

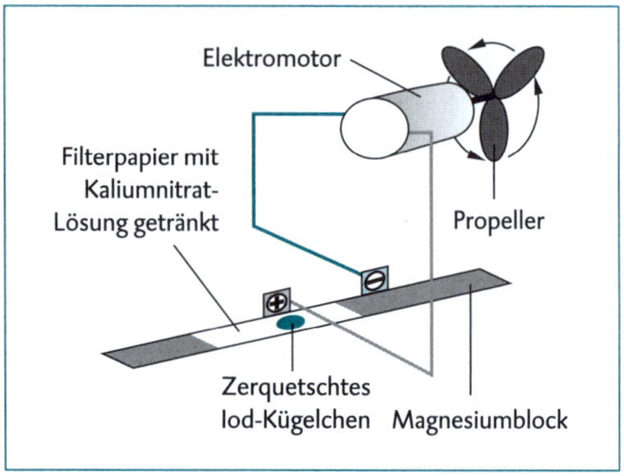

a Formuliere eine hypothetische Beobachtung, die du bei dem Experiment machen wirst. Begründe deine Vermutung kurz.

b Nimm Stellung zum Gehalt an innerer Energie von Edukten und Produkten.

c Formuliere für die ablaufenden Reaktionen eine Redoxgleichung, aus der die Elektronenabgabe und Elektronenaufnahme hervorgeht.

d Erkläre die Funktion des mit Kaliumnitrat-Lösung getränkten Filterpapiers.

Lösungen

1

Fachbegriff		Umschreibung
Unabhängige Variable = Testvariable	⇒	Faktor, der in einer experimentellen Untersuchung variiert wird, um seine Auswirkung zu untersuchen
Modell	⇒	eine Idee, ein System oder ein Bild, mit dessen Hilfe etwas, das wir beobachten können, erklärt werden soll
Hypothese	⇒	eine (experimentell) überprüfbare Vorhersage
Falsifizierung	⇒	Widerlegen einer Vermutung oder Regel durch die Ergebnisse eines Experimentes
Experiment (Versuch), naturwissenschaftliche Untersuchung	⇒	Verfahren, um eine Hypothese (Vermutung) zu prüfen
Naturwissenschaftliche Regel	⇒	eine Regel, die die Beobachtungen und experimentellen Ergebnisse mithilfe eines verallgemeinernden Musters oder eines bildhaften oder mathematischen Modells beschreibt
Abhängige Variable	⇒	Faktor in einem Experiment, der sich ändert, wenn ein anderer Faktor (unabhängige Variable) im Experiment geändert wird
Naturwissenschaftliche Theorie	⇒	eine Erklärung, die durch viele Varianten von experimentellen Ergebnissen zu einem Sachverhalt gestützt wird
Verifizierung	⇒	Bestätigen einer Vermutung, um z. B. eine beobachtete Regelmäßigkeit zu stützen

2

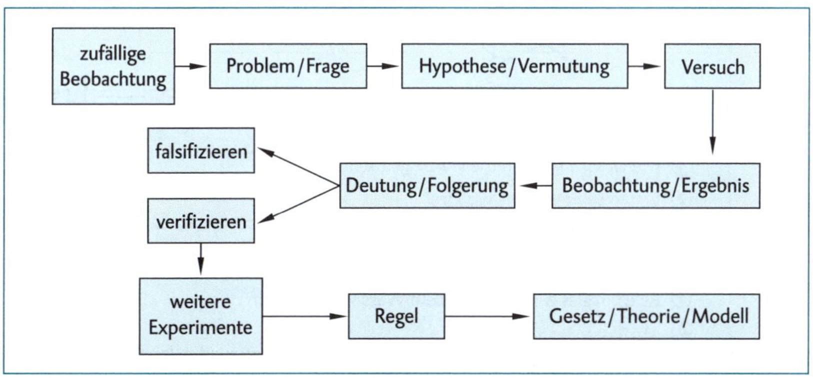

3 **a** Das Temperatur-Zeit-Diagramm liegt als Liniendiagramm vor. Abhängige Variable ist die Temperatur (y-Achse), die y-Achse umfasst einen Temperaturbereich von 20–100 °C. Die unabhängige Variable ist die Zeit (x-Achse), es wird die Zeitdauer 0–30 Minuten dargestellt. Zu Beginn des Experimentes liegt die Temperatur bei ca. 25 °C. Ab Minute 2 erfolgt ein Temperaturanstieg innerhalb von knapp 2 Minuten auf ca. 30 °C, dann sinkt die Temperatur von Minute 4 bis 6 auf ca. 27 °C. Danach erfolgt ein erneuter zügiger Anstieg auf ca. 45 °C bis Minute 9. Im Anschluss kann ein leichtes Abflachen der Steigung bis Minute 10 beobachtet werden. Nun findet erneut ein steiler Anstieg bis Minute 11 auf ca. 85 °C statt. Kaum Temperaturänderung bis Minute 12, dann erneuter Anstieg auf 95 °C bis Minute 14, danach kontinuierliche Abkühlung bis Minute 23, nur geringfügige Temperaturänderung (leichtes Plateau) bis Minute 25 auf eine Temperatur von etwa 48–49 °C, danach langsames Abkühlen.

b Vergleich des Diagramms im Buch und der eigenen Skizze

c Zugeordnete Aussagen:

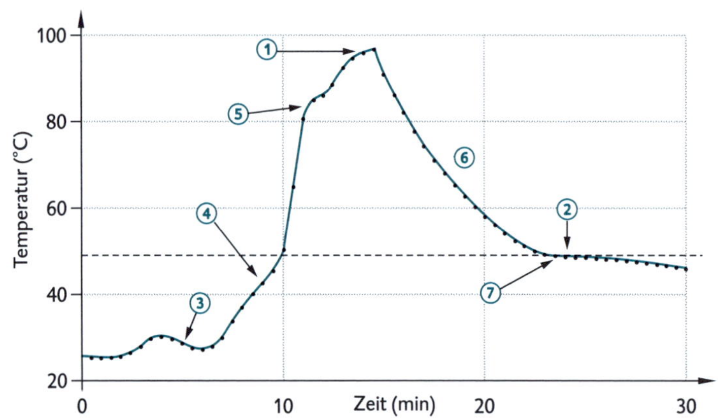

① Die Gasbrennerflamme wurde gelöscht
② Erstarren ⇒ Energie wird frei
③ Brennerflamme kleiner geregelt
④ Feststoff beginnt sehr schnell zu schmelzen
⑤ Reagenzglas wird kurz aus dem Wasser genommen
⑥ Abkühlen der Schmelze
⑦ Erstarrungstemperatur = Schmelztemperatur; ϑ_m = 48 °C

4

Piktogramm	Bedeutung	Piktogramm	Bedeutung
	explosionsgefährlich		giftig
	entzündbar		Achtung reizend, gesundheitsschädlich
	brandfördernd		gesundheitsgefährlich
	komprimierte Gase		umweltgefährlich
	ätzend, korrosiv		

5

S	U	B	S	T	I	T	U	T	I	O	N				
T	E	C	H	N	I	S	C	H	E	Maßnahmen					
O	R	G	A	N	I	S	A	T	O	R	I	S	C	H	E Maßnahmen
P	E	R	S	O	E	N	L	I	C	H	E	Schutzmaßnahmen			

6 Strukturdiagramm Gegenstand – Stoff – Stoffportion

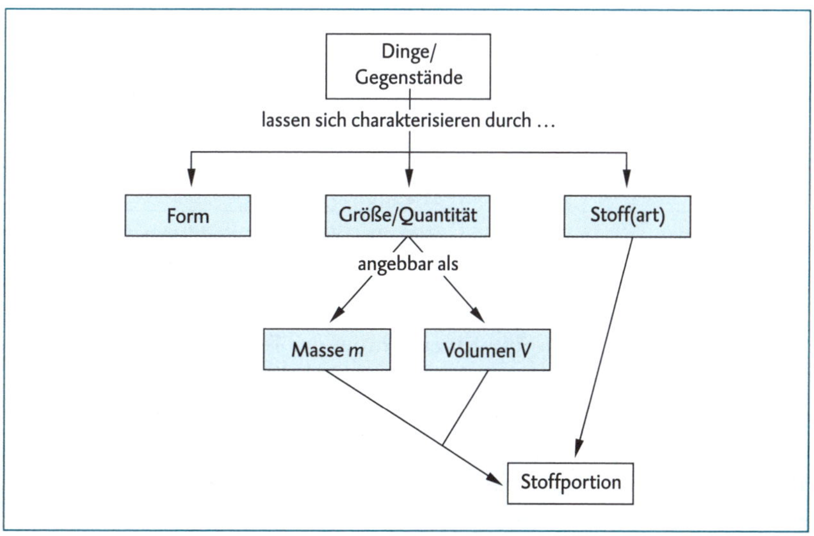

7 Die Naturwissenschaft Chemie beschäftigt sich mit dem Vorkommen, der Gewinnung, den Eigenschaften und der Verwendung von Stoffen, sowie mit Wegen zur Herstellung neuer Stoffe.

8 a

Stoff	Löslichkeit in $\frac{g}{100\,g}$	Gute Löslichkeit in Wasser	Schwer löslich in Wasser
Haushaltszucker (Rohrzucker)	203,9	☒	☐
Kochsalz (Natriumchlorid)	35,88	☒	☐
Salpeter (Kaliumnitrat)	31,66	☒	☐
Soda (Natriumcarbonat)	21,66	☒	☐
Alaun (Kaliumaluminiumsulfat)	6,01	☒	☐
Gips (Calciumsulfat)	0,20	☐	☒
Löschkalk (Calciumhydroxid)	0,12	☐	☒
Kalkstein (Calciumcarbonat)	0,0015	☐	☒

b In einem Liter Wasser lassen sich maximal
358,8 g Kochsalz (Natriumchlorid),
2 039 g Haushaltszucker (Rohrzucker, Saccharose) oder
2 g Gips (Calciumsulfat) lösen, ohne dass ein Bodenkörper entsteht.

9 Alle häufig an der Erdoberfläche zu findenden Mineralien sind schwer löslich.

10

	Unterscheidungskriterium	gemeinsame Eigenschaft
a	Geruch	bei Raumtemperatur farblose Flüssigkeiten
b	Geschmack	kristalline Stoffe
c	Farbe	Glanz, gute Wärmeleiter, elektrisch leitfähig $\Rightarrow$ Metalle

11 Die Löslichkeit von Kaliumnitrat und von Stoff b = Haushaltszucker (Rohrzucker) in Wasser nimmt mit zunehmender Temperatur zu, die Löslichkeit von Stoff a = Kochsalz (Natriumchlorid) in Wasser ist annähernd temperaturunabhängig.

12 a Je höher die Wassertemperatur ist, desto geringer ist die Löslichkeit von Gasen in Wasser.

b Bei der gleichen Temperatur löst sich mehr Kohlenstoffdioxid in Wasser. *Hinweis: Das Diagramm hat zwei y-Achsen mit verschiedenen Skalen!*

c Im Sommer steigt die Wassertemperatur von Flüssen, Seen und Teichen an ⇒ die Menge an gelöstem Sauerstoff nimmt ab. Da die Lebewesen im Wasser gelösten Sauerstoff benötigen, kann es passieren, dass nicht mehr genug Sauerstoff zur Verfügung steht ⇒ Fischsterben. *(Zusatz: Der Sauerstoffbedarf steigt im Sommer häufig auch noch dadurch an, dass viele sauerstoffverbrauchende Stoffwechselprozesse bei höherer Temperatur beschleunigt ablaufen.)*

d Will man möglichst viel Kohlenstoffdioxid im Leitungswasser lösen, ist es sinnvoll, das Wasser vorher zu kühlen, da mit abnehmender Wassertemperatur mehr Kohlenstoffdioxid im Wasser gelöst werden kann.

13 a Leichtmetalle: Aluminium, Magnesium
Schwermetalle: Gold, Blei, Eisen

b Magnesium hat eine ca. 4,5-mal geringere Dichte als Eisen. Bei gleicher Motorengröße wäre durch Verwendung von reinem Magnesium der Motor also um ca. das 4,5-Fache leichter. *(Zusatz: Magnesium reagiert mit dem Sauerstoff der Luft zu Magnesiumoxid. Daher könnte kein reines Magnesium verwendet werden, sondern nur eine robuste Legierung.)*

c Würfel 1 besteht aus Messing, Würfel 2 aus Gold. Gold hat eine höhere Dichte als Messing, weshalb die gleiche Masse einer Goldportion schon bei geringerem Volumen als bei der Messingportion erreicht wird.

14 Masse des Goldklumpens:

$$m(\text{Gold}) = p(\text{Gold}) \cdot V(\text{Gold}) = 19{,}32\,\text{g} \cdot \text{cm}^{-3} \cdot 2000\,\text{cm}^3 = 38640\,\text{g} = 38{,}64\,\text{kg}$$

Die Masse des Goldklumpens ist mit knapp 40 kg zu groß, um den Goldklumpen in einem einfachen Tuch davonzutragen.

15 a $\rho(\text{Luft}) = \frac{m(\text{Luft})}{V(\text{Luft})} = \frac{25{,}129\,\text{g} - 25{,}000\,\text{g}}{0{,}1\text{L}} = \frac{0{,}129\,\text{g}}{0{,}1\text{L}} = 1{,}29\,\frac{\text{g}}{\text{L}}$

$\rho(\text{Kohlenstoffdioxid}) = 1{,}98\,\frac{\text{g}}{\text{L}}$

$\rho(\text{Helium}) = 0{,}17\,\frac{\text{g}}{\text{L}}$

b Helium wird wegen seiner geringeren Dichte als Luft zur Füllung von Gasballons verwendet.

c Kohlenstoffdioxid hat eine höhere Dichte als Luft und sinkt deshalb in dem Gefäß mit dem Teelicht nach unten ⇒ die Teelichtflamme erlischt, da der zur Verbrennung notwendige Sauerstoff (aus der Luft) durch das nicht brennbare Kohlenstoffdioxid verdrängt wird.

d Volumen des Klassenraumes = Volumen der Luft:

$V(\text{Luft}) = \text{Länge} \cdot \text{Breite} \cdot \text{Höhe} = 12\,\text{m} \cdot 10\,\text{m} \cdot 3\,\text{m} = 360\,\text{m}^3 = 360\,000\,\text{dm}^3 = 360\,000\,\text{L}$

Masse der Luft: $m(\text{Luft}) = \rho(\text{Luft}) \cdot V(\text{Luft}) = 1{,}29\,\text{g} \cdot \text{L}^{-1} \cdot 360\,000\,\text{L} = 464\,400\,\text{g} = 464{,}4\,\text{kg}$

16 Die Zeit-Temperatur-Kurve steigt nicht weiter an, weil bei 78 °C die Siedetemperatur des Ethanols erreicht wird.

Kurvenverlauf:
Abschnitt 1: 1–7 Minuten:
Linearer Anstieg beim Erwärmen, weil pro Zeiteinheit in etwa die gleiche Wärmemenge an das Gefäß abgegeben wird ⇒ die Temperatur steigt.

Abschnitt 2: 7–11 Minuten:
Konstante Temperatur/keine weitere Temperaturänderung trotz Erwärmen ⇒ die zugeführte Energie wird als Verdampfungswärme aufgenommen⇒ Ethanol siedet.
Erst wenn die komplette Portion an Ethanol verdampft ist, steigt die Temperatur wieder an.

17 Erdöl hat eine geringere Dichte als Wasser und es ist hydrophob, also nicht bzw. schlecht wasserlöslich.

18 **A** Massenanteil ω
B Massenkonzentration ρ^*
C Massenverhältnis ζ
Die Masse der Zucker-Lösung beträgt im Fall A nur 500 g, da 450 g Wasser zugegeben wurden. Im Fall C beträgt sie 550 g, da 500 g Wasser hinzugefügt wurden. Da in beiden Fällen 50 g Zucker abgewogen wurden, hat Lösung A eine größere Zuckerkonzentration als Lösung C. Zucker ist sehr gut wasserlöslich, daher reicht schon ein kleines Volumen Wasser, um große Mengen Zucker zu lösen. Bei der bis zur 500 mL-Markierung aufgefüllten Zucker-Lösung B wurde daher vermutlich mehr Wasser zugegeben als bei A. Deshalb hat B vermutlich eine größere Masse als 500 g.

19 **a** $\omega(\text{Sahnefett}) = \dfrac{m(\text{Sahnefett})}{m(\text{Sahne})}$

$m(\text{Sahnefett}) = \omega(\text{Sahnefett}) \cdot m(\text{Sahne})$

$m(\text{Sahnefett}) = 30\,\% \cdot 200\,\text{g} = 0{,}3 \cdot 200\,\text{g} = 60\,\text{g}$

b $m(\text{Joghurtfett}) = 16\,\% \cdot \frac{200\,\text{g}}{15} = 0{,}16 \cdot \frac{200\,\text{g}}{15} = 2{,}1\,\text{g}$

20 a geg.: $\sigma(\text{Bier}) = 5{,}9\,\%$

ges.: V(Alkohol)

Lösung:

$$\sigma(\text{Bier}) = \frac{V(\text{Alkohol})}{V(\text{Bier})} \cdot 100\,\%$$

$$V(\text{Alkohol}) = \frac{\sigma(\text{Bier}) \cdot V(\text{Bier})}{100\,\%}$$

$$V(\text{Alkohol}) = \frac{5{,}9\,\% \cdot 1\,\text{L}}{100\,\%} = 0{,}059\,\text{L} = 59\,\text{mL}$$

b geg.: $\rho(\text{Alkohol}) = 0{,}79\,\frac{\text{g}}{\text{mL}}$

ges.: m(Alkohol)

Lösung:

$$\rho(\text{Alkohol}) = \frac{m(\text{Alkohol})}{V(\text{Alkohol})}$$

$$m(\text{Alkohol}) = \rho(\text{Alkohol}) \cdot V(\text{Alkohol})$$

$$m(\text{Alkohol}) = 0{,}79\,\frac{\text{g}}{\text{mL}} \cdot 59\,\text{mL} = 46{,}61\,\text{g}$$

c Teenagerin:

geg.: m(Teenagerin) = 50 kg; V(Bier) = 1 L;

m(Alkohol; 1 L Festbier) = 46,61 g

ges.: BAK

Lösung:

$$\text{BAK} = \frac{m(\text{Alkohol})}{0{,}55 \cdot m(\text{Teenagerin})} = \frac{46{,}61\,\text{g}}{0{,}55 \cdot 50\,\text{kg}} \approx 1{,}7\,\%$$

Mann:

geg.: m(Mann) = 75 kg; V(Bier) = 2L

ges.: BAK

Lösung:

$$\text{BAK} = \frac{m(\text{Alkohol})}{0{,}7 \cdot m(\text{Mann})} = 2 \cdot \frac{46{,}61\,\text{g}}{0{,}7 \cdot 75\,\text{kg}} \approx 1{,}7\,\%$$

21 „Je …, desto …“-Sätze zum Teilchenmodell:

a Je **höher** die Temperatur einer Stoffportion ist, desto schneller bewegen sich die Teilchen.

b Je niedriger die Temperatur einer Stoffportion, desto **kleiner** ist der Abstand zwischen den Teilchen.

c Je höher die Temperatur einer Stoffportion ist, desto **unregelmäßiger** sind die Teilchen angeordnet.

d Je kleiner der Abstand zwischen den Teilchen eines Stoffes ist, desto **stärker** wirken die Anziehungskräfte zwischen den Teilchen.

e Je größer der Druck ist, der auf eine Gasportion wirkt, desto **kleiner** ist der Abstand zwischen den Teilchen.

f Je kleiner der Abstand zwischen den Teilchen eines Gases ist, desto **höher** ist seine Dichte.

g Je **größer** die Anziehungskräfte zwischen den Teilchen sind, desto **höher** sind die Schmelz- und die Siedetemperatur des Stoffes.

22 a Im ausgeschalteten Zustand befindet sich das Wachs auf dem Boden der Lampe, die Dichte des Wachses ist also größer als die der farblosen Flüssigkeit. Wird die Glühbirne im Sockel der Lampe angeschaltet, so erwärmt diese das darüber befindliche Wachs, dadurch steigt die Geschwindigkeit der Wachs-Teilchen an, der mittlere Abstand zwischen den Teilchen nimmt zu, das Wachs dehnt sich aus, schmilzt und die Dichte erniedrigt sich. Wird die Dichte des flüssigen Wachses in einzelnen Bereichen kleiner als die der farblosen Flüssigkeit, so lösen sich Wachstropfen aus dem geschmolzenen Wachs ab und steigen nach oben auf. Beim Aufstieg/am oberen Ende der Lampe kühlen sich die Wachstropfen langsam ab, weil ständig Zusammenstöße mit den Teilchen der Flüssigkeit/der Lampenwand stattfinden. Dadurch nimmt die Bewegungsenergie der Wachsteilchen wieder ab, der mittlere Abstand zwischen den Teilchen wird kleiner und die Dichte steigt. Sobald die Dichte des Wachses wieder größer als die der Flüssigkeit ist, sinkt der Wachstropfen zu Boden und der Prozess kann von Neuem beginnen.

b

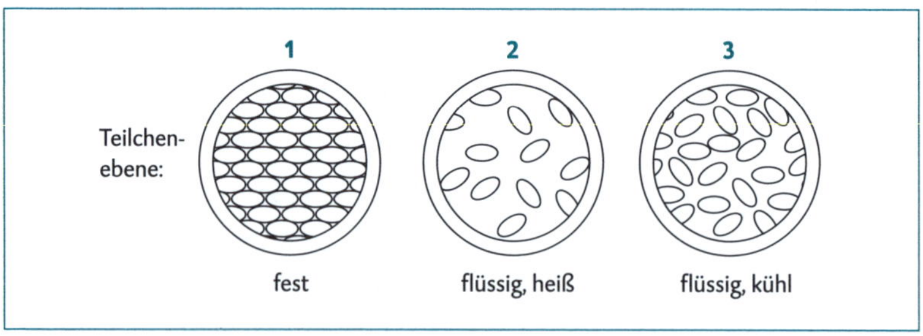

23 a Die Energie der Sonnenstrahlen führt zur Erhöhung der Geschwindigkeit der Wasser-Teilchen ⇒ die Anziehungskräfte zwischen den Wasser-Teilchen im Regenwasser können überwunden werden ⇒ das Wasser verdampft, weil immer wieder einzelne Wasser-Teilchen genügend Energie besitzen und sich aus der Flüssigkeit „losreißen", also die Anziehungskraft zu den umgebenden Teilchen überwinden.

b In der kalten Luft ist der Abstand zwischen den Teilchen geringer und die Geschwindigkeit der Teilchen niedrig. Beim Erwärmen steigt die Geschwindigkeit der Teilchen, es kommt zu häufigeren Stößen gegen die Gefäßwand, d. h., der Druck im Inneren der Flasche steigt ⇒ der Luftballon dehnt sich aus, bis der Druck im Inneren dem äußeren Luftdruck entspricht. Der mittlere Abstand zwischen den Teilchen steigt dadurch an.

c Bei niedrigerer Temperatur ist die Geschwindigkeit der Teilchen geringer, deshalb dauert es sehr lange, bis sich die Farb- oder Geschmacksstoff-Teilchen aus dem Früchtetee in das Wasser ausbreiten können.

d Die kleinen Teilchen sind in ständiger Bewegung ⇒ die Teilchen des Rasierwassers breiten sich gleichmäßig im ganzen Raum aus ⇒ sobald die Konzentration der Teilchen ausreicht, um eine Erregung der Riechsinneszellen auszulösen, wird der Geruch des Rasierwassers wahrgenommen.

e Sophia wird die Wette gewinnen, denn zwischen den Zucker-Teilchen (Achtung: Einzelne Zucker-Kristalle bestehen aus vielen Zucker-Teilchen) ist nichts. Die kleineren Wasser-Teilchen können sowohl in den leeren Raum zwischen den Zucker-Teilchen schlüpfen, als auch die ursprünglich mit Luft gefüllten Hohlräume zwischen den Zucker-Kristallen ausfüllen.

f In der Milchflasche mit warmer Luft ist der Abstand zwischen den Teilchen groß. Beim Abkühlen nimmt der Abstand zwischen den Teilchen ab. Da die Milchflasche durch das Ei verschlossen ist, können keine Teilchen von außen in die Flasche. Dadurch ist nun der Druck außerhalb der Flasche größer als in der Flasche, weshalb das Ei sich in die Flasche bewegt.

Um das Ei wieder aus der Flasche herauszuholen, stellt man die Flasche zuerst aufrecht in einen Behälter mit kaltem Wasser. Anschließend nimmt man die Flasche heraus und dreht sie auf den Kopf, sodass das Ei im Flaschenhals sitzt. Nun taucht man die Flasche kopfüber in heißes Wasser. Beim Erwärmen dehnt sich die in der Flasche eingeschlossene Luft aus, weil die Teilchen schneller werden und ihr Abstand zueinander größer wird. Das Ei wird wieder herausgedrückt.

24 Filmleiste: Vorgänge beim Lösen von Iod in Alkohol

25 a

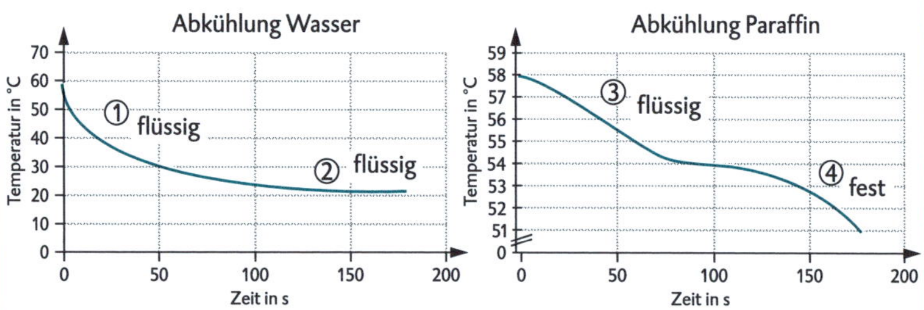

b

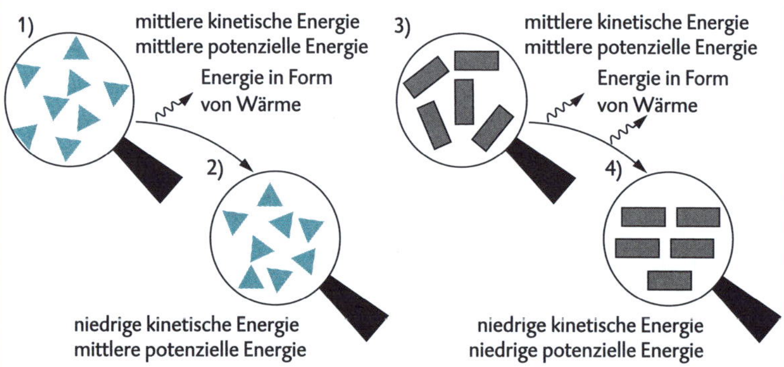

c Während der Temperaturabnahme des flüssigen Paraffins **verringert** sich die **kinetische Energie** der Teilchen. Hierbei wird Energie in Form von **Wärme** an die Umgebung abgegeben. Mit dem Erreichen der Erstarrungstemperatur von Paraffin verringert sich die **potenzielle Energie** der Teilchen. Dabei wird zusätzliche Energie in Form von **Wärme** abgegeben. Ist das Paraffin vollständig erstarrt, führt die konstante **Verringerung** der **kinetischen Energie** der Teilchen wieder zu einer Temperaturabnahme des Stoffs.

d Paraffin hat eine Erstarrungstemperatur (54 °C) in einem nutzbaren Bereich. Deshalb kann man zusätzlich die Änderung der potenziellen Energie beim Übergang von fest nach flüssig zur Energiespeicherung nutzen. Die Erstarrungstemperatur von Wasser liegt bei 0 °C und kann deshalb nicht in Wärmespeichern, die bei Raumtemperatur (und darüber) betrieben werden, benutzt werden.

26

Edelstahl	Legierung	homogen
Limonade	Lösung	homogen
frisch gepresster Orangensaft	Suspension	heterogen
Weißwein	Lösung	homogen
Salatdressing aus Essig und Öl	Emulsion	heterogen
Sandsturm	Rauch	heterogen
Luft	Gasgemisch	homogen
Wodka	Lösung	homogen

27 Das Wasser muss eine Lösung sein, denn die Tiere atmen mithilfe ihrer Kiemen, d. h., sie nehmen im Wasser gelösten Sauerstoff auf.

28

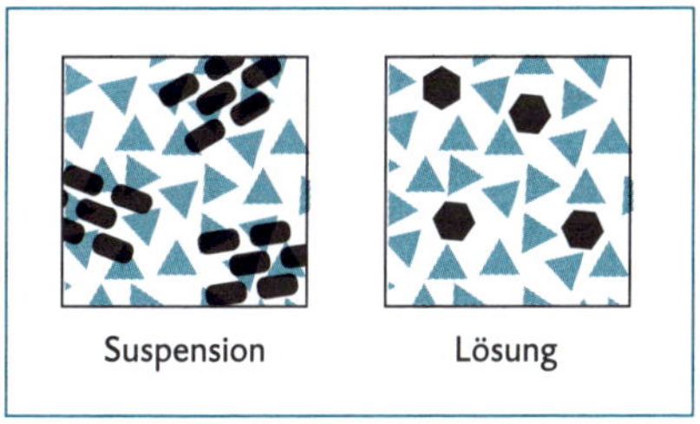

29 Voldemortium und Umbridgelot sind Reinstoffe, da sie konstante Kenneigenschaften besitzen. Dass man bei Umbridgelot keine Siedetemperatur bestimmen kann, da die Zersetzungstemperatur niedriger liegt, macht keinen Unterschied. Bezoar ist ein Gemisch. Es enthält Reinstoffe mit verschiedenen Kenneigenschaften, daher spricht man vom Siedebereich und Schmelzbereich.

30
1. Man verrührt das Gemisch in Wasser, dabei löst sich das Kochsalz auf.
2. Die Suspension wird filtriert. Der Rückstand ist das Eisenoxid, das Filtrat ist die Kochsalz-Lösung.
3. Diese wird in eine Porzellanschale gegeben und eingedampft.

31 **a** Extrahieren **b** Extrahieren
c Eindampfen **d** Magnetscheiden

32

Gemisch	Bestandteil 1	Bestandteil 2	Trennverfahren
Lösung	Salz	Wasser	**Eindampfen**
Lösung	Alkohol	Wasser	**Destillieren**
Suspension	Lehm	Wasser	**Filtrieren**
Lösung	Sauerstoff	Wasser	Ausgasen
Suspension	Kohlepulver	Wasser	Filtrieren
Emulsion	Wasser	Öl	**Scheidetrichter**
Gemenge	Aluminiumspäne	Eisenspäne	**Magnetscheiden**

33 Heißes Wasser extrahiert Aroma- und Farbstoffe aus den Teeblättern. Je länger der Teebeutel im Wasser hängt, desto mehr Stoffe werden extrahiert.

34 **Glas A:** Lösung, **Glas B:** Lösung und Suspension
Die Kochsalz-Lösung befindet sich im Glas A,
die Kaliumaluminiumsulfat-Lösung im Glas B.
(Begründung: Im Kühlschrank herrscht eine Temperatur von etwa 7 °C. Bei dieser Temperatur beträgt die Löslichkeit von Kochsalz 39 g /100 mL, aber die von Kaliumaluminiumsulfat nur ca. 5 g/100 mL. Deshalb fällt ein großer Teil des bei 70 °C gelösten Kaliumaluminiumsulfats aus.)

35

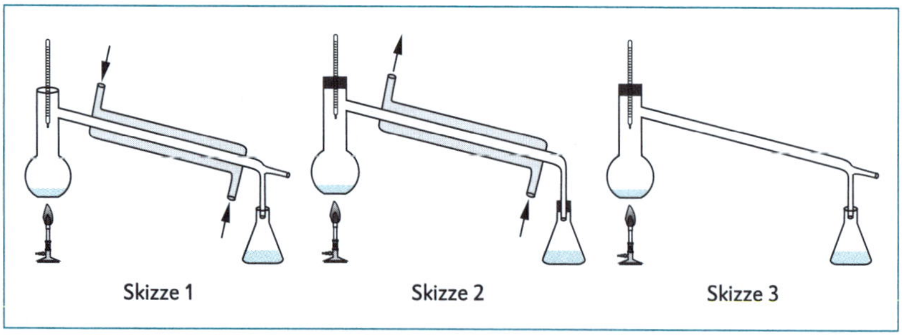

Zu Skizze 1: Die Apparatur ist direkt über dem Siedekolben – vor dem Kühler – offen, daher würde der Dampf entweichen. Bei der Thermometerführung muss die Apparatur natürlich durch einen Stopfen o. Ä. verschlossen sein. Zudem fließt kein Kühlwasser, da es zwei Zuläufe, aber keinen Ablauf gibt. Der Dampf könnte so nicht kondensieren. Der Ablauf müsste zum Siedekolben hin erfolgen.

Zu Skizze 2: Die Apparatur ist geschlossen und würde wahrscheinlich explodieren. Als Abhilfe müsste der Stopfen im Vorlagekolben auf der rechten Seite der Apparatur entfernt werden oder (wie in Skizze 1 und 3) eine zweite Öffnung am Vorstoß vorliegen.

Zu Skizze 3: Der Kühler fehlt. Sobald das Destillationsrohr die Dampftemperatur erreicht hätte, würde aus dem Vorstoß kein Kondensat tropfen, sondern Dampf strömen.

36
1. Man füllt dreckiges Wasser in den schwarzen Topf und stellt die Apparatur in die Sonne.
2. Das Wasser verdampft und kondensiert am durchsichtigen Deckel.
3. Von dort tropft das saubere Wasser in den größeren Topf und kann als Trinkwasser verwendet werden. *Hinweis:* Man sollte geringe Mengen Kochsalz zugeben, da destilliertes Wasser in größeren Mengen gesundheitsschädlich ist.

Es handelt sich hier um eine Destillation von Wasser.

37 **a** Luftverflüssigung im LINDE-Verfahren

1. Im Kompressor wird die Luft verdichtet = zusammengedrückt (komprimiert). Dabei erwärmt sich die Luft, weil der Abstand zwischen den Teilchen kleiner wird und die Anziehungskräfte stärker wirken.
2. Im Kühler a wird die verdichtete Luft gekühlt, also die Kompressionswärme abgeführt.
3. Im Kühler b (Gegenstromkühler) wird die verdichtete Luft mithilfe von kalter Luft, die aus dem Entspannungsgefäß zurückkommt, weiter gekühlt.
4. Im Entspannungsgefäß kann sich die Luft wieder ausdehnen (dekomprimieren). Beim Ausdehnen müssen die zwischen den Teilchen wirkenden Anziehungskräfte überwunden werden. Dadurch kühlt sich die Luft ab. Nach mehreren Kompressions- und Entspannungszyklen ist die eingesetzte Luft so weit abgekühlt, dass ein Teil der Luft beim Entspannen so weit abkühlt, dass er kondensiert.
5. Die (übrig bleibende) kältere, noch gasförmige Luft wird erneut in den Kompressor eingeleitet, mit neu zugeführter Luft vermischt und nach häufigem Durchlaufen des Kreisprozesses aus Verdichten, Kühlen und Entspannen so weit abgekühlt, dass sich immer wieder ein Teil davon verflüssigt (kondensiert). Die dabei frei werdende Kondensationswärme wird über die noch gasförmige kalte Luft mit abgeführt.

b

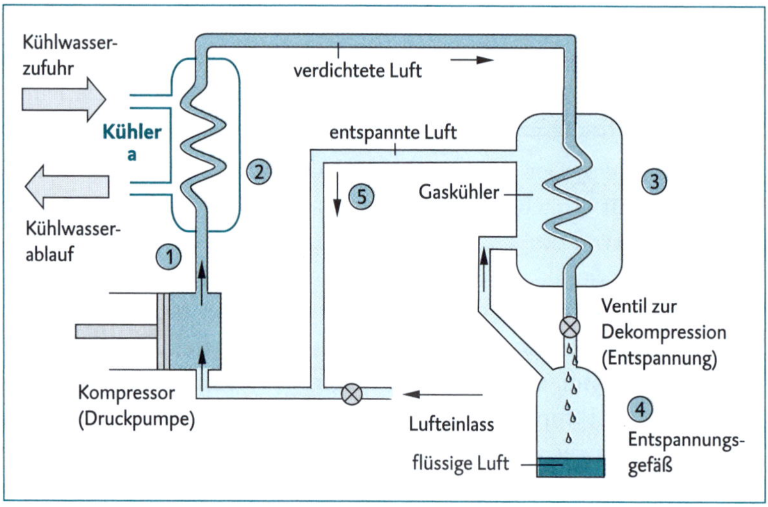

38 Chemische Reaktionen sind a, b, c, e, i.

39 a **exotherm**, da eine Explosion stattfindet. Der Lichtblitz liefert die Aktivierungsenergie, damit die Reaktion startet.
innere Energie ⇒ thermische Energie (Wärme), Lichtenergie, Bewegungsenergie

b **endotherm**, da die zum Ablauf der chemischen Reaktion benötigte Energie aus der Umgebung (hier der Lösung) genommen wird
thermische Energie (Wärme) ⇒ innere Energie

c **endotherm**, da die Reaktion nur bei Zuführung von Wärme abläuft
thermische Energie (Wärme) ⇒ innere Energie

d **exotherm**, denn die Reaktionsenergie liefert die Energie zum Erhalt der Körpertemperatur
innere Energie ⇒ thermische Energie (Wärme)

e **exotherm**, da eine Explosion stattfindet. Durch Gleichstrom wird die Aktivierungsenergie für die Explosion der Sprengkapsel geliefert.
innere Energie ⇒ thermische Energie (Wärme), Lichtenergie, Bewegungsenergie

f **endotherm**, da für eine Elektrolyse kontinuierlich Energie hinzugefügt werden muss. Dabei entstehen die Stoffe Kupfer und Chlor.
elektrische Energie ⇒ innere Energie

g **exotherm**
innere Energie ⇒ thermische Energie (Wärme), Lichtenergie

h **endotherm**, da die Reaktion nur bei Zuführung von Lichtenergie abläuft
Lichtenergie ⇒ innere Energie

40 Das Auskristallisieren des Natriumacetats ist ein exothermer Vorgang; dabei wird innere Energie in thermische Energie umgewandelt. Die Aktivierungsenergie wird durch die mechanische Verformung des Plättchens aufgebracht. Das Verflüssigen ist ein endothermer Vorgang, dabei wird thermische in innere Energie umgewandelt.

41 **Physikalischer Vorgang:** elektrischer LED-Blitz. Hier wird elektrische Energie in Licht umgewandelt.
Chemische Reaktion: Die Reaktion zwischen Magnesium und Kaliumchlorat ist eine exotherme Reaktion, bei der Magnesium und Kaliumchlorat verschwinden und andere Stoffe entstehen. Dabei wird ein Teil der inneren Energie in Licht umgewandelt.

42 a Octan (l) + Sauerstoff (g) ⟶ Kohlenstoffdioxid (g) + Wasser (g)

Kohlenstoffmonooxid (g) + Stickstoffmonooxid (g) ⟶
Kohlenstoffdioxid (g) + Stickstoff (g)

b Platin und Rhodium wirken bei dieser Reaktion als Katalysatoren. Sie senken die Aktivierungsenergie für die Reaktion von Kohlenstoffmonooxid mit Stickstoffmonoxid zu Kohlenstoffdioxid und Stickstoff.

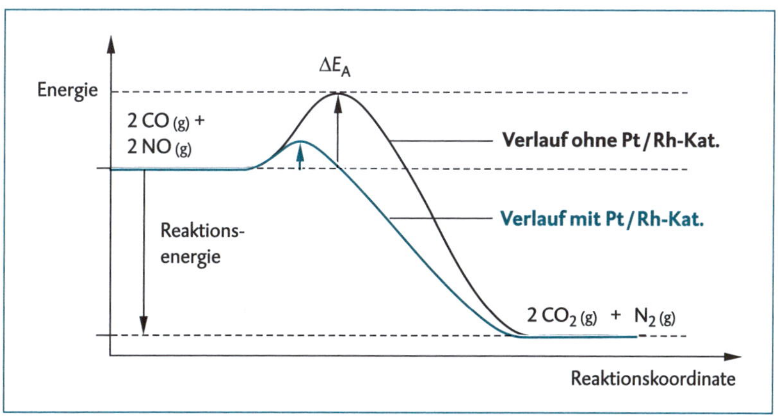

43 Der Platinschwamm senkt die Aktivierungsenergie der exothermen Reaktion.

$2\,H_2\,(g) + O_2\,(g) \longrightarrow 2\,H_2O\,(l)$

Die Reaktionsenergie ändert sich nicht und der Platinschwamm liegt unverändert vor. Er wirkt hier als Katalysator.

44 Die Waagschale wird sich heben, da Schwefel mit Sauerstoff zum Gas Schwefeldioxid verbrennt. Damit verschwindet Schwefel, das Gas Schwefeldioxid wird nicht mitgewogen: Die Masse nimmt ab.

45 a Das Erwärmen der Apparatur deutet sehr stark auf eine chemische Reaktion hin. Man müsste nun die Stoffe untersuchen.
Hinweis: Tatsächlich ist hier die folgende chemische Reaktion abgelaufen:

Natriumhydroxid (s) + Salzsäure (aq) ⟶ Natriumchlorid (aq) + Wasser (l)

b Hier liegt eine geschlossene Apparatur vor, es können keine Stoffe hinzukommen oder entweichen. Somit wäre es möglich, den Massenerhaltungssatz zu beweisen.

46 a Ein Element: **A**
b Eine chemische Verbindung: **B, D, F**
c Ein Elementgemisch: **C**
d Ein Gemisch aus chemischen Verbindungen: **E**
e Moleküle, die aus Atomen zweier verschiedener Elemente bestehen: **B, D, E**
f Moleküle, die aus Atomen dreier verschiedener Elemente bestehen: **F**
g Es könnte sich um Wasser-Moleküle handeln: **D**
h Es könnte sich um Kohlenstoffmonooxid-Moleküle handeln: **B**

47

Atomart	Eisen	Gold	Kohlenstoff	Schwefel	Stickstoff	Silber
Symbol	Fe	Au	C	S	N	Ag

Atomart	Sauerstoff	Wolfram	Wasserstoff	Chlor	Blei	Phosphor
Symbol	O	W	H	Cl	Pb	P

48 Relative Atommassen bedeutet auch, dass in 16 g Sauerstoff genauso viele Atome enthalten sind wie in 14 g Stickstoff. Also dividiert man die Stoffmassen durch die jeweilige rel. Atommasse und setzt die Zahlen ins Verhältnis:

Stickstoffoxid A:

$$\frac{m(\text{Sauerstoff})}{\text{rel. Atommasse}} = \frac{1{,}6\text{ g}}{16} = 0{,}1 \qquad \frac{m(\text{Stickstoff})}{\text{rel. Atommasse}} = \frac{2{,}8\text{ g}}{14} = 0{,}2$$

Die Stoffportion Stickstoff mit der Masse 2,8 g enthält **doppelt so viele** Stickstoff-Atome, wie die Stoffportion Sauerstoff mit der Masse 1,6 g Sauerstoff-Atome enthält.

Stickstoffoxid B:

$\frac{m(\text{Sauerstoff})}{\text{rel. Atommasse}} = \frac{1{,}6\text{ g}}{16} = 0{,}1 \qquad \frac{m(\text{Stickstoff})}{\text{rel. Atommasse}} = \frac{1{,}4\text{ g}}{14} = 0{,}1$

Die Stoffportion Stickstoff mit der Masse 1,4 g enthält **genauso viele** Stickstoff-Atome, wie die Stoffportion Sauerstoff mit der Masse 1,6 g Sauerstoff-Atome enthält.

Stickstoffoxid C:

$\frac{m(\text{Sauerstoff})}{\text{rel. Atommasse}} = \frac{3{,}2\text{ g}}{16} = 0{,}2 \qquad \frac{m(\text{Stickstoff})}{\text{rel. Atommasse}} = \frac{1{,}4\text{ g}}{14} = 0{,}1$

Die Stoffportion Stickstoff mit der Masse 1,4 g enthält **halb so viele** Stickstoff-Atome, wie die Stoffportion Sauerstoff mit der Masse 3,2 g Sauerstoff-Atome enthält.

Verb.	N(O):N(N)	Molekülformel	Teilchenmodell
A	1:2	N_2O	
B	1:1	NO	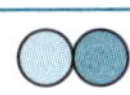
C	2:1	NO_2	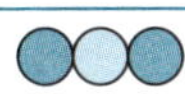

49 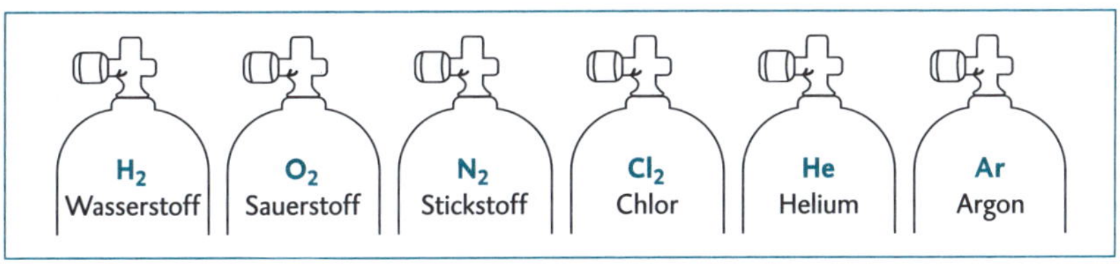

50 **a** AB mit m(Bausteinmolekül) = 3,2 g und

$\frac{\text{Massenverhältnis } m(\text{A})}{m(\text{B})} = 0{,}6$

A_2B mit m(Bausteinmolekül) = 4,4 g und

$\frac{\text{Massenverhältnis } m(\text{A})}{m(\text{B})} = 1{,}2$

b 5,6 g: A_3B; 5,2 g: AB_2; 9,6 g: A_3B_3

51 Man benötigt 1 500 m^3 Wasserstoff und 500 m^3 Stickstoff. 3 Moleküle Wasserstoff reagieren mit 1 Molekül Stickstoff zu 2 Molekülen Ammoniak.

Nach dem Satz von AVOGADRO reagieren also 3 Volumenteile (VT) Wasserstoff mit einem VT Stickstoff zu 2 VT Ammoniak.

$3\,H_{2\,(g)}$	+ $N_{2\,(g)}$	$\longrightarrow$	$2\,NH_{3\,(g)}$
3 VT	1 VT		2 VT
$3 \cdot 500\,m^3$	$1 \cdot 500\,m^3$		$2 \cdot 500\,m^3$

52

Volumenverhältnis **a**	Synthese von Ozon $3\,O_{2\,(g)} \longrightarrow 2\,O_{3\,(g)}$
Volumenverhältnis **b**	Synthese von Distickstoffmonooxid $2\,N_{2\,(g)} + O_{2\,(g)} \longrightarrow 2\,N_2O_{(g)}$ Synthese von Wasser $2\,H_{2\,(g)} + O_{2\,(g)} \longrightarrow 2\,H_2O_{(g)}$
Volumenverhältnis **c**	Synthese von Wasserstoffchlorid $H_{2\,(g)} + Cl_{2\,(g)} \longrightarrow 2\,HCl_{(g)}$
Volumenverhältnis **d**	Synthese von Distickstofftetraoxid $2\,O_{2\,(g)} + N_{2\,(g)} \longrightarrow N_2O_{4\,(g)}$
Keines der dargestellten Volumenverhältnisse	Synthese von Ammoniak $3\,H_{2\,(g)} + N_{2\,(g)} \longrightarrow 2\,NH_{3\,(g)}$

53

- ☐ $4\,NH_{3\,(g)} + 5\,O_{2\,(g)} \longrightarrow \mathbf{4}\,NO_{(g)} + \mathbf{6}\,H_2O_{(l)}$
- ☐ $\mathbf{2}\,SO_{2\,(g)} + O_{2\,(g)} \longrightarrow \mathbf{2}\,SO_{3\,(s)}$
- ☒ $C_{(s)} + H_2O_{(l)} \longrightarrow CO_{(g)} + H_{2\,(g)}$
- ☐ $H_{2\,(g)} + Cl_{2\,(g)} \longrightarrow \mathbf{2}\,HCl_{(g)}$
- ☐ $\mathbf{4}\,P_{(s)} + 5\,O_{2\,(g)} \longrightarrow P_4O_{10\,(s)}$
- ☐ $P_4O_{6\,(s)} + \mathbf{2}\,O_{2\,(g)} \longrightarrow P_4O_{10\,(s)}$
- ☐ $CH_{4\,(g)} + 2\,Cl_{2\,(g)} \longrightarrow CCl_{4\,(l)} + \mathbf{4}\,HCl_{(g)}$
- ☒ $CO_{(s)} + H_2O_{(l)} \longrightarrow CO_{2\,(g)} + H_{2\,(g)}$
- ☐ $\mathbf{2}\,I_2O_{5\,(s)} \longrightarrow \mathbf{2}\,I_{2\,(s)} + \mathbf{5}\,O_{2\,(g)}$

54

 Stickstoffdioxid NO_2	 Kohlenstoffdioxid CO_2	 Diwasserstoff-monooxid (Wasser) H_2O	 Sauerstoff O_2
 Stickstoff N_2	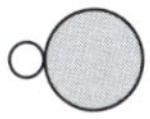 Wassserstoffchlorid HCl	 Wasserstoff H_2	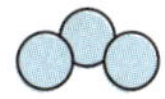 Ozon O_3
 Chlor Cl_2	 Distickstoffoxid (Lachgas) N_2O	 Triwasserstoffnitrid (Ammoniak) NH_3	 Diwasserstoffdioxid (Wasserstoffperoxid) H_2O_2
 Methan CH_4	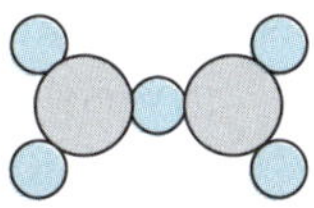 Dichlorpentaoxid Cl_2O_5	 Stickstoffmono-oxid NO	 Kohlenstoffmono-oxid CO

55 a $5\,C_{(s)} + 2\,SO_{2\,(g)} \longrightarrow CS_{2\,(l)} + 4\,CO_{(g)}$

b $2\,NO_{(g)} + 4\,HNO_{3\,(l)} \longrightarrow 3\,N_2O_{4\,(g)} + 2\,H_2O_{(l)}$

c $4\,HCl_{(g)} + O_{2\,(g)} \longrightarrow 2\,H_2O_{(l)} + 2\,Cl_{2\,(g)}$

d $S_{(s)} + 3\,F_{2\,(g)} \longrightarrow SF_{6\,(g)}$

56

a 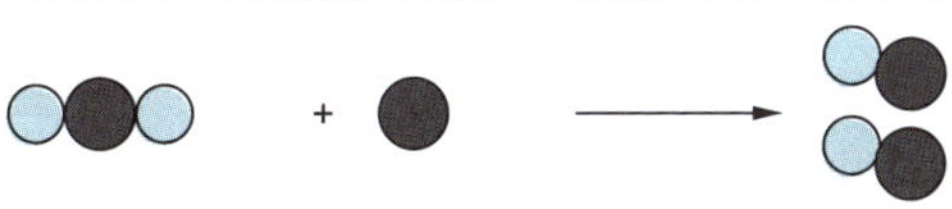

$CO_{2\,(g)} + C_{(s)} \longrightarrow 2\,CO_{(g)}$

b 

$CH_{4\,(g)} + H_2O_{(g)} \longrightarrow CO_{(g)} + 3\,H_{2\,(g)}$

c

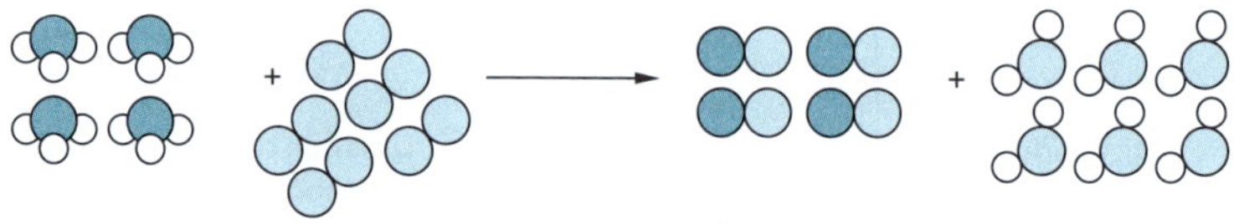

$4\,NH_{3\,(g)} + 5\,O_{2\,(g)} \longrightarrow 4\,NO_{(g)} + 6\,H_2O_{(g)}$

d

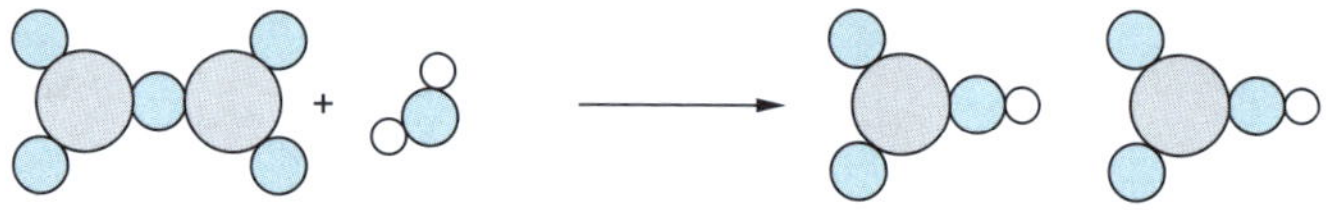

$Cl_2O_{5\,(g)} + H_2O_{(l)} \longrightarrow 2\,HClO_{3\,(l)}$

57 a **Abbildung B** entspricht der Realität.

$S_{(s)} + O_{2\,(g)} \longrightarrow SO_{2\,(g)}$

Für jedes Molekül Sauerstoff, das verschwindet, entsteht ein Molekül Schwefeldioxid. Da gleiche Volumina verschiedener Gase bei gleichem Druck und gleicher Temperatur (Abkühlen!) gleich viele Teilchen enthalten, muss somit für jedes Volumenteil Sauerstoff, das verschwindet, ein Volumenteil Schwefeldioxid entstehen. Deshalb bleibt das Volumen in der Apparatur konstant und damit die Form des Ballons gleich.

b Das Reagenzglas ist mit dem Ballon verschlossen. Man hat ein geschlossenes System. Es können keine Stoffe entweichen bzw. hinzukommen, deshalb muss die Masse von 23,62 g konstant bleiben (Massenerhaltungssatz).

58 a

Teilchendarstellung: 

Formelschreibweise: $2\,H_{2\,(g)} + O_{(g)} \longrightarrow 2\,H_2O_{(l)}$

b Es muss sich Sauerstoff im Restvolumen (V_{Rest}) befinden. Bei E2 gibt es kein Restvolumen, d. h., Wasserstoff und Sauerstoff haben vollständig miteinander reagiert. Das Volumenverhältnis ist 2 : 1. Somit reagieren bei den anderen Versuchen folgende Gasmengen:

E1: 10 mL Wasserstoff mit 5 mL Sauerstoff; V_{Rest} = 5 mL Sauerstoff
E3: 10 mL Wasserstoff mit 5 mL Sauerstoff; V_{Rest} = 15 mL Sauerstoff
E4: 20 mL Wasserstoff mit 10 mL Sauerstoff; V_{Rest} = 10 mL Sauerstoff

c „... gleiche Volumina verschiedener Gase enthalten bei gleichem Druck und gleicher Temperatur gleich viele Teilchen. Da Wasserstoff und Sauerstoff im Volumenverhältnis 2:1 vollständig reagieren, muss das Teilchenverhältnis auch 2:1 sein.“

59 Die Alkane gehören zu den Kohlenwasserstoffen. Man nennt sie so, weil die Moleküle nur aus Kohlenstoff-Atomen und Wasser**stoff**-Atomen aufgebaut sind. Sie bilden eine sogenannte homologe Reihe, d. h., die Moleküle sind ähnlich aufgebaut. Somit haben die Alkane die allgemeine Summenformel C_nH_{2n+2}. Alkane werden sehr häufig als Brennstoff verwendet, z. B. im Feuerzeug oder Motorenbenzin. Octan ist ein typisches Alkan für Motorenbenzin, es hat die Summenformel $C_{\cancel{7}8}H_{\cancel{16}18}$. Wenn Octan verbrennt, reagiert es mit dem ~~Stickstoff~~ **Sauerstoff** der Luft zu Kohlenstoff**dioxid** und Wasser. Ein weiteres wichtiges Alkan, das als Brennstoff verwendet wird, ist Methan CH_4. Es ist der Hauptbestandteil von Erdgas. In Campinggasflaschen findet man Butan und ~~Pentan~~ **Propan**, denn beide Stoffe sind bei Raumtemperatur und Standarddruck gasförmig.

60 C_2H_6: Ethan; C_3H_8: Propan; C_4H_{10}: Butan. Es handelt sich um **Alkane**.

61 DALTON hat nicht gewusst, dass manche Elemente als zweiatomige Moleküle vorliegen. Deshalb sind im Glaskolben mit Sauerstoff O_2-Moleküle und nicht einzelne O-Atome. Ein Sauerstoff-Molekül hat eine größere Masse als ein Kohlenstoffmonooxid-Molekül. Da gleiche Volumina verschiedener Gase bei gleichem Druck und gleicher Temperatur gleich viele Teilchen enthalten (Satz von AVOGADRO), hat der Kolben mit Sauerstoff eine größere Masse. Dies zeigt die Waage an.

62 Die korrekten Aussagen lauten:

		richtig	falsch
a	2 Liter Octan C_8H_{18} ~~(l)~~ **(g)** haben dasselbe Volumen wie 2 Liter Methan CH_4 (g).	☐	☒
b	2 Liter Octan C_8H_{18} ~~(l)~~ **(g)** enthalten genauso viele Teilchen wie 2 Liter Methan CH_4 (g).	☐	☒
c	2 Liter Propan C_3H_8 (g) enthalten genauso viele Teilchen wie 2 Liter Methan CH_4 (g).	☒	☐
d	Sauerstoff, Stickstoff ~~und Schwefel~~ liegen als zweiatomige Moleküle vor.	☐	☒
e	Wenn 2 Liter Sauerstoff vollständig mit Wasserstoff reagieren, dann entstehen 4 Liter Wasserdampf.	☒	☐
f	Wenn ~~2~~ **4** Liter Wasserstoff mit Sauerstoff reagieren, dann entstehen 4 Liter Wasserdampf.	☐	☒

63 **a** $M(X)=\frac{m(X)}{n(X)}\frac{g}{mol}$ $V_m(X)=\frac{V(X)}{n(X)}\frac{L}{mol}$ $N(X)=n(X)\cdot N_A$

b $n(X)=\frac{m(X)}{M(X)}$ $n(X)=\frac{V(X)}{V_m(X)}$ $n(X)=\frac{N(X)}{N_A}$

64

Stoff X	$M(X)\ \frac{g}{mol}$	$m(X)$ g	$n(X)$ mol	$N(X)$
Mg	24,3	48,6	2	$1{,}20\cdot 10^{24}$
CH_4	16	2	0,125	$7{,}53\cdot 10^{22}$
HCl	36,5	7,3	0,2	$1{,}20\cdot 10^{23}$
CO_2	44	2,2	0,05	$3{,}01\cdot 10^{22}$
C_4H_{10}	58	116	2	$1{,}20\cdot 10^{24}$

65 **a**
$$n(CH_4)=\frac{V(CH_4)}{V_m}=\frac{244\,L}{24{,}4\,\frac{L}{mol}}=10\,mol$$
$$n(H_2O)=5{,}75\cdot n(CH_4)=57{,}5\,mol$$

b
$$m(CH_4)=n(CH_4)\cdot M(CH_4)=10\,mol\cdot 16\,\frac{g}{mol}=160\,g$$
$$m(H_2O)=n(H_2O)\cdot M(H_2O)=57{,}5\,mol\cdot 18\,\frac{g}{mol}=1035\,g$$
$$m(\text{Methanhydrat})=m(CH_4)+m(H_2O)=160\,g+1035\,g=1195\,g$$

Der Methanhydrat-Brocken wiegt 1,195 kg.

66 Schülerin 1 betrachtet das Volumen: $V(\text{Schwefel}) > V(\text{Eisen})$
Schülerin 2 vergleicht die Masse der Stoffportionen: $m(Fe) > m(S)$
Schülerin 3 betrachtet die Stoffmenge bzw. die Anzahl der Teilchen.

$$n(S)=\frac{m(S)}{M(S)}=\frac{32\,g}{32\,\frac{g}{mol}}=1\,mol \qquad n(Fe)=\frac{m(Fe)}{M(Fe)}=\frac{55{,}8\,g}{55{,}8\,\frac{g}{mol}}=1\,mol$$

67 ☑ Die molare Masse ist der Quotient aus der Masse und der dazugehörigen Stoffmenge.

☐ Die molare Molekülmasse von Sauerstoff ist $M =$ ~~16~~ **32** $\frac{g}{mol}$.

☑ Ein Liter Helium enthält gleich viele Teilchen wie ein Liter Stickstoff.

☐ Die Avogadrokonstante N_A hat ~~keine Einheit~~ **die Einheit** $\frac{1}{mol}$.

☐ Die Stoffportion Eisen mit der Stoffmenge $n(Fe) = 2$ mol enthält genauso viele Teilchen wie die Stoffportion Octan mit ~~$n(C_8H_{18}) = 8$ mol~~ **$n(C_8H_{18}) = 2$ mol**.

☐ Die Stoffportion Eisen mit der Stoffmenge $n(Fe) = 2$ mol enthält genauso viele Teilchen wie die Stoffportion Methan mit ~~$V(CH_4) = 24{,}4$ Liter~~ **$V(CH_4) = 48{,}8$ Liter** bei Raumtemperatur.

68 a

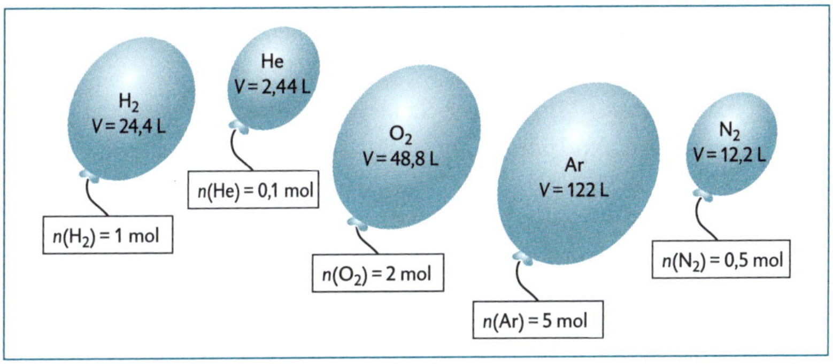

b Welche Masse hat die Gasfüllung der Ballons? Berechne die Werte.

$m(H_2)$	$m(He)$	$m(O_2)$	$m(Ar)$	$m(N_2)$
2 g	0,4 g	64 g	200 g	14 g

69

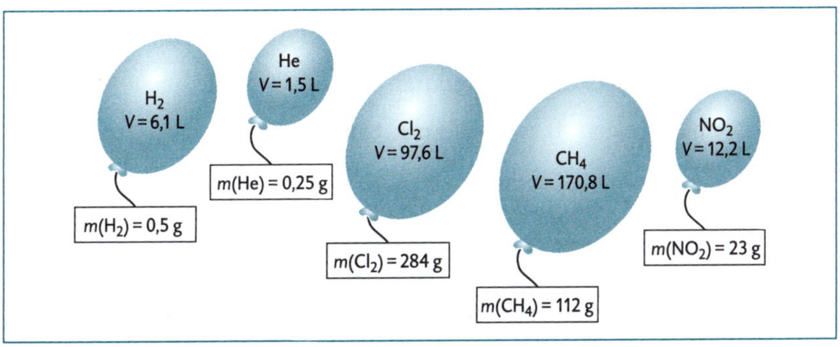

70 1. geg.: $V(O_2) = 2\,L$

ges.: $m(I_2O_5)$

benötigte Formel: $M(X) = \frac{m(X)}{n(X)}$ und $V_m = \frac{V(Gas)}{n(Gas)}$

2. Reaktionsgleichung aufstellen:

$$2\,I_2O_{5\,(s)} \longrightarrow 2\,I_{2\,(s)} + 5\,O_{2\,(g)}$$

3. Stoffmengenverhältnis: $\frac{n(I_2O_5)}{n(O_2)} = \frac{2}{5}$

4. Umstellen: $n(I_2O_5) = \frac{2}{5} \cdot n(O_2)$

5. Stoffmengen durch geeignete Größengleichungen ersetzen:

$$\frac{m(I_2O_5)}{M(I_2O_5)} = \frac{2}{5} \cdot \frac{V(O_2)}{V_m}$$

6. Umstellen nach der gesuchten Größe: $m(I_2O_5) = \frac{2}{5} \cdot \frac{V(O_2)}{V_m} \cdot M(I_2O_5)$

7. Einsetzen und ausrechnen: $m(I_2O_5) = \frac{2}{5} \cdot \frac{2\,L}{24{,}4\,\frac{L}{mol}} \cdot 334\,\frac{g}{mol}$

$$= 10{,}95\,g$$

8. Antwortsatz: Um 2 Liter Sauerstoff zu erzeugen, muss man 10,95 g Diiodpentaoxid zersetzen.

71 $3\,H_{2\,(g)} + N_{2\,(g)} \longrightarrow 2\,NH_{3\,(g)}$

		richtig	falsch
a	3 g Wasserstoff reagieren mit 1 mol Stickstoff.	☐	☑
b	Aus 120 L Wasserstoff entstehen 80 L Ammoniak.	☑	☐
c	Aus 120 L Wasserstoff entstehen 60 L Ammoniak.	☐	☑
d	6 g Wasserstoff reagieren mit 28 g Stickstoff.	☑	☐
e	Aus 36,6 L Wasserstoff entstehen 17 g Ammoniak.	☑	☐
f	Aus 36,6 L Wasserstoff entstehen 24,4 L Ammoniak.	☑	☐
g	Aus 36,6 L Wasserstoff entstehen 2 mol Ammoniak.	☐	☑
h	3 mol Wasserstoff reagieren mit 2 mol Stickstoff.	☐	☑
i	3 mol Wasserstoff reagieren mit 1 mol Stickstoff.	☑	☐

72 a Satz von AVOGADRO: Gleiche Volumina verschiedener Gase enthalten bei gleichem Druck und gleicher Temperatur gleich viele Teilchen.

b Unabhängig von der Art des Gases hat die Stoffmenge 1 mol bei Raumtemperatur das gleiche Volumen von 24,4 L. Da die molare Masse von Sauerstoff eine konstante Größe ist, kann man problemlos die Dichte von Gasen berechnen.

$$\rho(O_2) = \frac{m(O_2)}{V(O_2)} = \frac{M(O_2)}{V_m(O_2)} = \frac{32\,\frac{g}{mol}}{24{,}4\,\frac{L}{mol}} = 1{,}31\,\frac{g}{L}$$

c Luft hat eine Zusammensetzung von ca. 78 Vol.-% Stickstoff, 21 Vol.-% Sauerstoff und 1 Vol.-% Argon (siehe S. 44). Die restlichen Gase werden vernachlässigt, da sie nur im Promillebereich auftreten.

$$M(\text{Luft}) = 0{,}78 \cdot M(N_2) + 0{,}21 \cdot M(O_2) + 0{,}01 \cdot M(Ar)$$
$$= 0{,}78 \cdot 28\,\frac{g}{mol} + 0{,}21 \cdot 32\,\frac{g}{mol} + 0{,}01 \cdot 40\,\frac{g}{mol}$$
$$= 28{,}96\,\frac{g}{mol} \sim 29\,\frac{g}{mol}$$

$$\rho(\text{Luft}) = \frac{m(\text{Luft})}{V(\text{Luft})} = \frac{M(\text{Luft})}{V_m(\text{Luft})} = \frac{29\,\frac{g}{mol}}{24{,}4\,\frac{L}{mol}} = 1{,}19\,\frac{g}{L}$$

		richtig	falsch
73	a_1 Die Masse von 2 mol Helium ist genauso groß wie die Masse von 4 mol Wasserstoff.	☑	☐
	a_2 Die Masse von 2 mol Helium ist genauso groß wie die Masse von 2 mol Wasserstoff.	☐	☑
	b_1 Die Stoffmenge Helium $n = 2$ mol hat dasselbe Volumen wie die Stoffmenge Wasserstoff $n = 4$ mol.	☐	☑
	b_2 Die Stoffmenge Helium $n = 2$ mol hat dasselbe Volumen wie die Stoffmenge Wasserstoff $n = 2$ mol.	☑	☐
	c_1 Eine Stoffportion Helium mit $n = 2$ mol nimmt bei Standardbedingungen ein Volumen von 24,4 L ein.	☐	☑
	c_2 Eine Stoffportion Helium mit $n = 2$ mol nimmt bei Standardbedingungen ein Volumen von 48,8 L ein.	☑	☐

74 Die Kugeln stellen Atome verschiedener Elemente mit unterschiedlichen Massen und Größen dar. Auf der schiefen Ebene werden die Kugeln durch die Gravitation beschleunigt. Der durch den Föhn erzeugte Wind lenkt die Kugeln unterschiedlich stark ab (Trägheit der Masse). Je schwerer die Kugel, desto weniger stark wird sie abgelenkt. Im Modell rollen die Kugeln durch unterschiedliche Öffnungen.
Im Massenspektrometer werden die Atome ionisiert und im elektrischen Feld beschleunigt. Ein Magnetfeld lenkt die Ionen ab. Deshalb treffen die Ionen auf unterschiedliche Detektorbereiche.
Die folgende Tabelle verdeutlicht dies:

Modell	Massenspektrometer
Beschleunigung durch Schwerkraft	Beschleunigung von Ionen im elektrischen Feld
Ablenkung durch Föhnwind	Ablenkung durch ein Magnetfeld
Kugeln rollen durch verschiedene Öffnungen	Ionen treffen verschiedene Detektorbereiche

75 **a** $V(H_2) = 190000\,m^3 = 190000 \cdot (10)^3\,dm^3 = 190000000\,L$

$$m(H_2) = n(H_2) \cdot M(H_2) = \frac{V(H_2)}{V_m} \cdot M(H_2)$$

$$= \frac{190000000\,L}{24{,}4\frac{L}{mol}} \cdot 2\frac{g}{mol} = 15573770{,}5\,g = 15{,}574\,t$$

b $$m(He) = n(He) \cdot M(He) = \frac{V(He)}{V_m} \cdot M(He)$$

$$= \frac{190000000\,L}{24{,}4\frac{L}{mol}} \cdot 4\frac{g}{mol} = 31147541\,g = 31{,}147\,t$$

c $2\,H_2 + O_2 \longrightarrow 2\,H_2O \quad \Delta E_i = -572\,kJ \cdot mol^{-1}$

$$\Delta E = \frac{1}{2} \cdot n(H_2) \cdot \Delta E_i$$

$$\Delta E = 0{,}5 \cdot \frac{V(H_2)}{V_m} \cdot \Delta E_i$$

$$\Delta E = 0{,}5 \cdot \frac{190000000\,L}{24{,}4\frac{L}{mol}} \cdot \left(-572\frac{kJ}{mol}\right)$$

$$\Delta E_i = -2227053{,}4\,kJ$$

$$= -2227\,GJ$$

		richtig	falsch
76 **a**	Die Reaktion von Methan mit Sauerstoff zu Wasser und Kohlenstoffdioxid ist eine ~~endotherme~~ **exotherme** Reaktion.	☐	☒
b	Für jedes Molekül Methan werden zwei Moleküle Sauerstoff benötigt.	☒	☐
c	16 g Methan verbrennen. Es werden 800 kJ Energie frei.	☒	☐
d	Es verbrennt dieses Volumen Methan: $V(CH_4) = 97{,}6$ L (bei 25 °C.) Insgesamt wird eine Energie von ~~2 400 kJ~~ **3 200 kJ** abgegeben.	☐	☒
e	Pro mol Kohlenstoffdioxid, die erzeugt werden, müssen 800 kJ Energie aufgewendet werden.	☒	☐
f	Um 36 g Wasser zu erzeugen, muss die Stoffmenge Methan $n(CH_4)$ = ~~2 mol~~ **1 mol** reagieren.	☐	☒
g	Bei dieser Reaktion gilt: $n(O_2) = 2n(CH_4)$.	☒	☐

77 1. geg.: $V(\text{Treibstoff}) = 61\,\text{L pro } 100\,\text{km}$

ges.: $m(CO_2)\text{ pro km}$

benötigte Formeln: $M(X) = \frac{m(X)}{n(X)}$ und $\rho = \frac{m(X)}{V(X)}$

2. Reaktionsgleichung aufstellen:

$$C_{11}H_{24\,(l)} + 17\,O_{2\,(g)} \longrightarrow 11\,CO_{2\,(g)} + 12\,H_2O_{(g)}$$

3. Stoffmengenverhältnis: $\frac{n(CO_2)}{n(C_{11}H_{24})} = 11$

4. Umstellen: $n(CO_2) = 11 \cdot n(C_{11}H_{24})$

5. Stoffmengen durch geeignete Größengleichungen ersetzen:

$$\frac{m(CO_2)}{M(CO_2)} = 11 \cdot \frac{m(C_{11}H_{24})}{M(C_{11}H_{24})}$$

$$\frac{m(CO_2)}{M(CO_2)} = 11 \cdot V(C_{11}H_{24}) \cdot \frac{\rho(C_{11}H_{24})}{M(C_{11}H_{24})}$$

6. Umstellen nach der gesuchten Größe:

$$m(CO_2) = 11 \cdot V(C_{11}H_{24}) \cdot \frac{\rho(C_{11}H_{24})}{M(C_{11}H_{24})} \cdot M(CO_2)$$

7. Einsetzen und ausrechnen: $m(CO_2) = 11 \cdot 61\,\text{L} \frac{800\,\frac{\text{g}}{\text{L}}}{156\,\frac{\text{g}}{\text{mol}}} \cdot 44\,\frac{\text{g}}{\text{mol}}$

$= 151405{,}1\,\text{g}$

$= 151{,}4\,\text{kg (pro 100 km)}$

pro km: $m(CO_2) = \frac{151{,}40\,\text{kg}}{100} = 1{,}514\,\text{kg}$

8. Antwortsatz: Dieses Auto produziert bei Höchstgeschwindigkeit pro km 1,514 kg CO_2.

78 **Heizöl:**

Reaktionsgleichung:

$$2\,C_{12}H_{26} + 37\,O_{2\,(g)} \longrightarrow 24\,CO_2 + 26\,H_2O_{(g)}$$

Stoffmengenverhältnis:

$$\frac{n(CO_2)}{n(C_{12}H_{26})} = \frac{24}{2}$$

$$n(CO_2) = 12 \cdot n(C_{12}H_{26})$$

Pro kg Heizöl:

$$n(CO_2) = 12 \cdot n(C_{12}H_{26})$$

$$= 12 \cdot \frac{m(C_{12}H_{26})}{M(C_{12}H_{26})}$$

$$= 12 \cdot \frac{1000\,\text{g}}{170\,\frac{\text{g}}{\text{mol}}} = 70{,}6\,\text{mol}$$

Erdgas:

Reaktionsgleichung:

$$CH_{4\,(g)} + 2\,O_{2\,(g)} \longrightarrow CO_{2\,(g)} + 2\,H_2O_{(g)}$$

Stoffmengenverhältnis:

$$\frac{n(CO_2)}{n(CH_4)} = \frac{1}{1}$$

$$n(CO_2) = n(CH_4)$$

Pro kg Erdgas:

$$n(CO_2) = n(CH_4) = \frac{m(CH_4)}{M(CH_4)} = \frac{1000\,g}{16\,\frac{g}{mol}} = 62{,}5\,mol$$

Kohle:

Reaktionsgleichung:

$$C_{(s)} + O_{2\,(g)} \longrightarrow CO_{2\,(g)}$$

Stoffmengenverhältnis:

$$\frac{n(CO_2)}{n(C)} = \frac{1}{1}$$

$$n(CO_2) = n(C)$$

Pro kg Koks:

$$n(CO_2) = n(C) = \frac{m(C)}{M(C)} = \frac{1000\,g}{12\,\frac{g}{mol}} = 83{,}3\,mol$$

Brennstoff	Heizwert $\left[\frac{MJ}{kg}\right]$ (Energiedichte)	Stoffmenge CO_2 pro kg Brennstoff [mol]
Heizöl (z. B. $C_{12}H_{26}$)	42	70,6
Erdgas (z. B. CH_4)	50	62,5
Kohle (Koks, reiner Kohlenstoff)	29	83,3

Bewertung: Erdgas hat bei größtem Heizwert die geringste CO_2-Emission, daher ist es hier der klimafreundlichste Brennstoff. Kohle hat mit Abstand die höchste CO_2-Emission und ist so am klimaschädlichsten.

79 **a** Es ist ein Zeit-Temperatur-Diagramm; x-Achse: Zeit in Sekunden, y-Achse: Temperatur in °C. Das Diagramm zeigt die Temperatur(änderung) von 5 mL Wasser bei der Verbrennung von 10 mL Methan bzw. Butan. Beide Zeit-Temperatur-Kurven verlaufen erst für etwa 30 s parallel und es tritt keine Temperaturänderung auf. Ab 30 s beobachtet man in beiden Kurven einen Temperaturanstieg. Bei der Methan-Kurve kann bis zum Zeitpunkt $t = 65$ s nur ein schwacher Temperaturanstieg um etwa 5 °C beobachtet werden. Bei der Butan-Kurve beobachtet man im Zeitraum bis $t = 80$ s einen Temperaturanstieg von ca. 20 °C. Danach bleibt die Temperatur konstant bzw. nimmt sehr langsam wieder ab.

b Verbrennt man gleiche Volumina (= gleiche Stoffmengen wg. AVOGADRO-Hypothese) Methan und Butan, wird mehr Energie bei der Verbrennung von Butan freigesetzt. Das ist kein Widerspruch zum auf die Masse bezogenen Brennwert, denn 10 mL Butan haben eine deutlich höhere Masse als 10 mL Methan.

$$m(CH_4) = n(CH_4) \cdot M(CH_4) = \frac{V(CH_4)}{V_m} \cdot M(CH_4) = \frac{0{,}01\,L}{24{,}4\,\frac{L}{mol}} \cdot 16\,\frac{g}{mol} = 0{,}0065\,g$$

$$m(C_4H_{10}) = n(C_4H_{10}) \cdot M(C_4H_{10}) = \frac{V(C_4H_{10})}{V_m} \cdot M(C_4H_{10}) = \frac{0{,}01\,L}{24{,}4\,\frac{L}{mol}} \cdot 58\,\frac{g}{mol} = 0{,}024\,g$$

80 Die Schichten aus Metall-Atomen werden durch den Druck des Stempels verschoben. Die Atomrümpfe können fast beliebig im Elektronengas verschoben werden, die Metallbindung sorgt für die nötige Stabilität.

81 1. Eigenschaft: Stabilität, damit die Töpfe robust sind
2. Eigenschaft: Wärmeleitfähigkeit, damit die Wärme von der Heizquelle ohne große Verluste in den Topf gelangen kann

82 Kupfer besitzt als Metall eine sehr gute elektrische Leitfähigkeit (bewegliche Elektronen als „Elektronengas" im Metallgitter), Kunststoff verhindert als Nichtleiter (keine beweglichen Ladungsträger) Stromverluste und Kurzschlüsse und schützt den Menschen.

83 Durch das Erhitzen geraten die Eisen-Atome im Metallgitter in stärkere Schwingungen, sodass ein leichteres Verschieben der Metallschichten erreicht wird. Nach der Verschiebung und dem Abkühlen besitzt das Metallgitter eine neue stabile Ordnung.

84 Kupfer und Silber haben eine viel höhere Wärmeleitfähigkeit als Aluminium, die beiden Metalle haben aber eine größere Dichte und sind deutlich teurer als Aluminium. Somit ist Aluminium ein sehr guter Kompromiss: Es hat eine dreimal so hohe Wärmeleitfähigkeit wie Eisen und durch die geringere Dichte wird der Topf auch nicht so schwer.

85 Aluminium hat zwar eine geringere elektrische Leitfähigkeit als Kupfer, aber eine viel geringere Dichte. Wenn man dickere Aluminiumkabel verwendet, kann man die gleiche Menge Strom wie beim Kupferkabel transportieren. Trotzdem ist das Hochspannungskabel leichter (und billiger) und belastet die Masten weniger als ein Kupferkabel.

86 **a**, **b**, **c** und **e** sind richtig.

87 Bei Versuch B leuchtet die rechte Glühlampe schwächer. Durch den Gasbrenner wird das Kupferblech warm bzw. heiß. Dadurch fangen die Atomrümpfe stärker an zu zittern und die Beweglichkeit der Elektronen sinkt, weil sie häufiger mit den Atomrümpfen zusammenstoßen. Der elektrische Widerstand steigt. Folglich fließt weniger Strom und die rechte Glühlampe leuchtet weniger hell.

88 **G:** NaCl (s) **A:** NaCl (aq) **E:** Zucker (aq) **B:** Zucker (s)

Falsche Abbildungen:

C: In der Salz-Lösung befinden sich keine Ionenpaare, sondern einzelne Ionen.

D: Die Zahl der Natrium- und Chlorid-Ionen muss gleich sein.

F: Hier sind zwei verschiedene Moleküle in der Lösung, es darf nur eine Sorte Zucker-Moleküle geben.

H: Hier sind zwei verschiedene Moleküle im festen Zucker, es darf nur eine Sorte Zucker-Moleküle sein.

I: Es ist reines Wasser.

89

a K^+ und S^{2-}: K_2S

b Mg^{2+} und Br^-: $MgBr_2$

c Ba^{2+} und P^{3-}: Ba_3P_2

d Al^{3+} und I^-: AlI_3

e K^+ und O^{2-}: K_2O

f Pb^{4+} und N^{3-}: Pb_3N_4

g Fe^{3+} und Cl^-: $FeCl_3$

h Co^{2+} und I^-: CoI_2

90 Die Aussage von Claire „Nimmt man 20 Nitrid-Ionen (N^{3-}) und 30 Barium-Ionen, so erhält man ein Salz“ ist soweit korrekt, da das Verhältnis der Ionen stimmt und man die Verhältnisformel Ba_3N_2 erhält.

Die Aussage von Alex „Sulfid-Ionen (S^{2-}) und Barium-Ionen können zusammen ein Salz bilden“ ist nur dann korrekt, wenn das Verhältnis 1 : 1 ist (BaS).

Die Aussage von Zeynep „Aus Barium-Ionen und Iodid-Ionen (I^-) bilden sich Salze, wenn man beide in gleicher Anzahl nimmt“ ist falsch, denn die Verhältnisformel von Bariumiodid ist BaI_2.

Die Aussage von Max „Barium-Ionen bilden zusammen mit Lithium-Ionen (Li^+) Salze“ ist falsch, da es sich bei Barium- und Lithium-Ionen um Kationen handelt.

91 Salz 1: **KI** Salz 2: **NaCl** Salz 3: **Al_2O_3** Salz 4: **MgO**

92 a
- ☐ Destilliertes Wasser ⇒ enthält keine Ionen
- ☑ Kochsalz-Lösung ⇒ enthält Ionen, die wandern können
- ☐ Zucker-Lösung ⇒ enthält keine Ionen
- ☑ NaCl (aq) = Kochsalz-Lösung ⇒ enthält Ionen, die wandern können
- ☑ NaCl (l) = Kochsalz-Schmelze ⇒ enthält Ionen, die wandern können

b Welche der folgenden Aussagen treffen auf diesen Versuch zu?
- ☐ Wenn die LED leuchtet, fließen Elektronen durch die Flüssigkeit.
- ☑ Nur wenn sich in der Flüssigkeit Ionen befinden, leuchtet die LED.
- ☐ Es dürfen sich ausschließlich Anionen in der Flüssigkeit befinden, sonst leuchtet die LED nicht.
- ☐ Nur wenn sich ausschließlich Kationen in der Flüssigkeit befinden, leuchtet die LED.
- ☐ Die LED leuchtet, wenn die Kationen zum Minuspol und die Anionen zum Pluspol wandern.
- ☑ Es ist egal, welches Salz man in der Flüssigkeit löst, damit die LED leuchtet.

93 Das **Diagramm E** zeigt das Versuchsergebnis. Es zeigt bei Becherglas 1 eine hohe Leitfähigkeit, das ist bei einem gut löslichen Salz zu erwarten, weil sich viele Ionen in der Lösung befinden. Bei Becherglas 2 wird eine geringere Leitfähigkeit angezeigt, bei dem schwer löslichen Salz sind auch Ionen in der Lösung, aber deutlich weniger.

Ausschluss Diagramm A: keine Leitfähigkeit bei Becherglas 1, obwohl Salz 1 gut löslich ist

Ausschluss Diagramm B: kein Unterschied in der Leitfähigkeit bei Becherglas 1 und 2, obwohl die Salze unterschiedlich gut löslich sind

Ausschluss Diagramm C: keine Leitfähigkeit bei Becherglas 2, obwohl Salz 2 gering löslich ist

Ausschluss Diagramm D: Es wird eine höhere Leitfähigkeit bei Becherglas 2 angezeigt, obwohl Salz 1 besser löslich ist

Ausschluss Diagramm F: kein Unterschied in der Leitfähigkeit bei Becherglas 1 und 2, obwohl die Salze unterschiedlich gut löslich sind

94 Natrium-Ionen und Fluorid-Ionen sind jeweils einfach geladen, Magnesium-Ionen und Oxid-Ionen sind jeweils doppelt geladen, also ist die Ionenbindung von Magnesiumoxid stärker.

95

	Mögliche Ionenarten und ihr Verhältnis			Verhältnisformel		
Natriumbromid		$Na^+ + Br^-$				NaBr
Aluminiumoxid	$2\ Al^{3+} + 3\ O^{2-}$				Al_2O_3	
Eisen(III)bromid		$Fe^{3+} + 3\ Br^-$		$FeBr_3$		
Kaliumsulfid			$2\ K^+ + S^{2-}$	K_2S		
Magnesiumfluorid		$Mg^{2+} + 2\ F^-$				MgF_2
Calciumoxid			$Ca^{2+} + O^{2-}$	CaO		

96 **a** Die Porzellantasse zerbricht, die Metalldose wird verformt.

b Durch die mechanische Belastung werden die Ionenschichten im Gitter verschoben. Damit liegen gleichnamige Ionen nebeneinander, stoßen sich ab: Der Kristall zerbricht.

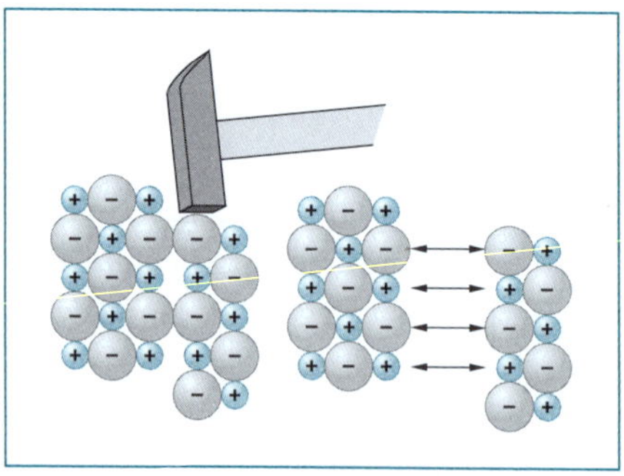

c Die Dose kann nicht aus Ionen aufgebaut sein, sondern aus ungeladenen Atomen. Diese werden bei Belastung verschoben.

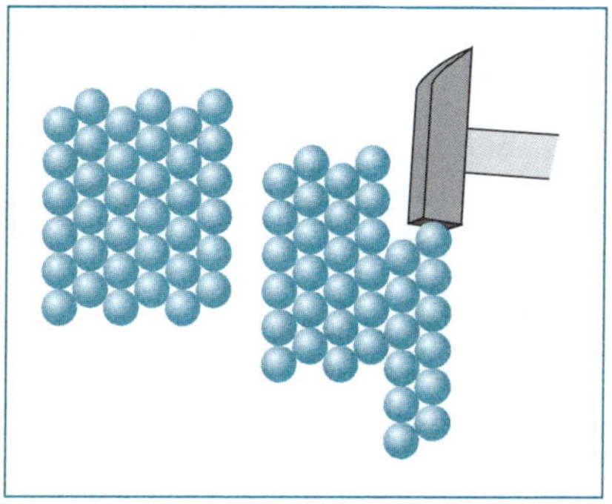

97 Das Kation A muss mindestens zweifach positiv geladen sein, da dann wegen des Zahlenverhältnisses A : B = 1 : 2 das Anion einfach negativ geladen ist. Eine kleinere Elementarladung gibt es nicht. Also gilt für die Ionen: A^{2+} und B^-. Ebenso denkbar sind Vielfache der Ladungen, z. B. A^{4+} und B^{2-} oder A^{6+} und B^{3-}. Sie ergeben die Verhältnisformel AB_2.

98 „Beim Schmelzen von Natriumchlorid werden die Ionen beweglich, sodass elektrische Leitfähigkeit auftritt, während der Feststoff hingegen wegen des Ionengitters ein Nichtleiter ist."
Hinweis: Damit in einem Stoff elektrische Leitfähigkeit auftritt, müssen bewegliche Ladungsträger vorhanden sein.

99

Anion/Kation	Verhältnisformel	Name
SO_3^{2-} / Na^+	$Na_2(SO_3)$	Natriumsulfit
N^{3-} / K^+	K_3N	Kaliumnitrid
PO_4^{3-} / Mg^{2+}	$Mg_3(PO_4)_2$	Magnesiumphosphat
CO_3^{2-} / Al^{3+}	$Al_2(CO_3)_3$	Aluminiumcarbonat
NO_2^- / Ca^{2+}	$Ca(NO_2)_2$	Calciumnitrit

100 Die Leitfähigkeit einer Salzlösung hängt von drei Faktoren ab: von der Zahl der Ionen in der Lösung, von der Ladung der Ionen und von der Ionenbeweglichkeit. Den dritten Faktor kann man hier außer Acht lassen, da es sich hier um Metall-Kationen und Chlorid-Ionen handelt, die eine ähnliche Ionenbeweglichkeit aufweisen. Bei der Anzahl der Ionen gibt es große Unterschiede: Pro Formeleinheit Natriumchlorid sind es zwei Ionen: ein Natrium-Ion und ein Chlorid-Ion.

Bei Magnesiumchlorid sind es pro Formeleinheit 3 Ionen: ein zweifach positiv geladenes Magnesium-Ion und zwei Chlorid-Ionen.

Bei Aluminiumchlorid sind es pro Formeleinheit 4 Ionen: ein dreifach positiv geladenes Aluminium-Ion und drei Chlorid-Ionen.

Je mehr Ionen in der Lösung, desto höher ist die Leitfähigkeit. Deshalb gehört

- **Graph C** zu der Natriumchlorid-Lösung,
- **Graph B** zu der Magnesiumchlorid-Lösung und
- **Graph A** zu der Aluminiumchlorid-Lösung.

			richtig	falsch
101	a	Kationen sind ~~negativ~~ **positiv** geladene Ionen.	☐	☒
	b	Kationen **und Anionen** ziehen sich gegenseitig an, Anionen stoßen sich gegenseitig ab.	☐	☒
	c	Ein Ionengitter ist aus Kationen und Anionen aufgebaut.	☒	☐
	d	Im Ionengitter wirkt die ~~Elektronenbindung~~ **Ionenbindung**.	☐	☒
	e	Salzkristalle sind **nicht** elektrisch leitfähig.	☐	☒
	f	Salzlösungen sind elektrisch leitfähig.	☒	☐
	g	Salzschmelzen sind elektrisch leitfähig.	☒	☐
	h	Je höher geladen die Ionen, desto höher ist die Schmelztemperatur des Salzes.	☒	☐
	i	Je kleiner die Ionen, desto ~~niedriger~~ **höher** ist die Schmelztemperatur des Salzes.	☐	☒
	j	Wenn Salze schmelzen, ~~werden~~ **wird** das Ionengitter ~~und die Ionen~~ zerstört.	☐	☒

102

Trivialname	Verwendung	Salzname	Anion	Kation	Verhältnisformel
Gips	Baumaterial	Calciumsulfat	SO_4^{2-}	Ca^{2+}	$CaSO_4$
Kalkstein	Baumaterial	Calciumcarbonat	CO_3^{2-}	Ca^{2+}	$CaCO_3$
Natron	Backpulver	Natriumhydrogencarbonat	HCO_3^-	Na^+	$NaHCO_3$
Salpeter	Dünger	Kaliumnitrat	NO_3^-	K^+	KNO_3
Pökelsalz	Konservierungsmittel	Kaliumnitrit	NO_2^-	K^+	KNO_2
Salmiak	Geschmacksstoff	Ammoniumchlorid	NH_4^+	Cl^-	NH_4Cl
Ätznatron	Rohrreiniger	Natriumhydroxid	OH^-	Na^+	$NaOH$

103 a

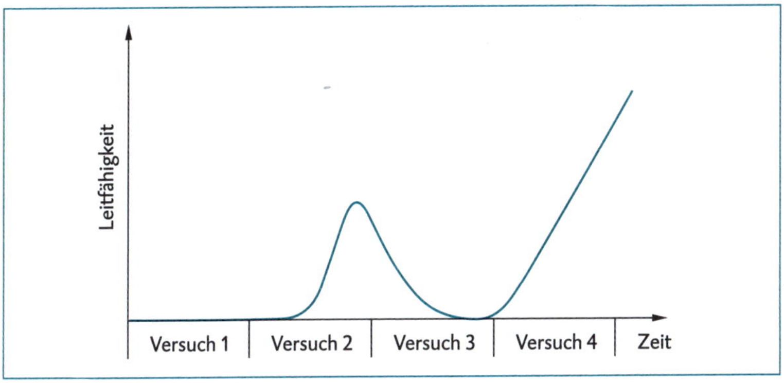

b **V1:** Festes Salz zeigt keine Leitfähigkeit, weil die Ionen im Ionengitter unbeweglich sind.

V2: Das Salz schmilzt, Ionen bewegen sich: Leitfähigkeit.

V3: Das Salz beginnt zu erstarren, solange es noch flüssig ist, leitet die Salzschmelze.

V4: Das Ionengitter wird beim Lösen zerstört, die Ionen sind im Wasser beweglich: Leitfähigkeit.

104 a $NaCl_{(aq)} + AgNO_{3\,(aq)} \longrightarrow AgCl_{(s)} + NaNO_{3\,(aq)}$

b

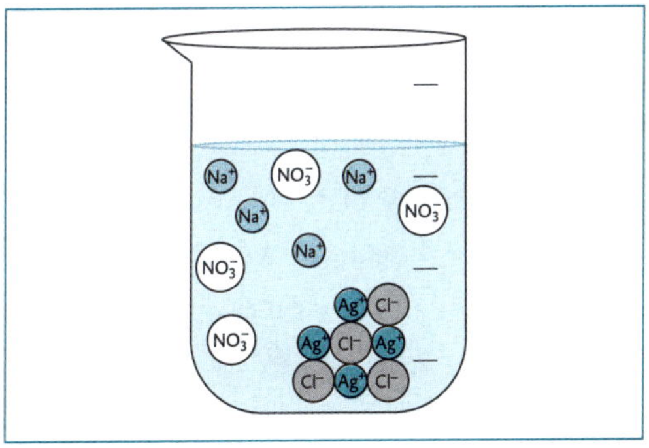

105 **Positive Blindprobe:**

Man löst ein Sulfat-Salz, z. B. Natriumsulfat, in Wasser und tropft das Nachweisreagenz Bariumchlorid-Lösung hinzu. Es muss ein weißer Feststoff (Bariumsulfat) entstehen, damit die positive Blindprobe erfolgreich ist. Entsteht kein weißer Feststoff, ist der Test unzuverlässig und das Nachweisreagenz Bariumchlorid-Lösung unbrauchbar.

Negative Blindprobe:

Man tropft das Nachweisreagenz Bariumchlorid-Lösung zu destilliertem Wasser. In diesem Fall muss der Test auf Sulfat-Ionen negativ sein, da ja die entsprechende Substanz nicht enthalten ist. Die negative Blindprobe ist dann erfolgreich. Bildet sich ein Niederschlag, ist das das Nachweisreagenz Bariumchlorid-Lösung unbrauchbar oder verunreinigt.

106

	$AgNO_3$ (aq)	$FeCl_3$ (aq)	$CaCl_2$ (aq)	$BaCl_2$ (aq)	$BaCl_2$ (aq) + Salzsäure
KNO_3	–	–	–	–	–
KCl (aq)	weißer Niederschlag (Nd.) AgCl (s)	–	–	–	–
KBr (aq)	weißgelber Nd. AgBr (s)	–	–	–	–
KI (aq)	gelber Nd. AgI (s)	–	–	–	–
KSCN (aq)	weißer Nd. AgSCN (s) Bei viel KSCN (aq) Auflösung	Rotfärbung $Fe(SCN)_3$ (aq)	–	–	–
K_2SO_4 (aq)	weißer Nd. Ag_2SO_4 (s)	–	weißer Nd. $CaSO_4$ (s)	weißer Nd. $BaSO_4$ (s)	weißer Nd. $BaSO_4$ (s)
K_2CO_3 (aq)	weißer Nd. Ag_2CO_3 (s)	weißer Nd. $Fe_2(CO_3)$ (s)	weißer Nd. $CaCO_3$ (s)	weißer Nd. $BaCO_3$ (s)	Gasbildung

107 a $AgNO_{3\,(aq)} + LiBr_{(aq)} \longrightarrow$ **$AgBr_{(s)}$** $+ LiNO_{3\,(aq)}$

b $MgCl_{2\,(aq)} + 2\,AgNO_{3\,(aq)} \longrightarrow$ **$2\,AgCl_{(s)}$** $+ Mg(NO_3)_{2\,(aq)}$

c $CaI_{(aq)} + 2\,K_2CO_{3\,(aq)} \longrightarrow 2\,KI_{(aq)} +$ **$CaCO_{3\,(s)}$**

d $Li_2SO_{4\,(aq)} + NaCl_{(aq)} \not\longrightarrow$ nichts passiert

e $Na_2SO_{4\,(aq)} + BaBr_{2\,(aq)} \longrightarrow$ **$BaSO_{4\,(s)}$** $+ 2\,NaBr_{(aq)}$

108 a $Fe^{3+}_{(aq)} + 3\,SCN^-_{(aq)} \longrightarrow Fe(SCN)_{3\,(aq)}$

b $Ba^{2+} + SO_{4\,(aq)}^{2-} \longrightarrow BaSO_{4\,(s)}$

c $Ag^+_{(aq)} + I^-_{(aq)} \longrightarrow AgI_{(s)}$

d $Ca^{2+}_{(aq)} + CO_3^{2-} \longrightarrow CaCO_{3\,(s)}$

e $Cl^-_{(aq)} + Ag^+_{(aq)} \longrightarrow AgCl_{(s)}$

109 Natriumsalze bzw. das Natriumoxid Na_2O

110 Leitungswasser kann in geringem Maße Chlorid-Ionen enthalten, diese können mit Silber-Ionen zu Silberchlorid reagieren. Die Lösung würde sich eintrüben.

111 Zuerst entnimmt man einer Flasche etwas Feststoff und gibt ihn auf ein Uhrglas o. Ä.
Dann kann man entweder Salzsäure oder Salpetersäure auf das weiße Pulver tropfen.
Erfolgt keine Reaktion, so handelt es sich um Magnesiumsulfat.
Erfolgt eine Gasbildung, so handelt es sich um Magnesiumcarbonat.
Hinweis: Carbonat-Ionen reagieren mit Säure zu Kohlenstoffdioxid.

112 **a** Barium-Ionen, Natrium-Ionen – mithilfe der Flammenfärbung
Chlorid-Ionen – mithilfe einer Fällungsreaktion mit einer Silbernitrat-Lösung

b Es kommt zur Bildung eines Niederschlags; es entsteht Silberchlorid.

c Salzsäure ist nicht geeignet, weil Salzsäure Chlorid-Ionen enthält und diese zu Silberchlorid reagieren und ausfallen würden.
Schwefelsäure ist nicht geeignet, denn Schwefelsäure enthält Sulfat-Ionen und Bariumsulfat würde als Feststoff ausfallen. Es würde zu einer falsch positiven Reaktion kommen.

113 Es müssen Salze sein, die als Kationen Lithium- oder Strontium-Ionen enthalten, z. B. Lithiumnitrat, Lithiumchlorid oder Strontiumnitrat.
Lithium- und Strontium-Ionen verursachen eine rote Flammenfärbung.

114 1b, 2a, 3c, 4d

115

		richtig	falsch
a	Bei einer Fällungsreaktion entsteht ein Feststoff.	☒	☐
b	Bei der positiven Blindprobe testet man, ob das gesuchte Ion überhaupt mit dem Nachweisreagenz nachgewiesen werden kann.	☒	☐
c	Um Ammonium-Ionen nachzuweisen, gibt man ~~Salzsäure~~ **Natronlauge** dazu, das gasförmige Ammoniak färbt dann feuchtes Indikatorpapier blau.	☐	☒
d	Kupfer~~(III)~~**(II)**-Ionen kann man mit ammoniakalischer Lösung durch eine ~~Rot~~-**Blau**färbung nachweisen.	☐	☒
e	Eisen(III)-Ionen bilden mit Thiocyanat-Ionen einen ~~gelben~~ **roten** Stoff.	☐	☒

f	Gibt man eine Kochsalz-Lösung zu einer Silbernitrat-Lösung, so entsteht ein ~~gelber~~ **weißer** Feststoff.	☐	☒
g	Gibt man Magnesiumchlorid-Lösung zu Natriumsulfat-Lösung, so passiert gar nichts.	☒	☐
h	Gibt man Calciumchlorid-Lösung zu Natriumsulfat-Lösung, so ~~passiert gar nichts~~ **bildet sich ein weißer Feststoff**.	☐	☒
i	Gibt man Calciumchlorid-Lösung zu Natriumcarbonat-Lösung, so ~~färbt sich die Lösung rot~~ **bildet sich ein weißer Feststoff**.	☐	☒

116 a

- ☑ Kaliumsulfat-Lösung wird mit Bariumchlorid-Lösung versetzt.
  ⇒ weißer Niederschlag
- ☐ Natriumchlorid-Lösung wird zu Magnesiumiodid-Lösung gegeben.
- ☑ Calciumiodid-Lösung wird auf Kaliumcarbonat-Lösung getropft.
  ⇒ weißer Niederschlag
- ☑ Silber(I)-nitrat-Lösung wird in Lithiumiodid-Lösung geschüttet.
  ⇒ gelber Niederschlag
- ☑ Magnesiumchlorid-Lösung wird mit Silber(I)-nitrat-Lösung versetzt.
  ⇒ weißer Niederschlag

b

$$2\,K^+{}_{(aq)} + SO_4^{2-}{}_{(aq)} + Ba^{2+}{}_{(aq)} + 2\,Cl^-{}_{(aq)} \longrightarrow 2\,K^+{}_{(aq)} + 2\,Cl^-{}_{(aq)} + BaSO_{4\,(s)}$$

$$Ca^{2+}{}_{(aq)} + 2\,I^-{}_{(aq)} + 2\,K^+{}_{(aq)} + CO_3^{2-}{}_{(aq)} \longrightarrow 2\,K^+{}_{(aq)} + 2\,Cl^-{}_{(aq)} + CaCO_{3\,(s)}$$

$$Ag^+{}_{(aq)} + NO_3^-{}_{(aq)} + Li^+{}_{(aq)} + I^-{}_{(aq)} \longrightarrow Li^+{}_{(aq)} + NO_3^-{}_{(aq)} + AgI_{(s)}$$

$$Mg^{2+}{}_{(aq)} + 2\,Cl^-{}_{(aq)} + 2\,Ag^+{}_{(aq)} + 2\,NO_3^-{}_{(aq)} \longrightarrow Mg^{2+}{}_{(aq)} + 2\,NO_3^-{}_{(aq)} + 2\,AgCl_{(s)}$$

117 a

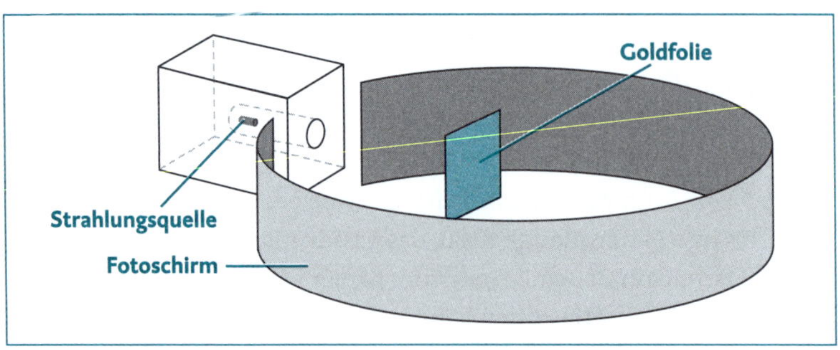

b **Abb. D** Aufnahme RUTHERFORDS: Strahlen gelangen fast ungehindert durch große masselose Atomhülle hindurch; nur bei Kontakt mit sehr kleinem, massereichem Kern werden α-Teilchen abgelenkt.

Abb. E Aufnahme nach DALTON-Vorstellung: Atome sind kleine unteilbare, feste Teilchen ⇒ kein α-Teilchen kann durch die Goldfolie hindurch ⇒ alle Teilchen werden abgelenkt.

c

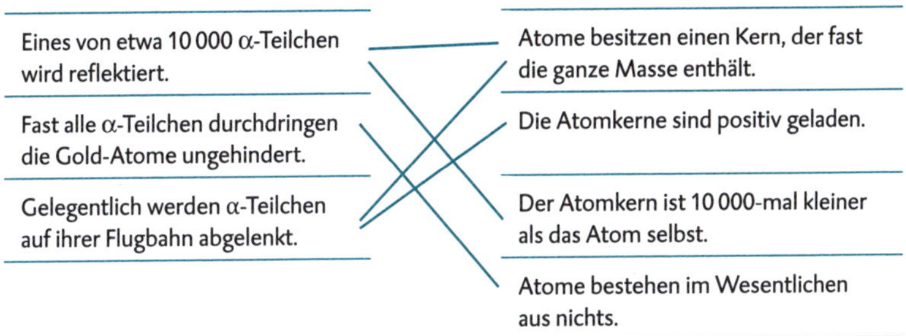

d Die Goldfolie besteht aus einzelnen Atomen, die sehr nah aneinander liegen. Die Atome selbst bestehen aus zwei Bereichen: erstens dem positiv geladenen, sehr kleinen und massereichen Atomkern, in dem sich dicht aneinander gelagert Protonen und Neutronen befinden, und zweitens der sehr großen, massearmen, negativ geladenen Atomhülle, die Elektronen enthält.

118 a

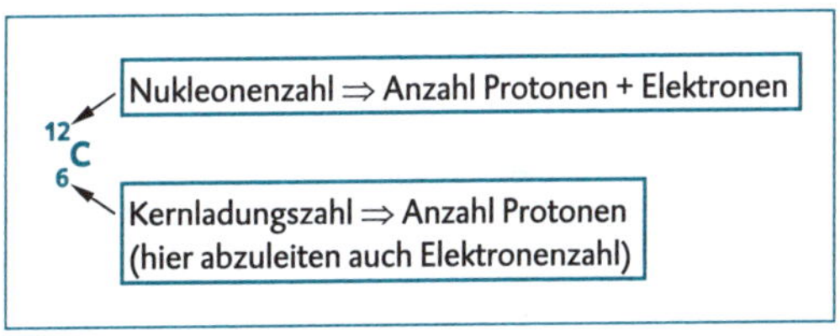

b 1: Es handelt sich um das Element Sauerstoff. Die Nukleonenzahl beträgt 16, die Anzahl der Protonen 8, die Anzahl der Elektronen 8 und die Anzahl der Neutronen 8.

2: Es handelt sich um das Element Chlor. Die Nukleonenzahl beträgt 35, die Anzahl der Protonen 17, die Anzahl der Elektronen 17 und die Anzahl der Neutronen 18.

3: Es handelt sich um das Element Gallium. Die Nukleonenzahl beträgt 69, die Anzahl der Protonen 31, die Anzahl der Elektronen 31 und die Anzahl der Neutronen 38.

4: Es handelt sich um das Element Gold. Die Nukleonenzahl beträgt 197, die Anzahl der Protonen 79, die Anzahl der Elektronen 79 und die Anzahl der Neutronen 118.

119
- [x] Das Element hat 7 Protonen.
- [x] Das Element hat 7 Elektronen.
- [x] Die Kernladungszahl des Elements ist 7.
- [ ] Die Nukleonenzahl des Elements ist 7.
- [ ] Das Element hat 12 Neutronen.

120

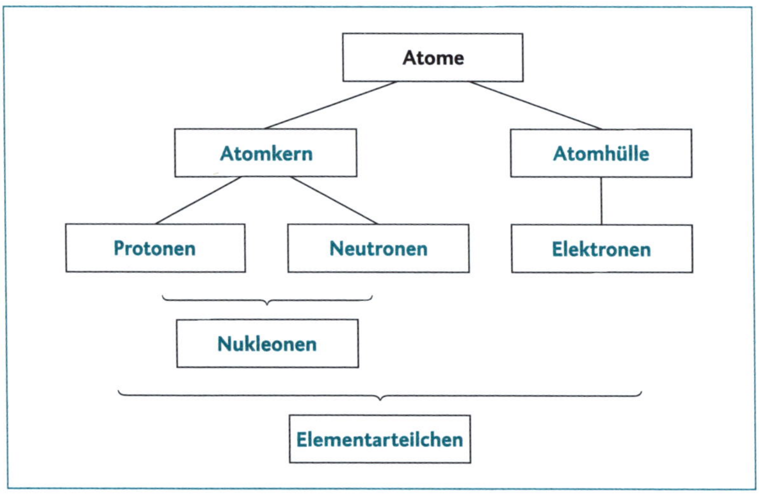

121

Elementsymbol	Anzahl der Protonen	Anzahl der Elektronen	Anzahl der Neutronen
Al	13	13	14
Se	34	34	45
F	9	9	10
Si	14	14	14
H	1	1	0
Rb	37	37	48
Mg	12	12	12
I	53	53	74

122 a Atome desselben Elements mit unterschiedlicher Nukleonenzahl werden als Isotope bezeichnet. Die Anzahl der Protonen ändert sich nicht, nur die Anzahl der Neutronen.

b Protonenzahl $p^+ = 8$

Neutronenzahl = Nukleonenzahl − Protonenzahl: $18 - 8 = 10 \Rightarrow n = 10$

Da das Atom ungeladen ist, ist die Zahl der Elektronen gleich der Zahl der Protonen ⇒ Anzahl der Elektronen = 8.

c Bei Isotopen bleibt die Anzahl der Protonen gleich, nur die Anzahl der Neutronen ändert sich. Somit ändert sich nur die Nukleonenzahl. Protonenzahl: 8, Nukleonenzahl z. B. 20 ⇒ Anzahl der Neutronen ist nun 12.

123 a Ionisierungsenergie = Energie, die notwendig ist, um ein Elektron vollständig aus der Atomhülle zu entfernen

b **Na-Atom:** Das erste Elektron lässt sich mit sehr geringem Energieaufwand aus der Atomhülle entfernen, d. h., die Ionisierungsenergie ist niedrig. Das liegt daran, dass das Na-Atom ein Elektron besitzt, das weiter vom Atomkern entfernt liegt als alle anderen und somit weniger stark von Atomkern angezogen wird (= Valenzelektron). Jedes weitere Elektron, das entfernt wird, liegt auf einer anderen Energiestufe näher am Kern, wird daher stärker von ihm angezogen und lässt sich deshalb nur mit einem höheren Energieaufwand aus der Atomhülle entfernen ⇒ die Ionisierungsenergie steigt stark an.

Mg-Atom: Das Mg-Atom besitzt zwei Valenzelektronen, daher ist der Energieaufwand für die Entfernung der ersten zwei Elektronen relativ gering. Nachdem das erste Elektron entfernt wurde, wirkt die Anziehung des positiv geladenen Kerns stärker auf die restlichen Elektronen. Daher benötigt man für die Entfernung des zweiten Valenzelektrons etwas mehr Energie als für das erste (Ionisierungsenergie ist höher). Das dritte Elektron liegt auf einer anderen Energiestufe deutlich näher am Kern und wird daher stärker von ihm angezogen. Somit ist die Ionisierungsenergie deutlich höher.

c Verlauf der Ionisierungsenergien für das Ca-Atom und Vergleich mit Mg-Atom: Die Ionisierungsenergien ähneln denen des Mg-Atoms, da das Ca-Atom sich ebenfalls in der zweiten Hauptgruppe des PSE befindet. Insgesamt sind die Ionisierungsenergien für das Ca-Atom aber deutlich geringer als für das Mg-Atom. Die betrachteten Elektronen des Ca-Atoms sind weiter vom Kern entfernt. Daher wird weniger Energie benötigt, um sie aus der Atomhülle zu entfernen als bei vergleichbaren Elektronen des Mg-Atoms.

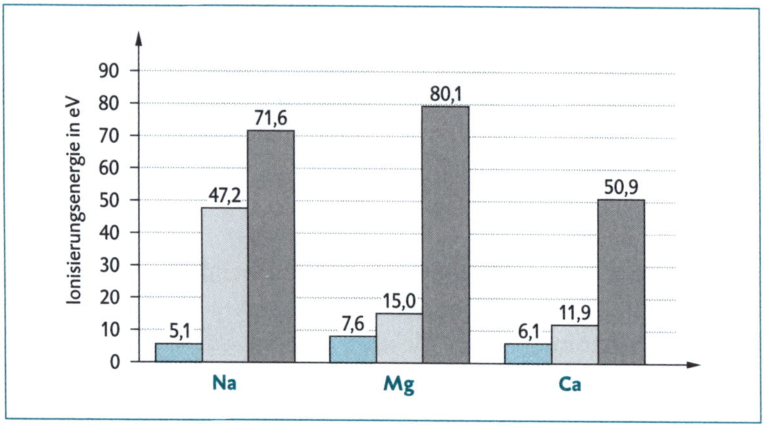

124 **a** Da alle Elektronen aus der Atomhülle entfernt wurden und es insgesamt 14 Elektronen sind, handelt es sich bei dem unbekannten Atom um das Silicium-Atom.

b Si: $p^+ = 14$, $e^- = 14$, $n = 14$

c

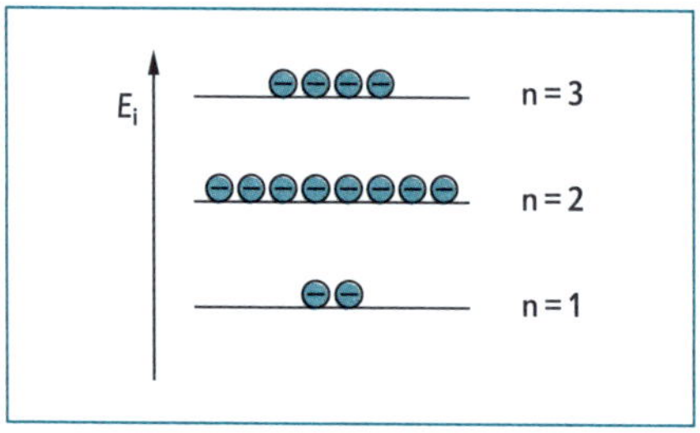

d Si: $1^2\ 2^8\ 3^4$ (Elektronenkonfiguration)
Anzahl der Valenzelektronen = 4

125 **a** Für Elektron A benötigt man eine höhere Ionisierungsenergie, da das Elektron näher am positiv geladenen Atomkern liegt und somit von diesem stärker angezogen wird. Elektron B liegt weiter vom Atomkern entfernt, besitzt zwar eine höhere potenzielle Energie, wird aber nicht so stark vom Atomkern angezogen. Daher kann es leichter aus der Atomhülle entfernt werden.

b

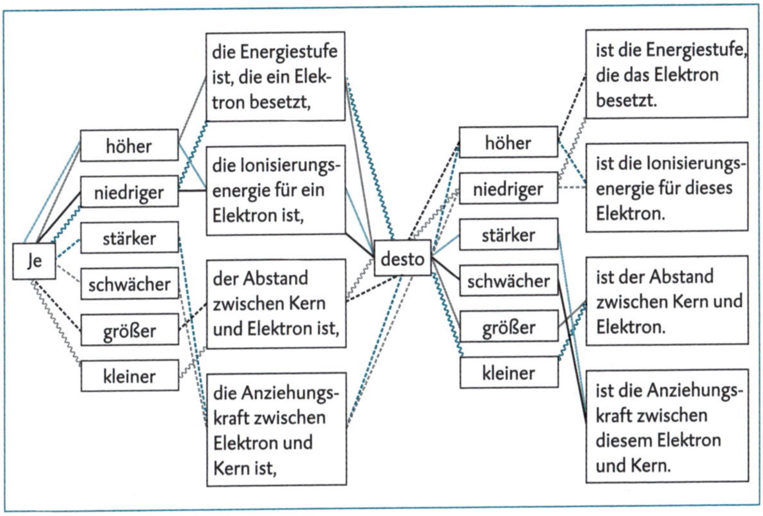

126 a

c

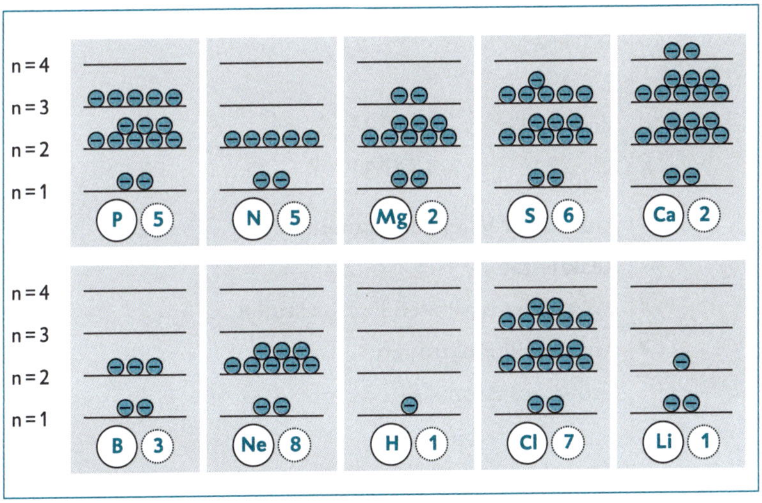

b Valenzelektronen = Elektronen, die sich auf der höchsten Energiestufe befinden

127

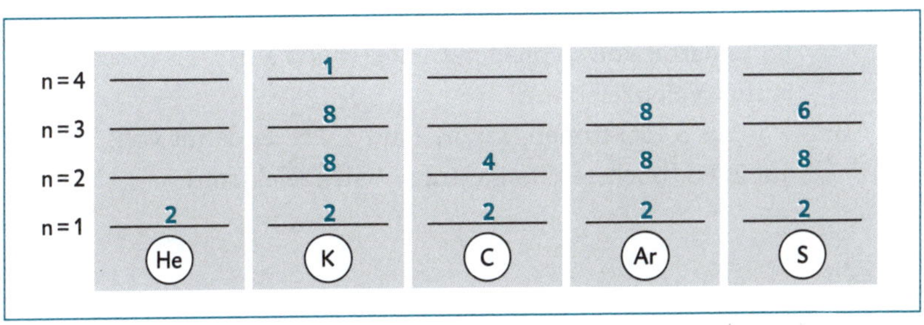

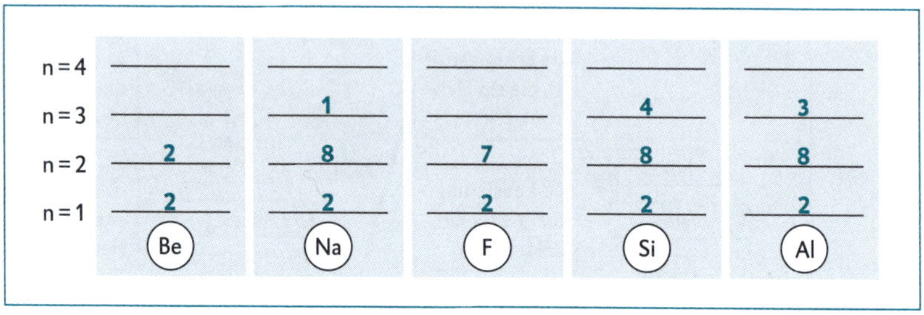

128 a

Elementsymbol	Elektronen-konfiguration
O	$1^2\,2^6$
Ca	$1^2\,2^8\,3^8 4^2$
Cl	$1^2\,2^8\,3^7$

Elementsymbol	Elektronen-konfiguration
Al	$1^2\,2^8\,3^3$
P	$1^2\,2^8\,3^5$
He	1^2

b

- ☒ K: ~~$1^2 2^8 3^1$~~ $1^2 2^8 3^8 4^1$
- ☐ Be: $1^2 2^2$
- ☐ F: $1^2 2^7$
- ☒ Si: ~~$1^2 2^8 3^3$~~ $1^2 2^8 3^4$
- ☒ Na: ~~$1^2 2^1$~~ $1^2 2^8 3^1$

c

- ☒ Anzahl der Valenzelektronen
- ☐ Reaktivität
- ☒ Anzahl der besetzten Energiestufen
- ☒ Anzahl der Elektronen
- ☐ Größe des Atoms
- ☐ Anzahl der Neutronen

129 **Li:** 1 VE ⇒ 3 Elektronen, davon 2 auf erster Energiestufe ⇒ damit voll ⇒ 1 Elektron auf zweiter Energiestufe (höchste Energiestufe = Valenzelektron)

S: 6 VE ⇒ 16 Elektronen, davon 2 auf erster ES ⇒ damit voll; 8 auf 2. ES ⇒ damit voll ⇒ bleiben 6 Elektronen auf 3. ES (höchste Energiestufe = Valenzelektron)

B: 3 VE ⇒ 5 Elektronen, davon 2 auf 1. ES ⇒ damit voll; 3 Elektronen auf 2. ES (höchste Energiestufe = Valenzelektron)

			richtig	falsch
130	a	Alle Ionen sind geladen.	✓	
	b	Kationen sind ~~negativ~~ **positiv** geladen.		✓
	c	Ein Elektronendublett oder ein Elektronenoktett kennzeichnen Atom-Ionen und die Atome der Edelgase.	✓	
	d	Die Anzahl an Protonen und Neutronen sind bei Atomen und den dazugehörigen Atom-Ionen ~~unterschiedlich~~ **gleich**.		✓
	e	Alle Atom-Ionen besitzen ~~8~~ **2 oder 8** Valenzelektronen.		✓
	f	Anionen besitzen mehr Elektronen in der Atomhülle als die dazugehörigen Atome.	✓	

131	a	p^+: 1	e^-: 1	n: 2
	b	p^+: 26	e^-: 26	n: 30
	c	p^+: 9	e^-: 10	n: 10
	d	p^+: 12	e^-: 10	n: 12
	e	p^+: 3	e^-: 2	n: 4

132 a

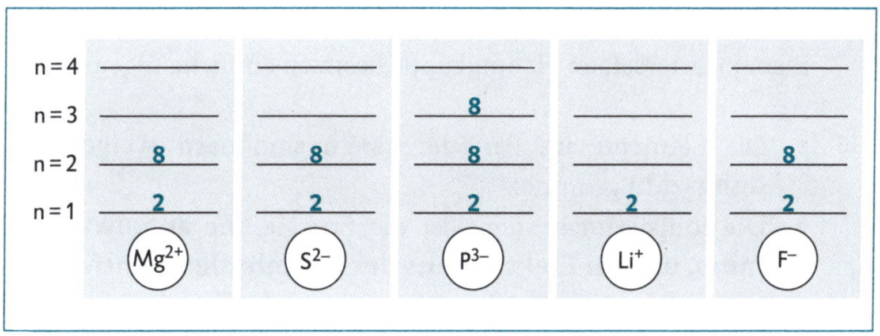

b Alle Energiestufenmodelle besitzen eine voll besetzte höchste Energiestufe.

133 a K^+, O^{2-}

b Es existieren nur die Ionen, deren Elektronen das Elektronendublett bzw. Elektronenoktett erreichen, d. h., deren höchste Energiestufe voll besetzt ist.

⇒ Neon ist ein Edelgas und hat das Elektronenoktett erreicht.

⇒ Magnesium besitzt 2 Valenzelektronen und erreicht das Elektronenoktett durch die Abgabe der zwei Elektronen. Es existieren nur Mg^{2+}-Ionen.

⇒ Phosphor besitzt 5 Valenzelektronen und erreicht das Elektronenoktett durch Aufnahme von 3 Elektronen. Es existieren P^{3-}-Ionen.

⇒ Stickstoff besitzt ebenfalls 5 Valenzelektronen und erreicht das Elektronenoktett durch Aufnahme von 3 Elektronen. Es existieren nur N^{3-}-Ionen.

⇒ Chlor besitzt 7 Valenzelektronen und erreicht das Elektronenoktett durch Aufnahme von einem Elektron. Es existieren nur Cl^{-}-Ionen.

134 a 7 Valenzelektronen (VE)
b 1 VE
c 5 VE
d 8 VE
e 2 VE

135

Li	Si	Br	Mg	Ne	K
Ar	Cs	Ca	Kr	C	O
Pb	F	I	Te	S	Ba

Alkalimetalle	Erdalkalimetalle	Kohlenstoffgruppe	Sauerstoffgruppe	Halogene	Edelgase
Li, K, Cs	Mg, Ca, Ba	C, Si, Pb	O, S, Te	F, Br, I	Ne, Kr, Ar

Elemente derselben Hauptgruppe besitzen ähnliche Eigenschaften.

136 a Die Elemente im Periodensystem sind nach **steigender Kernladungszahl** geordnet.
b Die Ionisierungsenergie ist die Energie, die **aufgewendet werden muss, um ein Elektron aus der Atomhülle zu entfernen**.
c Unter dem Begriff Edelgaskonfiguration versteht man **die Elektronenkonfiguration, bei der ein Atom auf der äußersten Energiestufe 8 Elektronen bzw. 2 Elektronen (Helium) besitzt**.
d Die Elemente des Periodensystems werden eingeteilt in **Metalle, Halbmetalle und Nichtmetalle**.
e Die Elemente einer Hautgruppe sind gekennzeichnet durch **dieselbe Anzahl an Valenzelektronen**.

137 a Fluor
b Caesium
c Wasserstoff
d Helium
e Iod
f Aluminium-Ion

138 Das Natrium-Ion Na^+ hat 10 Elektronen, die auf der 1. und 2. Energiestufe verteilt sind. Das Natrium-Atom Na hat 11 Elektronen, die auf der 1., 2. und 3. Energiestufe verteilt sind. Dadurch ist der Radius des Natrium-Atoms größer als der Radius des Natrium-Ions. Zudem ist bei dem Na-Ion die positive Ladung des Kerns größer als die negative Ladung der Elektronen; daraus resultiert eine stärkere Anziehung des Kerns auf die verbleibenden Elektronen.

			richtig	falsch
139	a	Chlor ist ein Nichtmetall.	☑	☐
	b	Das Element Chlor steht in der VII. Hauptgruppe, der Gruppe der ~~Edelgase~~ **Halogene**.	☐	☑
	c	Das Chlor-Atom besitzt 17 Protonen im Atomkern.	☑	☐
	d	Das Chlor-Atom hat 18 Neutronen ~~in der Atomhülle~~ **im Atomkern**.	☐	☑
	e	Das Chlor-Atom erreicht durch die ~~Abgabe~~ **Aufnahme** von einem Elektron das Elektronenoktett.	☐	☑
	f	Durch eine chemische Reaktion kann aus einem Chlor-Atom das Chlorid-Ion, ein Anion, werden.	☑	☐
	g	Das Chlor-Atom besitzt 17 Elektronen in der Atomhülle.	☑	☐
	h	Chlorid-Ionen sind ~~zweifach~~ **einfach** negativ geladen.	☐	☑
	i	Das Chlor-Atom besitzt ~~8~~ **7** Valenzelektronen.	☐	☑

140 a **Gemeinsamkeiten:**

- Alle vier Elemente befinden sich in einer Periode des PSE, nämlich der 2. Periode.
- Bei allen vier Elementen befinden sich die Valenzelektronen auf der 2. Energiestufe.

b **F** (–3,40 eV) ⇒ **O** (–1,46 eV) ⇒ **C** (–1,26 eV) ⇒ **Li** (–0,62 eV)
Die Elektronenaffinität nimmt von Fluor zu Lithium hin ab, da die Anziehungskraft des Kerns auf die Valenzelektronen geringer wird. Dies erschwert die Aufnahme eines weiteren Elektrons.

141 a

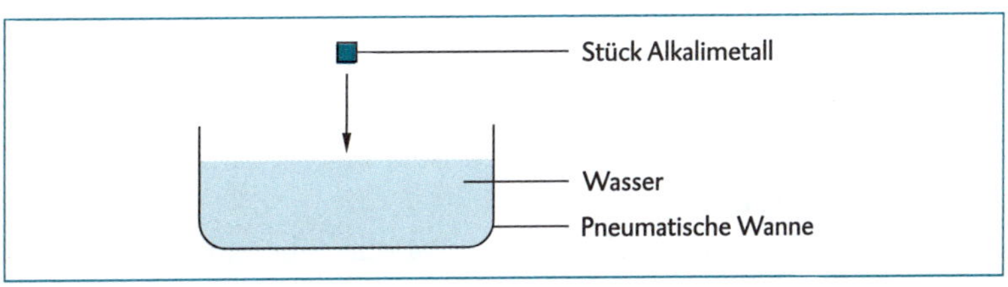

b Das entstandene Gas ist Wasserstoff ⇒ Knallgasprobe ist Nachweisreaktion für Wasserstoff.

c Die Heftigkeit der Reaktion steigt von Lithium über Natrium zum Kalium.

Grund: Bei der Reaktion geben die Alkalimetall-Atome das Valenzelektron ab ⇒ Valenzelektron wird beim Lithium-Atom sehr stark vom Kern angezogen, da sich das Elektron sehr nah am Kern befindet (Valenzelektron auf 2. Energiestufe) ⇒ viel Energie nötig, um Valenzelektron zu entfernen ⇒ Reaktion nicht sehr heftig; beim Natrium-Atom ist das Valenzelektron schon etwas weiter entfernt, beim Kalium-Atom noch weiter ⇒ Valenzelektron kann leichter abgegeben werden, da es nicht so stark vom Atomkern angezogen wird ⇒ Heftigkeit der Reaktion steigt.

d Heftigkeit der Reaktion von Alkalimetallen und Wasser:

Li < Na < K < Rb < Cs

Je weiter die Valenzelektronen eines Atoms vom Atomkern entfernt sind, desto weniger stark werden sie angezogen, desto leichter können sie abgegeben werden und desto heftiger ist die Reaktion.

			richtig	falsch
142	a	Nach dem Energiestufenmodell sind die Elektronen bestimmten Energiestufen zugeordnet.	☑	☐
	b	Ein Anion hat mehr Protonen als Elektronen.	☐	☑
	c	Ein Kation hat mehr Protonen als Elektronen.	☑	☐
	d	Ein Kation ist ein negativ geladenes Atom.	☐	☑
	e	Aus der römischen Ziffer der Hauptgruppe kann man auf die Anzahl der Valenzelektronen der Elemente schließen, die sich in dieser Hauptgruppe befinden.	☑	☐
	f	Stickstoff, Sauerstoff, Neon, Brom und Natrium sind Nichtmetalle.	☐	☑

143 a Nukleonenzahl = 72 ⇒ entspricht am nächsten der Nukleonenzahl von Germanium (72,630) ⇒ bei Eka-Silicium handelt es sich um das Element Germanium.

b **Gemeinsamkeiten:**

- Beide Elemente befinden sich in der 4. Hauptgruppe.
- Sie haben dieselbe Anzahl an Valenzelektronen.
- Sie besitzen ähnliche chemische Eigenschaften.

Unterschiede:

- Germanium steht in der 4. Periode, Silicium in der 3. Periode.

- Die Anzahl der besetzten Energiestufen ist unterschiedlich ⇒ die Valenzelektronen sind auf unterschiedlichen Energiestufen.
- Das Germanium-Atom ist größer als das Silicium-Atom.

144 a $Br < Br^-$
b $K > K^+$
c $O < O^{2-}$
d $O^{2-} > F^-$

Begründung:

- Die Anziehungskräfte Kern/Hülle sind beim Brom-Atom größer, da bei gleicher Protonenzahl im Kern nur 7 statt 8 Valenzelektronen wie beim Bromid-Ion angezogen werden.
- Durch das fehlende Valenzelektron wirken beim Kalium-Ion die Kernanziehungskräfte nur noch auf die Elektronen der dritten Periode (n = 3) ein, die vierte Periode (n = 4) ist nicht mehr besetzt.

145 a
Red.: $Cl_2 + 2\,e^- \longrightarrow 2\,Cl^-$
Ox.: $Na \longrightarrow Na^+ + e^- \quad |\cdot 2$
Redox.: $Cl_2 + 2\,Na \longrightarrow 2\,Cl^- + 2\,Na^+$

Red.: $Br_2 + 2\,e^- \longrightarrow 2\,Br^-$
Ox.: $Na \longrightarrow Na^+ + e^- \quad |\cdot 2$
Redox.: $Br_2 + 2\,Na \longrightarrow 2\,Br^- + 2\,Na^+$

b Reduktion = Elektronenaufnahme
Oxidation = Elektronenabgabe

c Chlor und Brom nehmen bei dieser Reaktion pro Atom jeweils ein Elektron auf, um das Elektronenoktett zu erreichen. Ein Maß dafür ist die Elektronenaffinität. Der Wert der Elektronenaffinität ist bei Chlor größer als bei Brom. Chlor und Brom gehören beide zur Hauptgruppe der Halogene, wobei Chlor aber über Brom steht. Aufgrund der höheren Elektronenaffinität reagiert Chlor heftiger mit Natrium als Brom.

146

Nummer	Aussage
2 oder 3	Formuliere die Reduktionsteilgleichung.
5	Fasse die Teilgleichungen zu einer Gesamtgleichung zusammen.
1	Schreibe die Wortgleichung auf.
3 oder 2	Formuliere die Oxidationsgleichung.
4	Gleiche die Anzahl an abgegebenen bzw. aufgenommenen Elektronen aus.

147 a

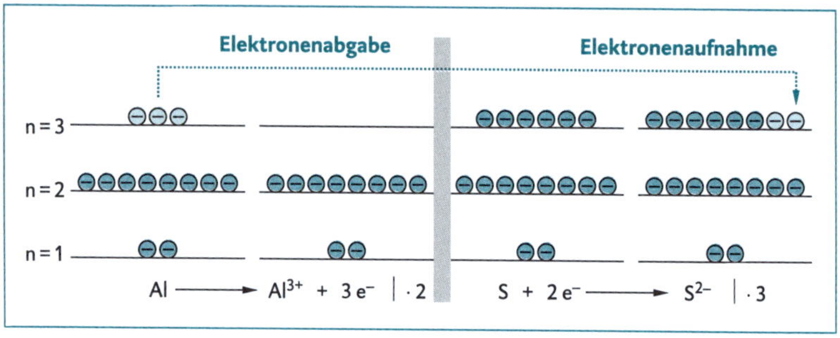

b

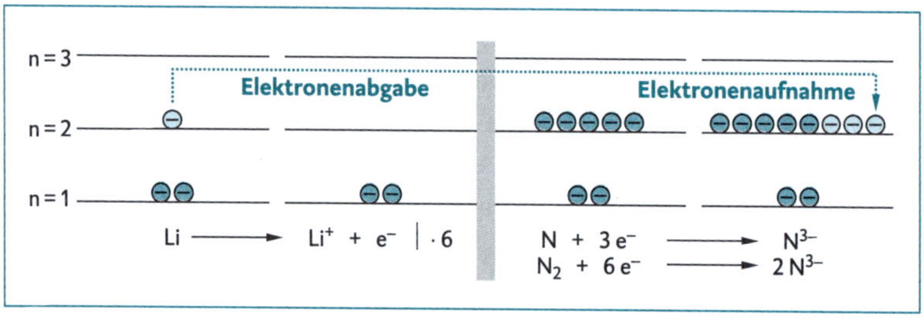

c

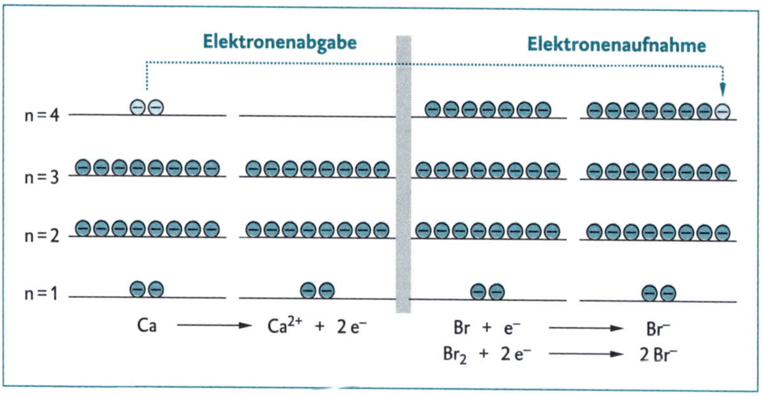

d a Aluminiumsulfid: Al_2S_3
b Lithiumnitrid: Li_3N
c Calciumbromid: $CaBr_2$

148

Reaktionsgleichung	Oxidation	Reduktion	Anzahl aufgenommener/abgegebener e^- pro Atom
__ Mg ____ ⟶ __ Mg^{2+} + 2 e^-	☒	☐	2
2 O^{2-} ____ ⟶ __ O_2 + 4 e^-	☒	☐	2
__ Al^{3+} + 3 e^- ⟶ __ Al ____	☐	☒	3
__ N_2 + 6 e^- ⟶ 2 N^{3-} ____	☐	☒	3
2 I^- ____ ⟶ __ I_2 + 2 e^-	☒	☐	1
__ Fe ____ ⟶ __ Fe^{2+} + 2 e^-	☒	☐	2
__ K^+ + e^- ⟶ __ K ____	☐	☒	1
__ S^{2-} ____ ⟶ __ S + 2 e^-	☒	☐	2
__ Li ____ ⟶ __ Li^+ + e^-	☒	☐	1

149

		richtig	falsch
a	Metall-Atome werden oxidiert.	☑	☐
b	Nichtmetall-Atome werden zu ~~Kationen~~ **Anionen** reduziert.	☐	☑
c	Bei einer Reduktion werden Elektronen ~~abgegeben~~ **aufgenommen**.	☐	☑
d	Metall-Ionen nehmen Elektronen auf, um zu Metall-Atomen zu werden.	☑	☐
e	Die Elektronen für die Reduktion stammen aus einer Oxidationsreaktion.	☑	☐
f	Die Anzahl der aufgenommenen bzw. abgegebenen Elektronen pro Atom ist abhängig von der Hauptgruppe, in der das Atom im PSE zu finden ist.	☑	☐
g	Oxidation und Reduktion finden immer gemeinsam statt.	☑	☐
h	Anionen können nur ~~reduziert~~ **oxidiert** werden.	☐	☑
i	Anionen entstehen durch ~~Elektronenabgabe~~ **Elektronenaufnahme**.	☐	☑
j	Aus Salzen können durch Redoxreaktion Elemente gewonnen werden.	☑	☐

150

Laden	Aussage	Entladen
⇐	Metall-Atome werden oxidiert.	
	Die Edukte der Redoxreaktion sind Ionen.	⇒
	Durch eine Oxidation werden Anionen zu Atomen.	⇒
⇐	Aus Atomen werden Ionen.	
	Für den Prozess wird Energie benötigt und muss zugeführt werden.	⇒
⇐	Nichtmetall-Atome nehmen Elektronen auf.	
	Metall-Ionen nehmen Elektronen auf.	⇒
⇐	Die Elektronenabgabe dient der Bildung von Kationen.	
	Den Vorgang nennt man Elektrolyse.	⇒
⇐	Bei der Redoxreaktion wird Energie frei.	

151

Salzbildung		
1. Red.:	$N_2 + 6\,e^- \longrightarrow 2\,N^{3-}$	
Ox.:	$K \longrightarrow K^+ + e^-$	$\cdot 6$
Redox.:	$N_2 + 6\,K \longrightarrow 2\,N^{3-} + 6\,K^+$	
2. Red.:	$N_2 + 6\,e^- \longrightarrow 2\,N^{3-}$	
Ox.:	$Ca \longrightarrow Ca^{2+} + 2\,e^-$	$\cdot 3$
Redox.:	$N_2 + 3\,Ca \longrightarrow 2\,N^{3-} + 3\,Ca^{2+}$	
3. Red.:	$S + 2\,e^- \longrightarrow S^{2-}$	
Ox.:	$K \longrightarrow K^+ + e^-$	$\cdot 2$
Redox.:	$S + 2\,K \longrightarrow S^{2-} + 2\,K^+$	
4. Red.:	$S + 2\,e^- \longrightarrow S^{2-}$	
Ox.:	$Ca \longrightarrow Ca^{2+} + 2\,e^-$	
Redox.:	$S + Ca \longrightarrow S^{2-} + Ca^{2+}$	

Elektrolyse		
1. Red.:	$Li^+ + e^- \longrightarrow Li$	$\cdot 4$
Ox.:	$2\,O^{2-} \longrightarrow O_2 + 4\,e^-$	
Redox.:	$4\,Li^+ + 2\,O^{2-} \longrightarrow 4\,Li + O_2$	
2. Red.:	$Li^+ + e^- \longrightarrow Li$	$\cdot 2$
Ox.:	$2\,I^- \longrightarrow I_2 + 2\,e^-$	
Redox.:	$2\,Li^+ + 2\,I^- \longrightarrow 2\,Li + I_2$	
3. Red.:	$Al^{3+} + 3\,e^- \longrightarrow Al$	$\cdot 4$
Ox.:	$2\,O^{2-} \longrightarrow O_2 + 4\,e^-$	$\cdot 3$
Redox.:	$4\,Al^{3+} + 6\,O^{2-} \longrightarrow 4\,Al + 3\,O_2$	
4. Red.:	$Al^{3+} + 3\,e^- \longrightarrow Al$	$\cdot 2$
Ox.:	$2\,I^- \longrightarrow I_2 + 2\,c^-$	$\cdot 3$
Redox.:	$2\,Al^{3+} + 6\,I^- \longrightarrow 2\,Al + 3\,I_2$	

152 Bildung von Magnesiumoxid durch Reaktion von Magnesium mit dem Sauerstoff der Luft:

Red.: $O_2 + 4\,e^- \longrightarrow 2\,O^{2-}$

Ox.: $Mg \longrightarrow Mg^{2+} + 2\,e^- \quad | \cdot 2$

Redox.: $O_2 + 2\,Mg \longrightarrow 2\,O^{2-} + 2\,Mg^{2+}$

Bildung von Magnesiumnitrid durch Reaktion von Magnesium mit dem Stickstoff der Luft:

Red.:	$N_2 + 6\,e^-$	$\longrightarrow$	$2\,N^{3-}$
Ox.:	Mg	$\longrightarrow$	$Mg^{2+} + 2\,e^- \quad \mid \cdot 3$
Redox.:	$N_2 + 3\,Mg$	$\longrightarrow$	$2\,N^{3-} + 3\,Mg^{2+}$

153 **1:** Festes Kaliummetall befindet sich im Reagenzglas.

2: Durch das Erhitzen schmilzt und verdampft das Kalium.

3: Brom-Moleküle werden eingespritzt.

4: Die Brom-Moleküle spalten sich, die Brom-Atome beginnen, mit den Kalium-Atomen zu reagieren.

5: Kalium-Atome bilden Kationen unter Elektronenabgabe, die Brom-Atome nehmen diese unter Anionenbildung auf.

6: Fast alle Teilchen liegen als Ionen vor.

7: Aufgrund der elektrostatischen Wechselwirkungen bilden Ionen ein Ionengitter.

8: Kaliumbromid liegt als Ionengitter vor.

154

a	Red.:	$Br_2 + 2\,e^-$	$\longrightarrow$	$2\,Br^-$
	Ox.:	Mg	$\longrightarrow$	$Mg^{2+} + 2\,e^-$
	Redox.:	$Br_2 + Mg$	$\longrightarrow$	$Mg^{2+} + 2\,Br^-$
b	Red.:	$S + 2\,e^-$	$\longrightarrow$	S^{2-}
	Ox.:	K	$\longrightarrow$	$K^+ + e^- \quad \mid \cdot 2$
	Redox.:	$S + 2\,K$	$\longrightarrow$	$S^{2-} + 2\,K^+$
c	Red.:	$I_2 + 2\,e^-$	$\longrightarrow$	$2\,I^- \quad \mid \cdot 3$
	Ox.:	Al	$\longrightarrow$	$Al^{3+} + 3\,e^- \quad \mid \cdot 2$
	Redox.:	$2\,Al + 3\,I_2$	$\longrightarrow$	$2\,Al^{3+} + 6\,I^-$

155

Kathode	**2**
Anode	**3**
Elektrolyse einer Natriumchlorid-Schmelze	**6**
Elektrolyse einer Natriumchlorid-Lösung	**–**
Elektrolyse einer Kupferchlorid-Lösung	**–**
Bromid-Ionen	**–**
Natrium-Ionen	**1**

Fortsetzung siehe nächste Seite

Pluspol	**4**
Minuspol	**5**
Salzschmelze	**7** *(Hinweis: denn sonst müssten in der Skizze Wasser-Teilchen enthalten sein!)*
wässrige Salzlösung	**–**

156 **a**

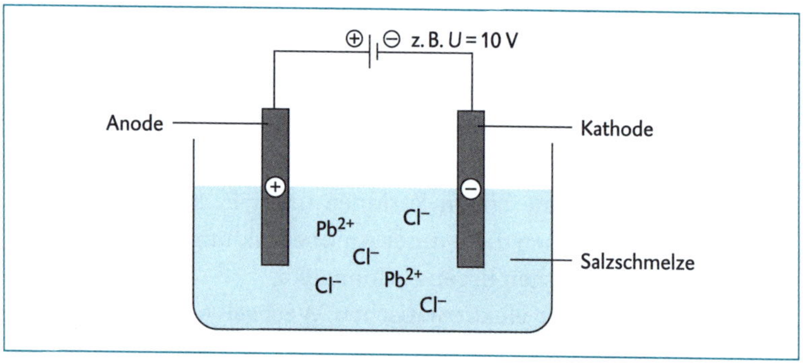

b Kathode ⇒ Reduktion: $Pb^{2+} + 2\,e^- \longrightarrow Pb$

Anode ⇒ Oxidation: $2\,Cl^- \longrightarrow Cl_2 + 2\,e^-$

157 **a**

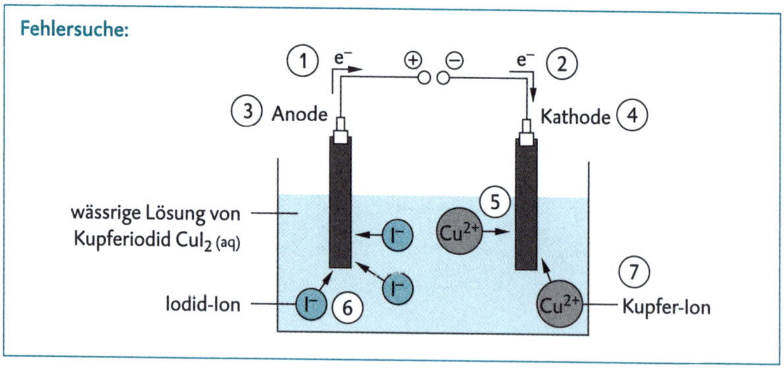

b Red.: $Cu^{2+} + 2\,e^- \longrightarrow Cu$

Ox.: $2\,I^- \longrightarrow I_2 + 2\,e^-$

Redox.: $Cu^{2+} + 2\,I^- \longrightarrow Cu + I_2$

c Elektrolyse einer Kupferiodid-Lösung

158 Erklärung: Es findet eine Redoxreaktion statt (Elektrolyse).

Red.: $Zn^{2+} + 2\,e^- \longrightarrow Zn$

Ox.: $2\,I^- \longrightarrow I_2 + 2\,e^-$

Redox.: $Zn^{2+} + 2\,I^- \longrightarrow Zn + I_2$

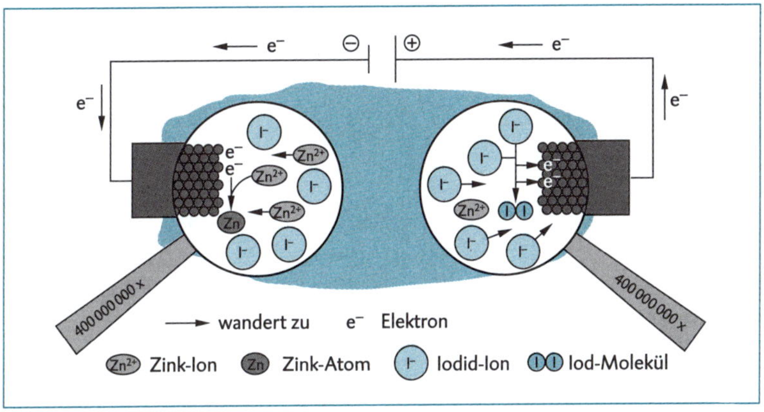

159 a An der **Anode** findet die **Oxidation** statt (Merksatz: „A und O der Elektrochemie“). ⇒ Produkt an der Anode und somit Produkt am linken Auslass ist Cl_2.
An der **Kathode** findet die **Reduktion** statt. ⇒ Produkt an der Kathode und somit Produkt am rechten Auslass ist Na.

b **Kathodenreaktion:**

Reduktion: $Na^+ + e^- \longrightarrow Na \quad | \cdot 2$ **⇒ Elektronenaufnahme**

Anodenreaktion:

Oxidation: $2\,Cl^- \longrightarrow Cl_2 + 2\,e^-$ **⇒ Elektronenabgabe**

Redoxreaktion:

Redox.: $2\,Na^+ + 2\,Cl^- \longrightarrow 2\,Na + Cl_2$ **⇒ Elektronenübertragungsreaktion**

160 a Schließt man den Stromkreis, also berührt man das zerquetschte Iodkügelchen mit der Elektrode, so dreht sich der Propeller.
⇒ Edukte sind Atome/Moleküle ⇒ Salzbildungsreaktion und Energie wird frei. Bei Salzbildung entstehen Ionen ⇒ Magnesiumblock im Bereich des Filterpapiers und Iodkügelchen lösen sich langsam auf.

b Da Energie frei wird, muss es sich um eine exotherme Reaktion handeln ⇒ Gehalt der inneren Energie der Edukte (Magnesium und Iod) muss höher sein als die innere Energie der Produkte ⇒ Energiedifferenz wird in Form von elektrischer Energie frei.

c Red.: $I_2 + 2e^- \longrightarrow 2I^-$
Ox.: $Mg \longrightarrow Mg^{2+} + 2e^-$
Redox.: $I_2 + Mg \longrightarrow 2I^- + Mg^{2+}$

d Das Filterpapier, das mit Kaliumnitrat-Lösung getränkt ist, hat die Funktion einer leitfähigen Verbindung zwischen Plus- und Minuspol $\Rightarrow$ Elektronen würden sonst nicht wandern können und es würde kein elektrischer Strom fließen und der Propeller würde sich nicht drehen.

Stichwortverzeichnis

PRÜFUNGS-ANGST

STOPP DIE PANIK

Mit der Fußsohlen-Methode

Prüfungen können Angst- und Fluchtsituationen sein. Dein Körper schüttet Adrenalin aus und dämpft das Gefühl in den Füßen. Z. B. beim Weglaufen ist es gut, wenn man die Füße nicht spürt. Eine Prüfung ist aber **keine Gefahrensituation**. Signalisiere deinem Körper, dass du nicht weglaufen musst, und bring das Gefühl in deine Füße zurück:

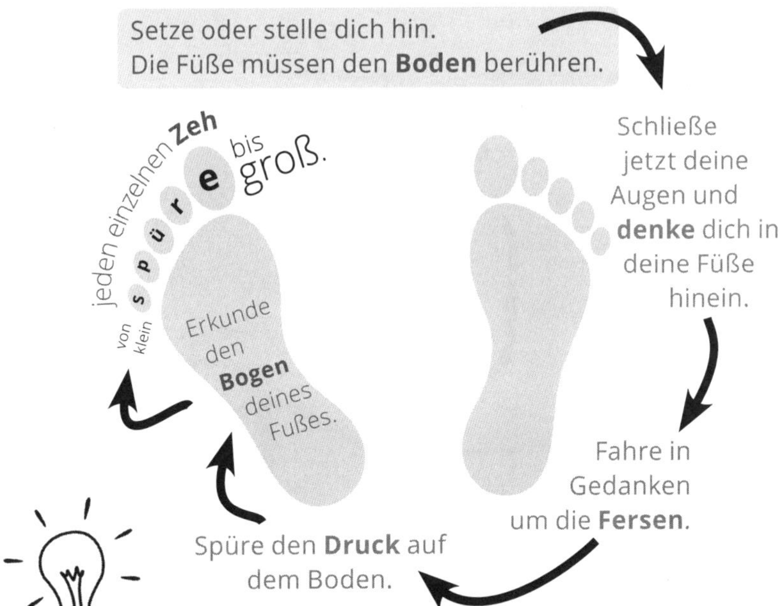

Dein Körper **fühlt** die Füße wieder und denkt, er sei in keiner Panik-Situation, sondern in **Sicherheit**.

www.stark-verlag.de STARK

Eure Lern**tipps**

aus der Insta-Community

Chiara, 16

Verwendet Farben zum Lernen! Es wird viel übersichtlicher. Und wenn man den Lernzettel anschaut, ist man viel motivierter beim Lernen, weil er schön bunt ist.

Özgür, 20

Vergiss nicht, wie weit du bisher gekommen bist, und wie viel Potenzial in dir steckt.

Miriam, 18

Bewusst eine Auszeit zu nehmen ist effektiver, als alles nur aufzuschieben.

Mehr Lerntipps findet ihr in unserer Instagram-Community: **@stark_verlag**

STARK

www.stark-verlag.de